本书为国家社会科学基金一般项目
"古代蒙古犯罪治理的法律制度研究"
（批准号：17BFX169）的结项成果

古代蒙古社会
犯罪治理的
法律制度研究

朝克图　王孟合 ——— 著

天津出版传媒集团

天津人民出版社

图书在版编目（CIP）数据

古代蒙古社会犯罪治理的法律制度研究 / 朝克图,
王孟合著. -- 天津 ： 天津人民出版社, 2025. 5.
ISBN 978-7-201-21146-6

Ⅰ. D924.114

中国国家版本馆 CIP 数据核字第 2025WJ2502 号

古代蒙古社会犯罪治理的法律制度研究
GUDAI MENGGU SHEHUI FANZUI ZHILI DE FALÜ ZHIDU YANJIU

出　　版	天津人民出版社
出 版 人	刘锦泉
地　　址	天津市和平区西康路 35 号康岳大厦
邮政编码	300051
邮购电话	(022)23332469
电子信箱	reader@tjrmcbs.com

责任编辑	佐　拉
装帧设计	汤　磊

印　　刷	天津新华印务有限公司
经　　销	新华书店
开　　本	710 毫米×1000 毫米　1/16
印　　张	20
插　　页	2
字　　数	320 千字
版次印次	2025 年 5 月第 1 版　2025 年 5 月第 1 次印刷
定　　价	98.00 元

前　言

　　古代蒙古社会在犯罪治理方面经历了由最初松散自然的习惯禁忌和对违法者简单粗暴的"杀之"，到元朝时期中原法制与蒙古法制的融合与互鉴，再到北元时期以"罚畜刑"为主的犯罪治理，到最后大一统的清代蒙古法制，其犯罪治理呈现出诸法合体、民刑不分、行政兼理司法的特点。本书以刑法罪名、量刑处罚、司法审判为切入点对大蒙古国时期、元朝时期、北元时期、清代时期等不同历史时期的蒙古法制对犯罪治理的不同规定进行对比研究，以史为鉴、取其精华，力争为当代民族地区预防犯罪、保护社会秩序、保障和谐稳定的社会提供可行而宝贵的史料研究成果。

　　本书主要由以下四部分组成：

　　第一章是有关大蒙古国时期犯罪治理的法律制度研究。"约孙"融合和吸收了本民族和其他北方民族的有益生产生活经验和民族宗教习惯禁忌等，并被赋予了全体成员共同遵循的约束力。"约孙"在犯罪的预防与惩处方面包含了草原环境保护、宗教习惯禁忌、婚姻家庭继承、刑罚惩戒措施等内容。《大扎撒》里有谋反罪、逃逆罪、抗命罪、违禁罪、懈怠罪、偷盗罪和诈骗罪等犯罪罪名。具体刑罚有死刑、流刑、杖刑、鞭刑、拳耳、箭射和财产刑等。

《蒙古秘史》里有断事官的规定。"札鲁忽赤"的原文为"古儿，迭额列因，扎儿忽"，旁注为"普，上的，断事"。成吉思汗曾命其胞弟别勒古台领任审问"盗贼"斗殴事务的"札鲁忽赤"，这是古代蒙古断事官制度的开端。

第二章是有关元朝犯罪治理的法律制度研究。元朝治罪法律制度有其特殊的"二元性"历史背景及特点。一方面，元初统治者入主中原地区后，极力沿用和借鉴中原法，打击犯罪，调和社会矛盾，力保其中原地区统治的巩固与长久；另一方面，积极寻求"祖述变通"，极力保留和维持原有蒙古扎撒①法律的权威性和适用性。随着元朝政权的建立巩固和多民族交流交融的增多，二者形成互为一体、糅合并用的共存格局。元朝法制中的犯罪罪名繁多，如诸恶、诸杀、殴詈、诸奸、诸赃等，而且每个罪名下又设置若干个罪行及处罚情况，可谓种类繁多、内容烦琐。元朝在坚持和改制传统蒙古法与吸收和借鉴中原王朝法制的基础上，形成了独具特色的司法审判制度。

第三章是有关北元社会犯罪治理法律制度研究。由于北元蒙古社会长期处于动荡不安的局势，蒙古诸部封建领主为稳定政局，治理社会犯罪行为，纷纷在各自的统辖范围内制定和颁布了法律法规，不仅丰富和发展了传统法律法规，还在此基础上有所创新和突破，在一定范围内获得了打击犯罪和治理社会的双重效果。自16世纪起北元各封建主陆续在各自的统辖范围内制定和颁布了诸多法律法规，从而掀起了以成文法典治理蒙古社会的新高潮，开辟了蒙古法制史上制定和颁布成文法典最多、承上启下的新时代。北元时期，陆续制定和颁布实施的主要法律文献有《阿勒坦汗法典》《白桦法典》《卫拉特法典》等。《阿勒坦汗法典》在治理犯罪行为方面的规定较为详细，涉及的范围较为宽广，其刑法罪名也从杀人罪到偷盗罪等，涉及生产生活

---

① "扎撒"或"札撒"——蒙古语，翻译不同，同样具有法令的意思，本书除已出版的书籍，其他均统一改成"扎撒"。

的诸多方面。在刑罚处罚上慎用酷刑的情况下，更多采用财产处罚的手段来惩治犯罪者，其中罚畜刑使用最多，几乎大小刑事处罚均使用罚畜刑。《白桦法典》是有关喀尔喀左翼各旗会盟、诺颜们之间的关系、防御敌人、维护社会秩序、保护喇嘛教、刑事法规、民事法规和规范风俗习惯等的法律规定。《白桦法典》刑罚种类包括死刑、"案主"、"阿拉宕吉"、"雅拉"、"别尔克"等内容，但仍以罚畜刑为主。《白桦法典》延续了过去法律制度中的成功经验和有益做法，在此基础上针对当时的犯罪治理和维护社会稳定的需要，做出了极为详尽而烦琐的刑法罪名及处罚规定。

　　第四章是有关清代蒙古犯罪治理法律制度研究。清代在中央设有理藩院统辖蒙古事务，再通过盟旗体制治理蒙古地方事务，形成了比较有效的从中央到地方的各种政治及法律制度。在立法层面经历了从国初分散颁令到《蒙古律书》《蒙古律例》的陆续颁行，再到《理藩院则例》全面推行的渐进过程，在犯罪罪名、量刑设置、司法审判等方面都形成较为切实可行的法律制度。《蒙古律例》中的刑法罪名涉及抢劫杀人、抢夺、盗窃四项牲畜和家畜、故意杀人、过失杀人、诽谤、放(失)火、盗掘坟墓、奸淫等，对其予以绞、斩监候、鞭刑、抄没产畜、罚畜等轻重不同的刑罚。《蒙古律例》中的刑罚有斩、绞、凌迟等死刑，还有罚畜等财产刑，也有鞭刑、罚没妻子、罚没为奴、罚没畜产等刑罚。试图用重刑、酷刑惩罚来抑制蒙古地区有关犯罪、维护清廷统治安全。《理藩院则例》是清朝蒙古地区施行的体系最完整、内容最全面、罪名最翔实、处罚最多样的专门法律。有关刑法罪名分为杀人罪、伤害罪、强劫罪、盗窃罪、盗掘坟墓罪、犯奸罪、买卖人口罪等。清代的死刑主要有斩首、绞刑、凌迟、赐死等。包括鞭打、枷刑等，清朝蒙古鞭刑即鞭责的刑罚方法，是蒙古地区较为常用的刑罚。《则例》中的财产刑不仅有一九到九九的罚畜刑，还出现了没收财产畜产妻子等刑罚，以适应犯罪本身的复杂性和有效治罪，维护社会稳定。

目　录

绪 论

一、本书研究的学术价值和应用价值

(一)学术价值

第一,本书以挖掘和弘扬中华民族优秀的法律传统为主线,对古代蒙古犯罪治理的法律制度进行系统研究。习近平总书记指出:"自古以来,我国形成了世界法制史上独树一帜的中华法系,积淀了深厚的法律文化……中华法系是在我国特定历史条件下形成的,显示了中华民族的伟大创造力和中华法制文明的深厚底蕴。中华法系凝聚了中华民族的精神和智慧,有很多优秀的思想和理念值得我们传承。"[①]在中华民族漫长悠久的融合进程中,基层社会产生了丰富灿烂的法律文化,形成了独具特色的法律精神,彰显出中华民族伟大的创造力和凝聚力。中华传统法律文化扎根于当代中国法治实践沃土上,不仅为中国特色社会主义法治提供了正确认识和精辟阐释,而

---

① 习近平:《坚定不移走中国特色社会主义法治道路,为全面建设社会主义现代化国家提供有力法治保障》,《求是》,2021年第5期。

且为人类法治文明发展前程贡献了中国智慧和中国方案。

党的十八大以来,以习近平同志为核心的党中央高度重视中华法治文明的本土法治资源整合,深刻总结了中华法治文明的智慧经验,科学回答了中华法治文明的发展脉络。深入挖掘中华法治文明的精华实质,充分汲取中华法治文明的经验智慧,进一步挖掘和整合古代社会犯罪治理的有益成果是本书研究的目标所在。

第二,本书系统整理古代蒙古犯罪治理的刑法罪名。自古以来,犯罪治理本身就是一个系统工程,这需要国家主导、法制保障、社会协同和公众参与,当然,更重要的是法制的绝对权威和刑制的全面有效。蒙古帝国建立以前,可称为"约孙时期"或习惯法时期。法律对其偷盗行为施以极刑,严格保护野生动物、严禁杀仔畜;严格保护草场、严禁荒火和垦地;严格保护水资源,严禁向水里溺尿等,这些条约都具有维护社会秩序、保护公私财产利益的法治精神。蒙古帝国建立后,《大札撒》中除了有关战争动员令、战时命令和平时训令之外,还包括了对上述"约孙"的法律认定,将其基本内容以成文法的形式予以固定,在法律层面更具有进步和成熟特点。元朝时期的法制,一方面,"祖训传国大典",即蒙古地区仍以旧法为主,不追求繁新严苛的法律形式,以简约宽缓管用为崇;另一方面,"南北异制""同类自相犯者各从本俗法"。即在中原地区以儒治国、实行"汉法"。在制定了《至元新格》《大德律令》《风宪宏刚》等若干部法令后,形成了《经世大典》和《元典章》等重要律书。这些法典条格多为唐宋律的延续,有着习惯法和成文法的二元特点,从而中国法律文明史上创造了金制唐律、蒙古法、回回法并行不悖的多元法律制度共存局面。[①]本书将对《大札撒》《元典章》等中的犯罪罪名分门别类,进

---

① 那仁朝格图:《近30年来中国蒙古法制史资料整理》,《民族法学评论》(第六卷),2008年。

行不同历史时期的纵向对比和犯罪处罚研究。

第三,本书准确规整古代蒙古犯罪治理的刑罚种类。15世纪答言汗中兴后,蒙古社会趋于稳定。人民渴望和平,"黄金家族"重振旁落多时的皇权成为这一时期政治动向的主要内容。在这种背景下,蒙古各地区势力集团为争取四十万蒙古的领导地位,进行了政治法律等各种改革。改革基本有两项内容,即积极引进藏传佛教黄教(格鲁派)和制定法律,编纂法典。故这一历史时期成为蒙古历史上法典多出的时代。主要有《图们札萨克图汗法典》(16世纪末)、《十善福经教白史》(初为元朝施政纲领性文件,16世纪后期经蒙古右翼鄂尔多斯封建主重纂)、《俺答汗法典》(16世纪末)、《白桦法典》(1639年前),《卫拉特法典》(《噶尔丹洪台吉1676、1678年二项旨令》和1741—1758年间伏尔加河土尔扈特汗廷《顿罗布喇什补则》为该法典的延续和补充)最有代表性。①这些法律对当时社会犯罪治理作法出了对应的规定和措施,在维护社会和谐稳定、促进各民族交融发展方面发挥了重要作用。本书以《阿勒坦汗法典》《白桦法典》《卫拉特法典》等为研究载体,对死刑、鞭刑、罚畜刑进行归类和量刑细则研究,找出不同年代不同法典对同一个犯罪行为进行量刑处罚的异同之处,并分析其历史背景、治罪效果及理由等。

(二)应用价值

第一,本书研究对于推进民族地区构建和完善多元共治的社会治理体系,预防和阻止重特大恶性案件和群体性事件,促进民族地区和谐稳定发展,推进法治乡村建设具有重要的应用价值。推进民族地区犯罪治理体系和治理能力现代化是民族地区维护和谐稳定、保障经济社会发展的重要方

---

① 那仁朝格图:《近30年来中国蒙古法制史资料整理》,《民族法学评论》(第六卷),2008年。

面。本书探索更有效的民族地区人民调解、行政调解、司法调解联动工作体系，探索更有用的基层社会多元化矛盾纠纷调处机制。民族地区必须全面加强和创新社会治理体制机制，持续完善党委领导、政府负责、民主协商、社会协同、公众参与、法治保障、科技支撑的多元共治社会治理体系，这是预防和减少犯罪、确保民族地区边疆和谐稳定、维持社会安定的重要保障。①

第二，挖掘和整理民族地区犯罪治理的智慧经验，铸牢中华民族共同体意识。习近平总书记指出："要加强对中华优秀传统文化的挖掘和阐发，使中华民族最基本的文化基因与当代文化相适应、与现代社会相协调，把跨越时空、超越国界、富有永恒魅力、具有当代价值的文化精神弘扬起来。"②古代社会犯罪治理的法律制度是中华民族传统文化的智慧结晶，包含着丰富的典章制度，蕴含着许多社会规范、文化制度、刑罚政令、行为习惯等具有重要借鉴意义的传统制度体系，在当今的法治社会进程中仍具有维护稳定、调治民心、惩恶扬善、保护生态等价值。正确把握古代社会犯罪治理法律制度的精神特质，从中汲取制度建设、道德建设、法治建设等铸牢中华民族共同体意识的丰富养分，坚持和完善中国特色社会主义法治体系、协同推进民族地区犯罪治理体系和治理能力现代化。

第三，民族地区要以习近平法治思想为指导，通过加强和完善农村牧区法治乡村建设，将农村牧区的各项工作纳入法治化轨道。习近平总书记指出，加强法治乡村建设是实施乡村振兴战略、推进全面依法治国的基础性工作。③一方面，要完善涉农涉牧立法工作，提高涉农涉牧执法水平，不断提升

---

① 黄承伟：《习近平关于全面推进乡村振兴的重要论述研究（上）》，《国家现代化建设研究》，2023年第1期。

② 习近平：《在哲学社会科学工作座谈会上的讲话》，人民出版社，2016年，第17页。

③ 习近平：《推进全面依法治国，发挥法治在国家治理体系和治理能力现代化中的积极作用》，《求是》，2020年第22期。

涉农涉牧公共法律服务能力,着力解决人民群众关心关注的法律难题,鼓励和引导群众遇事找法、办事依法、解决问题用法。①另一方面,要注重发挥村规民约、家教家风、习惯习俗等的积极作用,激活法治乡村建设的内生动力,用好管好用的经验做法,②推动全面依法治国各项措施在民族地区农村牧区落地实施。

第四,挖掘和整理好民族地区民间习俗规范。基层社会犯罪治理是一个多元化的体系,就主体而言,不仅由国家、政府机构、司法部门主导和推进,也依赖于非政府组织,包括公民自身和社会组织;就治理依据而言,不仅依赖于法律,而且有赖于道德、民俗、社会团体规范;就治理方式而言,不仅有赖于强制,而且有赖于非强制的沟通、协商、妥协、讨价还价等。③民族地区基层社会犯罪治理还需要挖掘和发挥好诸如村规民约、习惯禁忌、石碑铭文等特殊规范,在预防和阻止犯罪、树立和引导正确的处世观、预防和化解各类矛盾、处置农牧民基层社会各类纠纷、维护和谐安定的社会秩序等方面发挥着积极作用,而且其中蕴含的遵纪守法、诚实信用、团结互助、勤俭节约、保护环境等观念与社会主义核心价值观相融通。要打通各民族村民参与预防犯罪治理和社会治理的各种渠道,开展形式多样的普法宣传和维权讲座,引导农牧民正确行使各类合法权利。

---

①② 魏哲哲:《推动法治乡村建设提质》,《法治与社会》,2022年第2期。

③　朱景文:《社会治理体系的法制化:趋势、问题和反思》,《社会学评论》,2020年第3期。

二、本书相关国内外研究成果及研究动态

学术界对古代蒙古犯罪治理的法律制度研究主要以具体法律制度为载体和对象,对历史发展进程和朝代更迭中的犯罪治理法律制度体系进行了系统梳理,具有重要的文献资料支撑和借鉴意义。

（一）对早期蒙古社会犯罪治理的研究,以"约孙""扎撒"的研究为主

吴海航的《"约孙"——蒙古法渊源考之一》是以蒙古高原统一前后为研究范围,以蒙古早期"习惯法"为研究对象,重点考察在蒙古社会被称为"约孙"的产生、含义及其功能。①此外,齐格、黄华均等分别阐释了"约孙"在生态及野生动物保护方面的社会效能。古代蒙古基层社会治理法治化源流当属古代蒙古习惯法。齐秀华指出,"约孙"是蒙古汗国"大扎撒"和元朝法律最主要的法律渊源。此外,大蒙古帝国时期的"扎撒"或"大扎撒"同样具有重要的历史地位。吴海航的《成吉思汗大扎撒探析》、齐格的《再论成吉思汗大扎撒》、张长利的《成吉思汗大扎撒的若干问题》对扎撒的历史缘由、社会治理、内涵外延均作了翔实阐述。1983年油印刊行的潘世宪著《蒙古民族地方法制史概要》,可称为国内蒙古习惯法研究的一部重要成果。书中对成吉思汗的《大扎撒》《元典章》《阿勒坦汗法典》《白桦法典》《卫拉特法典》等清代以前的蒙古族法制进行了分析论述。奇格著的《古代蒙古法制史》、那仁朝格图著的《13—19世纪蒙古法制沿革史研究》是研究蒙古法制的重要成果,对其"约孙""扎撒"的词源、含义、内容等均有研究和阐述。

---

① 吴海航:《"约孙"论——蒙古法渊源考之一》,《中外法学》,1998年第3期。

（二）对元代蒙古社会犯罪治理的研究，以《元典章》的研究为主

《元典章》是研究古代蒙古社会犯罪治理不可或缺的重要文献，内容主要由元代的原始文牍资料组成。元代政治、经济、文化等社会治理的各个侧面在书中都有具体生动地反映。自明代以来，《元典章》有多种传抄本。1908年，北京法律学堂刊行由沈家本作跋的刻本，世称沈刻本。民国年间，在北平故宫发现了元刻本。陈垣编成《元典章校补释例》6卷，并于1934年刊行，成为中国校勘学史上一部划时代的专著。李崇兴对其在语法史的价值进行了研究。丁华东总结了《元典章》的四个特点，陈高华等人则总结了其四点史料价值。李淑娥认为《元典章》是"祖述变通"、蒙古新旧势力对立、国家大一统对外经济文化交流的产物。舒炳麟的专著《〈元典章〉研究》，从行政、刑事、民事、经济、诉讼五个方面分析了其中的法律思想；黄时鉴从《元典章》中辑出了大量条文，拓展了元代法制史的研究；赵彦昌依据《元典章》分析了元朝的档案管理制度。2012年，由张帆教授主持的国家社科基金重大项目"《元典章》校释与研究"获立项，收获颇丰。此外，日本学界对《元典章》也颇有研究，岩村忍、田中谦二有校本《元典章·刑部》便是其中代表。中外史学交流与互动大大推进了元史研究多元化。

（三）《阿勒坦汗法典》是蒙古右翼土默特万户首领阿勒坦汗制定和颁布的一部地方性法规

该法典对有效维护阿勒坦汗的统治、抑制蒙古地区基层社会犯罪问题起到了重要作用。《法典》原文已散佚。藏文手抄本由原西德学者R.O.梅塞泽尔（Meiszahl，R.，O.）在英国利物浦市博物馆发现后刊布于波恩大学中亚研究所《中亚研究集刊》1973年第7期。据R.O.梅塞泽尔介绍，抄本共42叶80

余页。其中66a~8b页是这里所说的《法典》内容,除正文外还有16行序言和2行结语,共36页。沙·比拉译成蒙古文后发表在《科学院通讯》(1975年第3期),该译文将原文分条,共12部分114条。在国内,奇格把沙·比拉书中的《阿勒坦汗法典》部分译成汉文,发表在《内蒙古地方志通讯》(1983年第4期)。宝音也把沙·比拉版本译成汉文,发表在《土默特史料》第16集。苏鲁格则依照藏文复印件翻译成汉文,发表在《蒙古学信息》(1996年第1、2期)。那仁朝格图的《13—19世纪蒙古法制沿革史研究》(2015年)对《法典》的刑事、民事、宗教、军政等方面的内容作了详细的研究。2016年,敖达日玛巴斯尔主编《俺答汗法典》出版,对《法典》的历史沿革、不同版本、主要年代及注释等进行了系统研究。在国外,日本的岛田正郎、蒙古国的达·达希策登等学者对《法典》颇有研究。这些成果对进一步研究《法典》有关犯罪治理方面的规定具有重要参考。《法典》的文本及整理情况在以下专节中会有论述。

(四)对17世纪蒙古地区犯罪治理的研究以《白桦法典》和《卫拉特法典》为代表

1970年以帕尔莱为首的苏蒙考古学调查队在蒙古肯特山麓的佛塔中发现的一批书写在白桦树皮上的法律文书。针对蒙古地区分裂的局面,常有若干临近的诺颜集会制定共同遵守的法规,以维护社会的安定,发展生产。《白桦法典》包括18个小法典。内容包括有关蒙古各部会盟、首领之间关系、防御敌人、维护社会秩序、保护刑事与民事和风俗等法律规定。17世纪中叶,内蒙古归附清朝以后,蒙古的政治中心转移至四卫拉特联盟和喀尔喀蒙古地区。意图增强蒙古内部力量与团结,反抗俄国的入侵和抵制满洲势力的扩展,卫拉特、喀尔喀蒙古统治集团于1640年会盟制定了著名的《卫拉特法典》，该法典充分继承和发展了蒙古传法律文化。①学界认为，这是一部比较完备的游牧民族法典，在蒙古民族法制史上具有较高的学术地位和研究价值。这部法典，也曾一度影响了整个阿尔泰-通古斯语系的多数民族。②后来该法典得到两次补充，即《噶尔丹洪台吉旨令（敕令）》和《顿罗布喇什补则》。20世纪80年代，马曼丽、罗致平、白翠琴等学者对《法典》专门研究。90年代，道润梯步的《卫拉特法典》校注本问世具有举足轻重的意义。宝音乌力吉、包格以道润梯步校注本及内蒙古社会科学院藏托忒文《卫拉特法典》为参考，再次校注并出版了《卫拉特法典》。2010年，额尔德木图将法典译成汉文，收录在李金山主编的《蒙古古代四部法典》中。2021年，达力扎布的《〈卫拉特法典〉研究》问世，这是目前最新成果，后附了戈尔通斯基和迪雷科夫的两本托忒文影印件。在《白桦法典》的研究方面有两部著作具有重要参考价值。一本是青格力主编《白桦法典》（蒙古文，2015年）对《法典》的各种文本进行对比研究的基础上，进行了现代蒙文的复原和解释，便于借鉴和研究。另一本是图雅的《〈桦皮书律令〉文书研究》（2019年），书中对该法原拉丁文音写、译文及注释等进行了研究与整理，对其主要内容、法源及有关社会制度进行了介绍和评述，这些对深入研究北元时期基层社会犯罪治理具有较为丰富的文献支撑。

（五）清代对蒙古基层社会犯罪治理的研究，以《蒙古律例》《理藩院则例》为主

清朝入关后，在康熙六年（1667）年修订了《蒙古律书》，并在此基础上加

---

① 那仁朝格图：《中华多元法文化背景下的蒙古法制史研究》，载张中秋编：《理性与智慧：中国法律传统再探讨——中国法律史学会2007年国际学术研讨会文集》，中国政法大学出版社，2008年。

② 那仁朝格图：《中华多元法文化背景下的蒙古法制史研究》，载张中秋编：《理性与智慧：中国法律传统再探讨——中国法律史学会2007年国际学术研讨会文集》，中国政法大学出版社，2008年。

以修改完善,于乾隆六年(1741)制定了蒙古地区的法规——《蒙古律例》。理藩院在以乾隆朝"蒙古例"为基础,于嘉庆二十年(1815)着手制定《外藩蒙古理藩院则例》。后经嘉庆、道光、光绪三朝屡次增删、修改、增纂,终于正式颁布。从此以后,《理藩院则例》(以下简称"则例")作为国家制定的基本法和单行法规,在蒙古、回疆、青海、西藏等边疆地区颁布实施。《则例》从形式到内容都比《蒙古律例》完备和丰富,标志着清朝对蒙古立法进入成熟阶段,它是清朝对蒙古地区基层社会犯罪治理的重要依据和法制保障。①在国内,1989年,金峰出版了国内第一部蒙古文《理藩院则例》校注本。之后,赵云田、杨选第等将这一领域的研究逐步引向了深入,相关系列成果可谓收获颇丰、影响较深。2010年,乌云毕力格主编《清朝前期理藩院满蒙文题本》出版,内容涉及外藩蒙古各旗与理藩院之间书信朝廷奏折等原始条款,弥足珍贵。作为最新研究成果有两本点校本值得引荐。一本是包斯琴点校的《钦定理藩院则例》(2019),对于研究清代边疆民族军事、政治、法律、宗教制度以及清朝对边疆民族的政策具有较高史料价值。另一本是那仁朝格图点校的《蒙古律例》(2020),此书以乾隆五十四年刊本为底本进行点校,另附乾隆三十一年、嘉庆十九年刊本。内容涵盖官衔、户口差徭、朝贡、会盟行军、边境卡哨、盗贼人命等法律条例共计209条,是乾隆、嘉庆年间蒙古地区审判民刑案件及蒙汉词讼的主要法律依据。在国外,日本学者田山茂的《清代蒙古社会制度》(1954)涉及蒙古地区的喇嘛教管理、王公承袭、刑案审判等内容,研究较为系统。岛田正郎的《蒙古律例与理藩院则例》(1968)成为当时研究清代蒙古法制史的重要参考书。另外值得一提的学者是萩原守,他对清代蒙古地区刑案审判、裁判制度与文书等进行了深入研究。此外,俄国学者梁

---

① 那仁朝格图:《中华多元法文化背景下的蒙古法制史研究》,载张中秋编:《理性与智慧:中国法律传统再探讨——中国法律史学会2007年国际学术研讨会文集》,中国政法大学出版社,2008年。

赞诺夫斯基的《布里亚特习惯法》、蒙古学者巴·巴雅尔赛罕的《蒙古裁判文献研究(乌兰哈齐尔图)》也很有研究和参考价值。

三、研究内容、研究思路、研究方法

(一)研究内容

1.古代蒙古犯罪治理的组织机构研究

如何从散见的历史文献中,挖掘整理有关蒙古基层社会犯罪治理的模式、效能,这本身就是很有挑战的研究课题。另外,犯罪治理涉及从个人到公共或私人机构等各种多元主体,对与其利益攸关的治理体系,需要通过多元共治主体采取一致行动的过程,其目标是维持社会秩序的正常运行和满足个人和社会对安全稳定的基本需要。这二者考察研究需要历史文献的挖掘和整理。在古代蒙古部落时期,组织机构包括氏族长老制、别乞官制、忽里勒制和决策制以及"身有首衣有领"等,预防犯罪、减少和杜绝犯罪等方面发挥了极为重要的作用。北元时期有大汗及其汗庭、土绵的组织及职官、千户、百户、十户组织及职官等。

2.古代蒙古犯罪治理的刑法罪名研究

主要以《大扎撒》《元典章》《阿勒坦汗法典》《白桦法典》《卫拉特法典》《蒙古律例》《理藩院则例》为研究载体,对有关犯罪罪名进行归类对比研究。如,据研究者对《大扎撒》的分类,均列有"刑法"种类,可是很少有人明确研究过有哪些犯罪罪名,笔者通过对多个史料筛选,将其总结为谋反罪、逃逆罪、抗命罪、违禁罪、懈怠罪、偷盗罪和诈骗罪等犯罪罪名。元朝法制中的犯罪罪名繁多,如诸恶、诸杀、殴詈、诸奸、诸赃等,而且每个罪名下又设置若干个罪行及处罚情况,可谓种类繁多、内容烦琐。如,《阿勒坦汗法典》在治理犯罪行为方面的规定较为详细,涉及的范围较为广,其刑法罪名也从杀人罪到偷盗罪等,涉及生产生活的诸多方面。《卫拉特法典》延续了过去法律制度中的成功经验和有益做法,在此基础上针对当时的犯罪治理及维护社会稳定的需要,作出了极为详尽而烦琐的刑法罪名及处罚规定。

3.古代蒙古犯罪治理的量刑处罚研究

主要以《大扎撒》《元典章》《阿勒坦汗法典》《白桦法典》《卫拉特法典》《蒙古律例》《理藩院则例》为研究载体,对有关犯罪罪名进行归类对比研究。如《大札撒》规定的刑法处罚比任何历史时期的刑法处罚残酷,在刑法罪名的基础上,规定出诸多刑法处罚的种类,具体有死刑、流刑、杖刑、鞭刑、拳耳、箭射和财产刑等。《阿勒坦汗法典》在规范刑法罪名的基础上,进一步规范了量刑处罚的相关规定,并在量刑处罚上废除了许多酷刑,除了少量使用拘捕、赔人或以人顶替、杖刑外,更多使用的是罚畜刑,反映出轻缓中用的刑罚特色。《卫拉特法典》有关死刑的规定并不多见,多是以罚畜刑为主的财产刑,还有少量的割耳朵等酷刑。

本书对上述法典定罪量刑的历史背景、条文规定、治罪效能进行体系化、整体化考察研究。再者,古代蒙古社会对犯罪的治理和预防并非完全靠国家法律,还通过对自然禁忌、祖训、家训、盟约、宗教等的遵从。

4.古代蒙古社会犯罪治理法律制度的当代价值研究

切实巩固铸牢中华民族共同体意识的法治基础,不断加强关于健全完善民族法律法规体系的研究。将铸牢中华民族共同体意识的思想理念融入有关研究体系中,探索宪法关于"中华民族"的规定转化为各族群众对伟大祖国的高度认同的路径,将党中央关于民族工作的决策部署转化为覆盖各领域的约束性规范。①检视民族地区犯罪治理体系,尤其是有关习惯禁忌、村规民约等的短板弱项,开展关于社会治理体系现代化、涉民族事务地方立法修改完善等专项研究,为不断提高依法治理民族事务的能力和水平,探索有效防范化解民族领域重大风险隐患的法治保障体系。

（二）研究思路

1.对相关史料的整体把握和挖掘整理

以往国内外相关研究成果往往体现出外文原著、外文译著居多,而国内著作较少,实体法及法治思想研究居多,而犯罪治理有关的专门法律制度的著作较少。本书运用历史文献研究法,对国内外的现有研究成果进行专门挖掘和系统规整,努力形成以古代蒙古基层社会犯罪治理为研究对象的科研成果。

2.对古代蒙古基层社会犯罪治理的基本要素研究

本书从对古代蒙古社会治理的历史文献及相关法条为依托,对相关文献进行整理和诠释,初步了解古代蒙古社会治理的性质、特点、体系、效力、调整范围、调整对象等问题,对古代蒙古族法律的制度框架进行鸟瞰式的概览,借助法文化的诠释。

3.铸牢中华民族共同体意识下的古代蒙古基层社会犯罪治理的价值研究

本书将对古代蒙古社会治理所涉及的民俗、规矩、禁忌、习惯、法律等进行文化解读,深刻领悟中华法治文明的交融交流交织的精华实质,总结中华法治文明的整体智慧,利用古代社会犯罪治理的有益成果,从中了解游牧民

---

① 程荣、虎有泽:《铸牢中华民族共同体意识的法理阐释——以〈地方组织法〉为例》,《中南民族大学学报》(人文社会科学版),2022年第5期。

族基层社会治理的法制体系和思想观念,从铸牢中华民族共同体意识对其进行价值与路径研究。

(三)研究方法

鉴于本书所涉的历史性及专业性较强的特点,采取以下研究方法:

1.历史文献研究法

通过收集、整理古代蒙古基层社会犯罪治理法律制度有关的历史文献,进而诠释法律条文的本意,达到深化研究课题,进而探析制度背后蕴含的中华法治文明的整体智慧。

2.有关法条的规整、深挖法

有关古代蒙古基层社会犯罪治理的古文献比较散见,再有现存历史文献著作以外文原著或满文、蒙文为存世,这需要运用蒙、汉、俄、日等多种语言文字解释的方法对相关法律条文逐条进行解释、规整和深挖,这需要资深的蒙古学、历史学、语言学、法学专家的帮助和支持。

3.比较研究方法

将探析古代蒙古基层社会治理及法律制度进行横向同时比较和纵向历史比较,主要是共时、历时的不同国家、不同地区的制度之间进行交叉比较研究。通过比较法,形成铸牢中华民族共同体意识下的民族习惯法与国家成文法在基层社会犯罪治理领域的碰撞、互动与交融发展的历史经验总结。

第一章
大蒙古国时期犯罪治理的法律制度

"约孙"(Yosun)为蒙古语,意为有理、道理、习惯、习俗、礼仪等意思。[1] 它是古代蒙古社会最基本的行为规范,是调整社会关系、维护社会秩序的基本准则。"约孙"融合和吸收了本民族和其他北方民族的有益生产生活经验和民族宗教习惯禁忌等,并被赋予了全体成员共同遵循的约束力。"约孙"在犯罪的预防与惩处方面包含了草原环境保护、宗教习惯禁忌、婚姻家庭继承、刑罚惩戒措施等内容。

第一节 "约孙"及犯罪治理概述

一、"约孙"的探源及界定

"约孙"是蒙古社会从长期的生产生活实践中总结并遵循的习俗习惯的

---

① 那仁朝格图:《13—19世纪蒙古法制沿革史研究》,辽宁民族出版社,2015年,第64页。

集成,并经长时间的实践检验后上升为习惯法,其中一部分是蒙古族自己精炼而形成的,也有一部分为吸收了北方游牧民族的习惯法,并不断传承演化而成的。蒙古族早期"约孙"则是蒙元之前蒙古族先民世代所遵循的习俗习惯禁忌等之集成。"约孙"一词源远流长,拉施特的《史集》就记录了成吉思汗建国之时就特别注重从祖先传承下来的规矩和习惯的绝对遵从,他说道:"我绝不让祖居沦丧,决不允许破坏他们的规矩、习惯。"①《蒙古秘史》中"约孙"一词共出现14次。②例如,第216节原文为:"忙豁仑,脱劣,那颜,抹儿,别乞,勒灰,约孙,阿主为",旁注为"达达的,理,官,道子,官名,做的,理,有来"。明译为"达达体例里,以别乞官为重",道润梯步译为"蒙古之制,有为别乞官之道"③。这里的"约孙"有官员依固有的习惯、规则行事之意。若有违背之人,即违背了社会公理,也就为社会之"理"所不允许。

"约孙"是蒙古社会道德规范的法律化表现,是社会成员共同意志的体现,它作为人们的基本行为规范早已被认可和熟知,具有普遍的约束力,谁若违背"约孙"即违背大家共同遵循的意志和规则,则受到人们一致的谴责与讨伐,并受到舆论攻击与治罪惩罚。因此,在古代蒙古社会主要往往以"约孙"约束人们的行为即生产生活活动,若有违背被视为犯罪,一方面给予道德谴责,另一方面以刑法手段惩治,兼具道德规范与法律规范的双重性,具有抑制犯罪治理和稳定社会秩序的积极作用。成吉思汗训道:"凡是一个民族,子不遵父教,弟不聆兄言,夫不信妻贞,妻不顺夫意,公公不赞许儿媳,儿媳不尊敬公公,长者不保护幼者,幼者不接受长者的教训,大人物信用奴仆(gulām)而疏远周围亲信以外的人,富有者不救济国内人民,轻视习惯

---

① [波斯]拉施特主编:《史集》(第一卷 第二分册),余大钧、周建奇译,商务印书馆,1983年,第178页。

② 那仁朝格图:《13—19世纪蒙古法制沿革史研究》,辽宁民族出版社,2015年,第64页。

③ 道润梯步:《新译简注〈蒙古秘史〉》,内蒙古人民出版社,1979年,第242页。

(yūsūn)和法令(yāsā)、不通情达理,以致成为当国者之敌:这样的民族,窃贼、撒谎者、敌人和[各种]骗子将遮住他们营地上的太阳,这也就是说,他们将遭到抢劫,他们的马和马群得不到安宁,他们[出征]打先锋所骑的马精疲力竭,以致倒毙、腐朽、化为乌有。"①这里已经将习惯("约孙")与法令(蒙古语为"扎撒")被赋予了同等的法律地位,用最为严厉的道德和法律惩罚来保证其得到普遍遵循。

"约孙"是蒙古社会自古以来对自然习惯禁忌的具体体现,是保障人与自然平衡和维护社会秩序的基本要求。"禁忌成为原始社会唯一的社会约束力,是人类以后社会中家族、道德、文字、宗教、政治、法律等所有带有规范性质的禁制的源头。"②蒙古族普世的世界观"皆承认有一主宰,与天合名之曰腾格里(Tangri)。崇拜日月山河五行之属。出帐南向,对日跪拜。尊就于地,以酹天体五行"③。尽管这些习惯和禁忌现在看来带有相当的盲目性和非科学性,由于受当时自然气候、生产生活条件及科学认知水平所限,进而形成了若干限制和约束功能的"约孙"来规范人的行为。例如,"约孙"禁止水中和灰烬上溺尿、禁止徒手汲水、禁止坐于水中洗涤等。这一方面,水资源对维持和保证蒙古社会生产生活显得极其重要和关键;另一方面,也是维持和保证统治秩序和权威的必然要求。拉施特的《史集》记载了窝阔台合罕(汗)审讯一个伊斯兰教徒的涉水案例。当时,窝阔台合罕和察合台一起出去打猎时,他们看到这个人正坐在水中洗澡,于是被抓去审讯起来了。虽然这个人最终由于贫穷的理由被宽恕,但"合罕下令从库中又拿了十巴里失给

---

① ［波斯］拉施特主编:《史集》(第一卷　第二分册),余大钧、周建奇译,商务印书馆,1983年,第354页。

② 柴荣:《论古代蒙古习惯法对元朝法律的影响》,《内蒙古大学学报》,2000年第5期。

③ ［瑞典］多桑:《多桑蒙古史》(上),冯承钧译,商务印书馆,2013年,第36页。

他,并从他取了书面保证,让他保证今后再不敢有这样的行为"①。这样,既保证了法令规则的普遍遵循,也彰显了蒙古汗廷恩威并用的犯罪治理思想。

二、"约孙"时期治罪组织及其职权

在古代蒙古"约孙"时期,治罪体系包括氏族长老制、别乞官制、忽里勒制、决策制和"身有首衣有领"等,在预防犯罪、减少和杜绝犯罪等方面发挥了极为重要的作用。

(一)氏族长老——别乞官

别乞,蒙古语音译,有长老、族长、僧正、大祭司之意,氏族全体成员须选举具有熟悉天文地理和社会经验丰富的长者为"别乞",是氏族社会时期掌管和统治一个氏族的最高首领,全体氏族成员必须听从他的旨意。

有关别乞官的职权问题,史籍记载的最典型的事例如下:1206年成吉思汗建国时对兀孙老人说:"如今……以别乞(Beki)官为重;兀孙!你是巴阿邻为长的子孙,你可做别乞。"②就是蒙古族早期氏族或部落都设有别乞一职,如"主儿乞氏的忽秃黑秃·主儿乞的长子撒察·别乞、蔑儿乞惕氏的脱黑脱阿·别乞和其长子脱古思·别乞、孛儿只斤氏的捏坤太子的长子忽察儿·别乞。同样著名的还有斡亦刺惕部首领忽都合·别乞、朵儿边氏的合只温·别

---

① 巴里失,古代蒙古的货币单位。一巴里失大概折合二两银币。参见[波斯]拉施特主编:《史集》(第二卷),余大钧、周建奇译,商务印书馆,1985年,第87页。

② [苏]符拉基米尔佐夫:《蒙古社会制度史》,刘荣焌译,中国社会科学出版社,1980年,第79~80页。

乞客列亦惕部的必勒格·别乞等等"①。说明,别乞一职由每一氏族的长子担任,符拉基米尔佐夫"认为酋长同时又兼巫师的人带有这个最高的称号(别乞)",并骑白马,着白衣,坐在众人之上,具有很高的权力地位。

别乞,作为一个氏族的族长,早期氏族社会具有很高的权力地位,氏族的全体成员要遵从他的领导,这是一种长期遵循下来的习惯,谁若违背别乞的旨意则被视为犯罪,受到应有的惩罚。当然,到了大蒙古国时期氏族长老——别乞开始失去了本来的职能,成了一种德高望重的荣耀,其氏族里的最高职权也荡然无存。

(二)贵族议事会——忽里勒台

忽里勒台,又译作库里尔台,在突厥语的意思是"聚集",而在蒙古语中有"会议""聚会"之意,是讨论和决定部族重要军事及政治事项,推举部落首长及可汗以及决定对外征战及共同御敌等重大问题。

蒙古族早期贵族议事会——忽里勒台制,是部落或部落联盟时期为政治斗争的需要而形成的习惯法,即为选举首领、划定疆界、商定军事征战等重大决策,联合诸部落首领召开不定期的忽里勒台。后来逐渐成为习惯或定例,一年至少春秋召开各部族首领参加的议事会——忽里勒台会议,甚至有必要时还临时召开忽里勒台,解决重大问题。由于参加忽里勒台议事会的都是诸王、贵戚等,一方面通过聚会加强凝聚力,另一方面商议重大决策问题,所以不仅严格要求与会者按时到会,而且还要求严格保密会议商讨的内容。这些不成文的规定虽然史料记载很少,但通过后来规定的成文法可以见证早已遵循的相关"约孙",只不过后来被成文法吸收进去而已。

---

① 〔苏〕符拉基米尔佐夫:《蒙古社会制度史》,刘荣焌译,中国社会科学出版社,1980年,第79~80页。

有关迟到或拒绝到会的规定方面，凡召开忽里勒台要求诸王贵戚必须按时到会，若迟到几日则按延误罪给予惩罚，更不能拒绝到会，若拒绝到会则视为与迟到不同性质的抗命，以违背约定加以抗拒罪论处，在刑罚上更加重处罚，以示定罪量刑上的轻重差异。此外，忽里勒台会议上商定的重大决策问题为国家或军事机密，严格要求不得泄密，若有人对外泄密则是重大泄密罪，并受到严厉的惩处。《蒙古秘史》记载一个典型例子："灭亡了塔塔儿部，捕获了他们的百姓之后，成吉思合罕召集了亲族商议如何处理这些部众和百姓，在一个大帐房里开会讨论。他们议论说：'现在为了消灭自古以来迫害我们父祖的这些坏塔塔儿人，要把他们像车轴高的人，不用问就杀死。余下的妇女和儿童，分给各家，作为守门的奴隶。'这样地议决了。别勒古台从帐房里出来，塔塔儿部人也客扯连问说：'你们议论的什么话？'别勒古台说：'决定要把你们像车轴高的男人们都杀死。'也客扯连听到别勒古台这个话，急忙去传知那些塔塔儿人，他们齐聚于山寨上。因为攻打山寨，我军受损失极重，集聚于山寨上的塔塔儿人听说被捕后，像车轴高的人都要被杀，一齐说：'和你们同归于尽！'每一个人都袖了一把刀，所以攻打时我军受了很大的损失。把塔塔儿人像车轴高的男子都斩杀了，成吉思汗降旨说：'我们亲族大会议，别勒古台泄露出去，以致我军遭受了这样大的损失。此后，不准别勒古台参加大会议。会议时，别勒古台在外面治事，审问斗殴、偷盗和欺骗的案件。会议完毕，饮酒以后，别勒古台及答里台斡惕赤斤二人才可以进来。"①在此记载的"大会议"就是"忽里勒台会议"，成吉思汗及亲族参加本次会议，议决"要把像车轴高的塔塔儿男人们都杀死"，会后别勒古台泄密，导致"我军受损失极重"，成吉思汗了解情况后，以泄密罪对别勒古台"不准参加大会议"的处罚,其严重程度可想而知了。

(三)身有首衣有领的等级制

成吉思汗第十代先祖孛端察儿曾说"身有首,衣有领",其故事梗概如下:一天,孛端察儿看到远道徙来的一群"伊儿坚"(百姓),就和兄弟们商议前去虏获他们,孛端察儿对他兄说:"哥哥啊! 哥哥啊! 身体应当有首,衣服应当有领,这才好。"又说:"方才那住在统格黎小河的百姓没有主子,不分尊卑、好坏和上下,是一群极粗鄙的百姓,我们可以把他们掳来。"于是说服兄长们,"把那群百姓抢掠了,把牲畜掳来,把俘虏做了奴隶"①。这一哲理故事反映一个道理:任何事物都和人体一样由"身"和"首"结合而成,把这一道理套用在人类社会众人身上则是"上下、好坏、尊卑"之分,具体到居住在统格黎小河的百姓没有"主子,不分尊卑、好坏和上下",是一群极粗鄙的百姓,抢掠他们做我们的奴隶是理所当然的。反映出人类社会发展过程中的等级观念,孛端察儿等是"上等、好的、尊贵"的,应属统治的上等人,而居住在统格黎小河的百姓是"下等、坏的、卑贱"的,应属被统治的下等人。

在此思想指导下,蒙古族进入阶级社会之后明确划分高贵的统治者——黄金家族和卑贱的被统治者——奴隶两大阶级,并严格要求被统治者须无条件服从高贵统治者的指挥和领导,而且严令被统治者受奴役,连发表言论的自由都被剥夺。若违背这一规定则被视为犯上行为,被治罪处罚,具体故事的梗概为一次召开贵族议事会时,一个佣人站在一旁服务,主持者突然问其佣人有何想法,那佣人答说:你们都是高贵者,我是个奴婢,哪敢发表言论? 还是你们高贵者发表各自的高见吧!显然,"上下、好坏、尊卑"之观

---

① ［蒙古］策·达木丁苏隆编译:《蒙古秘史》,谢再善汉译,青海人民出版社,2013年,第10页。

念成为习惯,等级划分成为永远遵从的规矩。

三、"约孙"中的犯罪治理内容

如前所述,"约孙"对规范蒙古社会秩序,尤其对预防和减少犯罪方面起到了极为重要的作用。"约孙"的犯罪治理体现在草牧场生态保护、野生动物保护、婚姻家庭继承等多个方面。

(一)保护草原资源环境的治罪

首先,草原是蒙古社会赖以生存的物质基础和重要的生活来源。任何破坏草原的有关行为均被认为是严重的罪行,会施以重刑。据《元史》载,成吉思汗第八世祖咩撚笃敦妻曰莫拏伦哈屯为保护自己的草场之事,"时押剌伊而部有群小儿掘田间草根以为食,莫拏伦乘车出,适见之,怒曰:'此田乃我子驰马之所,群儿辄敢坏之邪。'驱车径出,辗伤诸儿,有至死者"[1]。显然,蒙古社会历来重视保护自己的草场,在草场上掘草根不仅驰马绊脚,更甚者就是破坏草场生态,为此莫拏伦哈屯对掘草根"押剌伊而部有群小儿"的惩罚是驱车追逐,"辗伤诸儿,有至死者"。依"约孙"之道,莫拏伦哈屯保护自己的草场是正义的,也是很有必要的。而押剌伊而部那一群小孩到别人草场掘草根是违背习惯法的,所以受到了"辗伤"甚至"有至死者"的惩罚是理所应当的。

其次,与火有关的习惯禁忌及处罚。在传统"约孙"中出现了许多与火有关的习惯禁忌,有的习惯禁忌被写进了大蒙古国时期的"大扎撒",成为具

---

① (明)宋濂等撰:《元史》(卷一),"太祖本纪第一",中华书局,1976年,第2页。

有强制约束力的行为规范。在生产力落后、自然条件严苛的那个年代，"确保丰年、保护财富和畜群的使命便落到了火神头上"①。如有人在草原上失火或放火，会对蒙古社会赖以生存的生产生活资料——草牧场、畜群、居所等带来灭顶之灾，其后果是难以承受的。"禁草生而攫地"、"禁遗火而燎荒"、禁跨火等，这些已被《大扎撒》吸收为人人必须遵循的法令，违者受到严厉处罚。《黑鞑事略》中记载："其国禁，草生而掘地者遗火而熱草者诛其家。"②此外，蒙古族日常生活中有很多与火有关的习惯禁忌，这成为人们预防草原火灾和避免重罪处罚的重要行为约束。如在野外狩猎用火或游牧迁徙时必须将火灭尽并用土掩埋，禁止将正在燃烧的火随意到处乱扔，禁止用刀剑等拱火。禁跨火与禁跨桌、跨碟等也成了最为古老的禁忌，在保持良好的生活生产习惯方面具有积极的引导训诫作用。

再次，与水有关的习惯禁忌及处罚。如前所述，"约孙"及其后来的《大扎撒》中禁止水中和灰烬上溺尿、禁止徒手汲水、禁止洗濯、洗破穿着的衣服等。禁止水中和灰烬上溺尿、禁止徒手汲水等，是因为蒙古族自古以来水就是圣洁之物，在其信仰上水是一种圣洁干净的精神依托。再者，在气候干旱的蒙古高原，水资源珍贵且稀缺，生存环境不允许有任意污染和损害，理所应当受到法律禁令的严格保护。对此，《蒙鞑备录》中有这样的记述："（蒙古人）其俗多不洗手而拿攫鱼、肉，手有脂腻则拭于衣袍上，其衣至损不解浣濯。"③

---

① ［德］海西希：《蒙古宗教》，载内蒙古大学蒙古史研究室编：《蒙古史研究参考资料》（第32—33辑），1984年5月。

② （宋）彭大雅撰，叙廷疏证：《黑鞑事略》，王国维笺证，《蒙古史料校注四种》，清华国学研究院印行，1926年。

③ （宋）赵珙撰：《蒙鞑备录》，王国维笺证，《蒙古史料校注四种》，清华国学研究院印行，1926年，第32页。

最后,有关生活习惯的禁忌及处罚。有关这方面的内容繁多,几乎囊括了草原游牧生产生活的衣食住行等各方面,由于篇幅及研究内容所限不再一一详述。拉施特的《史集》对此记载了这样一个案例:一个伊斯兰人从市场上买了一只羊,牵回家准备割喉杀羊时,被一个尾随到家爬上屋顶的钦察人揭发到了(窝阔台)合罕宫中。后经官员查实,(窝阔台)合罕就说:"这个穷人遵守了我们的法令,违法的是这个突厥人,因为他爬上了人家的屋顶。"①于是,伊斯兰人没被治罪,而那个告状人的却被处死了。显然,在古代蒙古社会习惯禁忌看来,后者爬上他人屋顶窥探他人秘密严重得多。

(二)军事及围猎方面的治罪

在军队出征和兵卒作战前必须检查所携带的兵械装备等,要求备齐小至针线绳索大至马匹等所有的战备物资,违令者严惩。

《世界征服者史》记载:"无论何时,只要抗敌和平叛的任务一下来,他们便征发需用的种种东西,从十八般武器一直到旗帜、针钉、绳索、马匹及驴、驼等负载的动物。人人必须按所属的十户或百户供应摊派给他的那一份。检阅的那天,他们要摆出军备,如果稍有缺损,负责人要受到严惩。"②当时许多战争的胜利就是靠这种严酷纪律处罚而取得的。

还严令,出军不得枉杀,不得擅自与敌人媾和。兵卒临战逃匿者处死、不跟进英勇善战者处死、战时不积极营救被捕者处死、擅自偃旗收兵者处死、擅自给俘虏食物者处死、在行军途中或作战之时,得到同伙者的衣物、兵械、马匹等,不交还失主者处死等,其严令程度达到了如此地步:"一个统帅十万人马的将军,离汗的距离在日出和日没之间,犯了些过错,汗只需派一

---

① [波斯]拉施特主编:《史集》(第二卷),余大钧、周建奇译,商务印书馆,1985年,第87页。
② [伊朗]志费尼:《世界征服者史》(上),何高济译,江苏教育出版社,2005年,第25页。

名骑兵,按规定的方式处罚他,如要他的头,就割下他的头,如要金子,就从他身上取走金子。"①

再规定,战利品必须上交统一分配,不得私人随意占有,否则受到严厉制裁。据《蒙古秘史》载:"狗儿年(一二〇二年)的秋天,成吉思汗要去征伐答兰捏木儿格思地方的察阿安塔塔儿、阿勒赤塔塔儿、都塔兀惕塔塔儿、阿鲁孩塔塔儿之前,发布命令说:'歼敌的时候,不要抢夺财物,把敌人打败了,他们的东西都成了我们的俘获品,应当分用。如果后退,应即返回原阵地,不返回原阵地者斩!'就颁布了这个命令。"②这段史料反映着两条内容:一是战利品不得随意强夺被个人占有,一定要上交后再统一"分用",若随意占有战利品则是违背此令,受到惩罚。举一例:"术赤、察哈台、窝阔台三子进入兀笼格赤城,三人把各城及其百姓分取了,一点也未留给成吉思合罕。三子一回来,成吉思合罕对术赤、察哈台、窝阔台三子发怒,三天未见。于是孛斡儿出、木合黎、失吉忽秃忽三人奏说:'为了平服强横不逞的撒儿塔兀勒的莎勒坛,我们攻取他们的城池和百姓。攻取的兀笼格赤城,虽然都被儿子们分了,但也等于成吉思合罕所有。……合罕你为什么发怒呢?儿子们已经知罪惧怕了!已经给予教训了!使二儿子们以后要谨慎。合罕恩赐,叫儿子们谒见吧?'成吉思合罕怒息,命术赤、察哈台、窝阔台三子来见,责备一番,引证着祖训、古语训诫。三儿子被责,战慄着站立在那里,汗流满面。"③这是典型的战利品私自占有的案例,成吉思汗对其三子"把各城及其百姓分取了"的行为发怒,并"三天未见",后经大臣们的反复奏请才"怒息",经"引证着祖训、古语训诫"后,饶恕了其三子的违禁罪行,最后还是让他们交出战利

---

① [伊朗]志费尼:《世界征服者史》(上),何高济译,商务印书馆,2016年,第30~31页。

② [蒙古]策·达木丁苏隆编译:《蒙古秘史》,谢再善汉译,青海人民出版社,2013年,第103页。

③ [蒙古]策·达木丁苏隆编译:《蒙古秘史》,谢再善汉译,青海人民出版社,2013年,第227页。

品,统一分配。①

二是军队作战下令后退,应"返回原阵地",这是军事作战当中的军令,若"不返回原阵地者"则是违背禁令的犯罪行为,应对其采取"斩"首的量刑处罚。应该说这一军令规定早已形成的规矩,是组建氏族或部落军队起逐渐遵循下来的习惯,谁也不得违背,只不过到成吉思汗时把它转化为公开下达的军令而已。

在围猎方面,成吉思汗及其继承者们都很重视狩猎。通过狩猎从中得到军事教益和实战训练被认为是最直接的好处。通过狩猎锻炼和掌握弓马刀刃之术,练就常人难以承受的忍耐力,是破敌之时的必须演习,"约孙"及《大扎撒》均规定,对怠慢的士兵以及使猎兽逃跑者处以鞭刑或死刑,对此有责任的千户长、百户长要受杖刑。②因为狩猎时的怠慢致使猎物逃脱,在战时同样怠慢或违反纪律会使敌人逃脱,使得整个战局陷入一个极为不利,甚至是溃败的局面。故对此必须予以严惩。

(三)婚姻及家事方面的治罪

在那个还没有成文法问世的时代,"约孙"作为蒙古社会习惯禁忌等一切社会规范的集成,对婚姻及家庭关系作出了得到全体成员认可和遵循、具有普遍约束力的行为规范,发挥了引导和规范人的行为。预防和打击犯罪的作用。"约孙"及其早期的《扎撒》规定,每个人都要互敬互爱、尊重老人、尊重穷人,像爱自己一样爱护邻人,不得违反。"幼者若侮辱他人,他们的长辈决不宽恕他们,重重地加以鞭打。"③对于财产的分配,年长者要多于年幼者。

---

① [蒙古]策·达木丁苏隆编译:《蒙古秘史》,谢再善汉译,青海人民出版社,2013年,第227页。

② [伊朗]志费尼:《世界征服者史》(上),何高济译,江苏教育出版社,2005年,第34页。

③ 《普兰迦儿宾行记》,余大钧、蔡志纯译,内蒙古大学出版社,2009年,第34页。

　　有关遗产,无论何物,都有其明确的继承人顺序及分配规定。不分妻妾之子都有平等的继承权。对于财产的分配,年长者要多于年幼者。通常情况下,由正妻之幼子继承父亲的祖业。《世界征服者史》记载:"他们有一种风俗是,倘若一个官吏或一个农民死了,那他们对死者的遗产,无论多寡,概不置喙,其他任何人也不得插手这笔财物。如他没有子嗣,财产就传给他的徒弟或奴隶。"①然而这些无人继承的财物,出于"不吉利"的缘故,不会被收归国库。

　　"约孙"最明显的特点就是对传统婚姻家庭关系的维护和保障,一旦出现不正当的两性关系,不仅严重破坏婚姻家庭关系的和谐稳定,还严重扰乱基层社会的秩序规则。为此,"约孙"极力维系正当的婚姻家庭关系,不允许男女之间存在不正当的关系,若出现如此问题则将视为违背"约孙"的严重犯罪行为,不仅受到社会舆论的严厉谴责,而且在刑事裁量上加以重罪判决。

　　有关婚姻家庭和男女发生不正当关系的习惯禁忌,我们可以在后来的游记里看到一些记载,如普兰·卡尔宾记载道:"他们那里还有这样一条法律或者一种风俗,如果发现公开通奸的男人和妇女,则把他们处死。如果一个小女孩同任何人私通淫乱,则把此男女二人均杀死。"②在此,提到妇女和小女孩同别的男人发生不正当男女关系,按照"约孙"是绝对不允许的,所以出现此类问题就要被杀死,其目的在于尊重和保护婚姻家庭习俗,治理淫乱,树立权威,稳定社会。同样的史料记述在维廉·鲁布鲁克《蒙古游记》和彭大雅《黑鞑事略》中得到证实,如"谋杀以及与一个不属于自己的妇女同居,他们都处以死刑","相与淫奔者,诛其身"。在此,明确记载着男人若"与一个

---

① 〔伊朗〕志费尼:《世界征服者史》(上),何高济译,江苏教育出版社,2005年,第27页。
② 普兰·卡尔宾编辑:《蒙古游记》,内蒙古教育出版社,1983年,第89页。

不属于自己的妇女同居",这不仅是违背伦理道德,而且还是严重违反婚姻家庭"约孙"的犯罪行为,因此"都处以死刑"。

(四)盗窃、抢劫犯罪治理

盗抢财物是古代蒙古最为常见的犯罪类型,视其盗抢所得的财物分别治罪。如所盗之物不重要者,处以杖刑。但基于马匹作为蒙古社会重要的生产资料和交通工具,行为人除必须归还所盗之马外,还会被处以罚金(畜),不能缴纳罚金(畜)者予以极刑。①以九为单位的罚畜刑是当时社会最为有效,也是最为严厉的治罪手段。

对此,《马可波罗行纪》记载:"(蒙古)其治理狱讼之法如下:有窃一微物者,杖七下,或十七,或二十七,或三十七,或四十七,而止于一百零七,视其罪大小而异,有时被杖致死者。设有盗马一骑或其他重要物品者,则为死罪,处以腰斩之刑。然应附带言及者,其罪可以买赎,偿窃物之九倍则免。"②

有关抢劫犯罪,如所抢之物不重要者,处以杖刑。如奴隶犯此罪,则没收该奴隶及其奴隶主的家属、牲畜和财产。《黑鞑事略》记载:"(蒙古)其犯寇者杀之,没其妻、子、畜、产,以入受寇之家;或甲之奴盗乙之物,或盗乙之奴物,皆没甲与奴之妻、子、产、畜,而杀其奴及甲,谓之'断案主'。"③

---

① 齐格:《古代蒙古法制史》,辽宁民族出版社,1999年,第39页。
② [法]沙海昂注:《马可波罗行纪》,冯承钧译,商务印书馆,2012年,第141页。
③ "寇",抢劫、侵犯之义。《黑鞑事略》,第69页。

第二节 《大札撒》及其犯罪治理

一、《大札撒》的颁行

当蒙古各部归顺于成吉思汗初期开始,他就废除了蒙古部落一直沿用的落后的旧制陋俗,然后"他给每个场合制度一条法令,给每个情况制定一条律文;而对每种罪行,他也制定一条刑罚"[①]。成吉思汗《大札撒》是从1202年起陆续颁布实施的,第一次是在1202年,同四种塔塔儿未战之先,铁木真号令诸军:"若战胜时,不许贪财,既定之后均分。"[②]第二次是在1204年,与乃蛮部作战前出台了比较详细的法律,对有关军队组织及作战纪律作出了严格的规定。第三次是1206年与乃蛮等三部作战后在忽里勒台期间颁行。后来,经过1210年至1227年间的多次修订完成。其原稿本早已失传,现存的相关法条零散记录在后来的史籍当中,内容很不完整,可我们从后来史籍零散记载中可以得出有关犯罪治理的内容。

《大札撒》是反映可汗的权力是神圣、至高无上的,任何人不可侵犯的法律规范。蒙古可汗不只是"黄金家族"和大蒙古国的首领,而且也是某一兀鲁思——分地的领主,其权力地位是至高无上的,任何大臣及属民均不得侵犯,一旦受到侵害则会受到严惩。

当札木合手下几个人捕捉自己的主人札木合送到成吉思汗那里之后,成吉思汗降旨说:"侵害合罕、领主的人还可以留用吗? 这样人还可以做同伴吗?'凡侵害合罕、领主的属民,子子孙孙永远根绝。'这样就命令把捕捉札

[①] [伊朗]志费尼:《世界征服者史》(上),何高济译,江苏教育出版社,1988年,第22页。

[②] 余大钧译注:《蒙古秘史》,河北人民出版社,2007年,第209页。

木合的几个人在札木合的面前杀掉。"①就是说,古代蒙古社会,早已形成可汗权利不可侵犯的思想意识,这是从其蒙古祖先的习惯禁忌中吸取和总结得出的道理,只有可汗的权力至高无上,才能统治属民百姓,才能治理好国家。

成吉思汗在其《大札撒》中下令护卫军日夜守护大汗帐房周围,并严令深夜任何人靠近大帐跟前,若一旦有人靠近则抓住并杀死,更不允许有过激行为的发生,如《大札撒》规定:"履阈者,诛其身。"这里的"履"有"踩、踏"之义,"阈"即"门槛"。意思是说,"踩、踏毡帐的门槛,会惹来杀身之祸"。蒙古社会传统观念中,踩踏"毡帐的门槛"是不尊重、不吉利的禁忌,将主人堵住于帐房里,有动手或杀戮之义,所以禁止出现踩踏"毡帐的门槛"的行为,更不允许踩踏可汗的毡帐门槛。普兰·卡尔宾出使蒙古时,每次谒见一位首领之前,都要受到警告"不要踩到门槛上面!"。对此,他描述道:"我们极为小心,因为凡是有意踩着任何首领帐幕门槛的人,都要被处死刑。"说明,"履阈者,诛其身"这种习惯早已形成,只是到成吉思汗《大札撒》将它转化为成文法令,并付诸实践而已。

窝阔台继任汗位后,郑重宣示承继成吉思汗"大扎撒"的不可撼动的地位,并决定恩威并用,"无论何人在朕即位之前所犯下的一切罪行概予赦免"②《元史》卷二《太宗纪》载:"诸王百官大会于怯绿连河曲雕阿阑之地,以太祖遗诏即皇帝位于库铁乌阿剌里。始立朝仪,皇族尊属皆拜。颁'大札撒'。华言'大法令也'。"③这时期,窝阔台汗除了照搬成吉思汗《大扎撒》外,在赋税、军事、驿站等方面作出了新的规定。如颁令"每年让百姓从每群羊

---

① [蒙古]策·达木丁苏隆编译:《蒙古秘史》,谢再善汉译,青海人民出版社,2013年,第165页。
② [波斯]拉施特主编:《史集》(第二卷),余大钧、周建奇译,商务印书馆,1985年,第31页。
③ (明)宋濂:《元史》卷二,《太宗纪》,中华书局1976年,第29页。

中,缴纳一只二岁羊做羊汤。每百只羊,缴纳一只羊,救济穷人们"①。这在合理减轻百姓税负和救济贫困群体方面具有积极意义。贵由继承汗位后,"正如他的父亲[窝阔台]恪罕恪守他的祖父的札撒,不允许对他的法令作任何更改。他也恪守札撒和他自己父亲的诏令。只对偶有冗繁和缺略之处略作删改,并避免更改致讹"②。贵由汗死后,汗位争夺愈发激烈,各地权贵各自为政、滥发诏令,造成政出多门、执法不一的混乱局面。蒙哥汗即位后这种混乱局面得到了基本抑制,曾一度被废弃的扎撒法律重新成为指引国家政治制度、军事制度、赋税财政、婚姻家庭、犯罪治理的规范准则。

二、《大札撒》中的犯罪罪名

据研究者对《大札撒》的分类,均列有犯罪有关内容,可是很少有人明确研究过有哪些犯罪罪名,笔者通过对多个史料筛选,将其总结为谋反罪、逃逆罪、抗命罪、违禁罪、懈怠罪、偷盗罪和诈骗罪等犯罪罪名。

(一)谋反罪

在前面谈到的侵犯可汗权力部分里,成吉思汗对札木合手下捕获自己的首领——札木合送给成吉思汗时所说的"侵害合罕、领主的人"就是犯了侵犯罪,因此成吉思汗在札木合面前把他们"杀掉"了。这说明成吉思汗最痛恨侵犯汗和领主的谋反行为,并在《大札撒》里告诫"子子孙孙永远根绝"侵害领主的犯人。蒙哥汗审讯窝阔台的孙子失烈门、脑忽,合剌察儿的儿子忽秃等人结盟谋反的事件反映了对合谋夺取大汗罪行的严惩态度。

---

① 余大钧译注:《蒙古秘史》,河北人民出版社,2007年,第489页。
② [波斯]拉施特主编:《史集》(第二卷),余大钧、周建奇译,商务印书馆,1985年,第224页。

《史集》中记述了蒙哥汗即位时,窝阔台的孙子失烈门、脑忽,合刺察儿的儿子忽秃等人彼此结盟谋反的事件。拉施特记载道:"没有一个人想到成吉思汗的古札撒[会]遭到违背和篡改。""因为在蒙古人的习惯中,通常没有过类似的奸谋,特别是在成吉思汗及其家族的帝国的幸福时代,所以这样的事被认为完全不可思议。"①蒙哥汗与当时任断事官的忙哥撒儿与众异密们一起审讯了此案,直至这些受讯者承认"曾经勾结起来,图谋叛乱"。"他(蒙哥汗)降旨用惩罚之剑杀掉那些曾经谋叛并唆使宗王们抗命、[从而]把他们抛入罪恶深渊的已被囚禁起来的异密们。[总共]有七十七人,他们全被处死……"②后来,忽必烈汗对反对他的黄金家族人拔都、乃颜的出兵镇压同样反映着对侵犯大汗至尊地位的严惩态度。

(二)逃逆罪

蒙古族统治者出于封建主阶级利益,把自己的属民固定在自己的领地上,俯首听命,严禁属民的越界逃亡或者叛逆,若有逃逆者按逃逆罪严惩不贷。若对逃亡奴隶进行隐藏或袒护,或者提供衣食等便利的人,均处以极刑。谁抓住这种逃匿的奴隶必须第一时间送给原主。例如忽必烈汗重用李檀,可是李檀密谋反叛,被忽必烈汗定为叛逆罪,出兵镇压叛乱。此外,还对作战将士要求对外征战而故意隐藏者施以极刑,与敌交战时私自逃跑者同样会被施以极刑,甚至规定与敌交战时十人当中有临阵脱逃者,全体人会有施以极刑,凡属于擅自离开战场者均被认为是逃逆罪而会被惩戒。

①　[波斯]拉施特主编:《史集》(第二卷),余大钧、周建奇译,商务印书馆,1985年,第247页。
②　[波斯]拉施特主编:《史集》(第二卷),余大钧、周建奇译,商务印书馆,1985年,第251页。

（三）抗命罪

成吉思汗在制定《大札撒》时明确规定：不得更改和不得违反《大札撒》的规定，若有人对此明知故犯，蒙古所有汗或领主都会遣人予以讨伐，并且按照《大扎撒》的规定，对违反之人，无需任何理由，处于对其绝对服从的严令，将其定为抗命罪来惩处。同时，还规定不允许反抗诺颜的命令，因为，诺颜也是《大扎撒》的遵循者和执行者，如果有违反的人，也必须严加惩处。

在抗命罪方面，对军事作战将士的定罪规定较为普遍，要求更为严厉，据载："军中凡十人置甲长，听其指挥，专擅者论罪。其甲长以事来宫中，即置权摄一人、甲外一人，二人不得擅自往来，违者罪之。"①又如大汗不出征，护卫军不能出动，擅动护卫军者被视为抗命罪，对其要严惩。又如对敌作战命令收兵之前，如有擅自收兵者施以极刑。休战期间必须保证马匹得到休养生息，不得骑用，保证随战能用。士兵擅自离开自己所属军队施以极刑。受处罚之兵将，不管有何理由，必须绝对服从有关处罚。最为典型的抗命罪则是封忽儿赤为森林百姓万户长，当忽儿赤就位后按照原先的许诺娶三十美女为妾时，森林部落的人抗命造反，被视为抗命罪加以严惩。

（四）违禁罪

一般来讲，违禁罪是许多生产生活禁忌的违规，后被成文法吸收演变成一个罪名，除前面提到的禁忌外，如禁打马匹之头面、禁止民人使用未经品尝的任何食物、禁止跨盛食物的器皿等。其中禁打马匹之头面的规定，因为马为蒙古族牧民最主要的生产生活用具，必须珍爱和保护马匹，到如今仍保

① （明）宋濂等撰：《元史》（卷一），"太祖本纪第一"，中华书局，1976年，第33页。

留禁打马匹之头面的习俗。若谁违背这一习俗则被视为违禁罪,受到指责或处罚。

禁止任何人食用未经品尝的任何食物。一方面,当时社会对食物的食用有相关的习惯,未经品尝,尤其是敬天敬地敬尊者之前是不允许擅自品尝和食用,犯禁忌者受罚。另一方面,这一条规定可能与当年成吉思汗父亲也速该被塔塔儿人放毒被害有关,是为防止食物中放毒的考虑。

关于禁止跨盛食物的器皿等,是因为一切食物都是长生天赋予的,是圣洁之物,不能有如此玷污之举。再者,食物本身就是来之不易,在未食用前有如此行为,确实让人在心里和习惯上觉得受到了不应有的待遇,属于一种很不礼貌的举止。

上述几种禁忌规定,作为蒙古族社会人们遵循的习惯法,是他们从生产生活实践中总结出的规矩,所以至今仍保留或适用于现实生活里,成为人人遵循,世代相传,谁都不得违背的生活习俗。

(五)懈怠罪

懈怠罪也是一种对违反行政命令或军事命令的处罚,有懈怠、怠慢等消极行为者受罚。凡有官职或军职者,作战时都在接到作战命令的第一时间率兵出战,不得有误,违者撤职,连同妻女等一并治罪。还要求临阵前,统将必须检阅士卒及其武器装备,若未做到则是怠慢罪。在与敌交战中,有人率先出击,英勇作战,而有人却不跟进作战,临阵脱逃的,定懈怠罪而被处死。

另外,围猎也是军事训练最重要的一种手段,通过有秩序、纪律严明的围猎活动来提高军队的素质。因此,实施围猎时对违反狩猎规定致使猎兽逃跑者均视为怠慢罪,处以鞭刑,或甚者施以极刑。

（六）偷盗罪

偷盗罪作为一种罪名早已适用于北方民族刑法规范当中,蒙古族也吸收并进一步规范了偷盗罪,"如盗他人物,此奴及奴主皆杀,并没收此奴及奴主之妻、子、畜产。受连坐之主,名为段案主。盗窃之物不重要者,杖之"①。在此对偷盗罪的定罪量刑较重,不仅杀死偷窃犯奴隶,还要杀死奴主,并没收妻、子、畜产,采用较重的连坐法。而盗窃赃物"不重要者"(从犯)定罪较轻,只用杖刑处罚结案。此外,对盗马、骆驼者的定罪也较重,"盗马者除必须赔偿外,并课以罚金,不能缴纳罚金者处死",这里的"罚金"是指,以物抵物,盗马者要赔偿马,而且要远高于原盗之物,否则会施以相应处罚。前面已提到,蒙古人最爱护马,体现在偷盗马匹的定罪量刑上是重罚,甚至处以死刑。同时,骆驼也是稀少、珍贵的畜种,所以同偷盗马一样定罪量刑。

蒙古族对偷盗罪的定罪量刑一开始就很严格,因为蒙古草原人烟稀少,放牧牲畜又是野外散放,很容易被偷盗,所以对偷盗罪加重处罚,此后的法律规定,尤其北元时期的法典对其更详细、更规范的系统化规定。

三、《大札撒》中的刑罚种类

成吉思汗《大札撒》规定的刑法处罚比任何历史时期的刑法处罚残酷,在刑法罪名的基础上,规定出诸多刑法处罚的种类,具体有死刑、流放刑、杖刑、鞭刑、拳耳刑、箭射和财产刑等。

---

① ［波斯］拉施特主编:《史集》(第二卷),余大钧、周建奇译,商务印书馆,1985年,第224页。

（一）死刑

刑法处罚最高处以死刑，是最多最常用的刑种，因刚建立大蒙古国，社会动荡不稳定，只有采用"重典"才能治理好国家，才能预防和杜绝各种犯罪行为。

据《元史》载："凡当会不赴而私宴者，斩。……诸公事非当言而言者……四犯，论死。……但盗马一二者，即论死。"①在此明确记载着三种犯罪者的判死刑，一是不到会而私宴则"斩"，即处死；二是"诸公事非当言而言者"，犯四次就得处死；三是偷盗马一二者也要处死。对第二、三种犯罪行为的处罚则是处死，意为定死罪来处罚，未明确规定怎么处死。

除此之外，还有很多犯罪行为适用死刑，如侵犯可汗者处死，"凡以信物取运货物而破产者，仍得以信用取运货物二次，破产三次者处死"，"脚踏门槛而被斩"等。死刑处罚的刑具有刀、弓箭、"用毡子裹闷死"。其中，刀应该是用刀斩首，弓箭则是用箭射死，而"用毡子裹闷死"的死刑，主要适用于贵族阶级判死罪，尤其成吉思汗黄金家族成员反叛等死罪则用此刑具，意为不流血处死。

关于对死刑犯人用箭射死的很少见，除两军对阵用箭射杀外，少数为报仇而用箭射死，如成吉思汗少年时因争夺钓上的鱼射杀了同父异母的两个弟弟。此外，《元史》还有一种特别的记载："诸千户越万户前行者，随以木镞射之；百户、甲长、诸军有犯，其罪同。"②即行军有排列前行，若后者或者下属超越则"以木镞射之"，众所周知"木镞"是杀不死人的，这显然不是用箭射死的死刑，而是发出警告违反规定而已。

---

① （明）宋濂等撰：《元史》（卷一），"太祖本纪第一"，中华书局，1976年，第33页。
② （明）宋濂等撰：《元史》（卷一），"太祖本纪第一"，中华书局，1976年，第33页。

（二）流放刑

流放刑一般用于亲近的官吏和军事首领,成吉思汗对严重犯错误的大臣常降旨流放到眼睛看不到的远处去,意思就是流放到荒无人烟的地方。窝阔台汗也对护卫军巡察如有误的"三次再犯"者,下达过"视为故意违犯我的旨意,鞭三十七条,流放无人烟的远处去"的处罚旨令。在此,"流放无人烟的远处去"的流放刑应该是主刑处罚,而"鞭三十七条"是属于附加刑,即对三次再犯的犯人,使用鞭刑七十下之后,再流放到"无人烟的远处去"。

（三）杖刑

蒙古人的刑罚种类也适用杖刑,不过总体上使用杖刑还是较少,据《元史》载:"诸公事非当言而言者……三犯,杖"[①],即说了三次不该说的话则使用杖刑来处罚。

（四）鞭刑

鞭刑是蒙古族刑法处罚当中常用的刑具,是适用于较轻的犯罪行为的处罚。据《元史》载:窝阔台汗对护卫军降旨,"全体大臣以额勒只格歹为长,遵照额勒只格歹的话行事! 各班巡查如有误时者,以前旨鞭三条! 如再犯,鞭七条,又该人无故或未得其首长准许,三次再犯,视为故意违犯我的旨意,鞭三十七条,流放无人烟的远处去"[②]。说明,一次犯错则用鞭刑三条,再犯则七条,三犯则增加至三十七条的鞭刑处罚。

---

① （明）宋濂等撰:《元史》(卷一),"太祖本纪第一",中华书局,1976年,第33页。
② ［蒙古］策·达木丁苏隆编译:《蒙古秘史》,谢再善汉译,青海人民出版社,2013年,第245页。

（五）拳耳刑

有关拳耳刑史料记载有一些，就是用拳头捶打犯人的耳朵，应该说这是一种习惯惩罚手段，如"诸公事非当言而言者，拳其耳"。也就是说，说了不该说的话，则受到"拳其耳"的处罚，是古老的处罚方式，应与"禁打马匹之头面"相近的惩罚。

（六）财产刑

与任何民族一样，蒙古族刑法也适用财产刑，包括没收衣物、罚金等。据《蒙古游记》等史籍记载，用脚踩踏蒙古包门槛不仅"斩死"，而且还要"罚没其衣服、处罚钱币"，说明，采用财产处罚刑，不仅罚没了犯人的衣服，还处罚钱币。另据《蒙古秘史》载："每一站设置驿马二十匹、马夫二十名。驿马、汤羊、乳马、挽车、驮车等都有定数。如果缺少一条短绳，割去他半片嘴唇；如果缺少车辐，割去他半边鼻子。"①有学者把"割去他半片嘴唇"和"割去他半边鼻子"两句译成"没收其家产之半入官"，笔者认为"没收其家产之半入官"为恰当，而"割去他半片嘴唇"和"割去他半边鼻子"只是窝阔台汗的比喻而已，言外之意就是"没收其家产之半入官"，即法律规定的没收其一半财产入官，表达的是财产处罚。

总之，大蒙古国时期成吉思汗颁布实施的《大札撒》是由于成吉思汗下令"子子孙孙不得更改"，所以保存在国库里，每当遇到出征或重大问题都要取出来宣读一遍，在整个蒙古地区甚至是元朝全国范围内和北元时期一直有效，均遵照《大札撒》来治理和惩治犯罪行为，具有总法的作用和意义。据

---

① ［蒙古］策·达木丁苏隆编译：《蒙古秘史》，谢再善汉译，青海人民出版社，2013年，第247页。

史料记载,窝阔台汗降旨说:"可杀则杀,可罚则罚。如果自以为首长不禀报我,而动手脚责打了我的护卫,则以拳打的,还之以拳打,以杖击的,还之以杖击。我的护卫比在外千户那颜的地位高,在外的千户那颜和我的护卫吵架,罚千户那颜。"①说明,窝阔台汗继承其父位,就遵照其父亲的《大札撒》下达同样的旨令治理犯罪和治理国家,同时窝阔台汗制定札撒常向察合台兄咨询,经察合台同意后才颁行。

第三节　大蒙古国断事官制度

断事官,即扎鲁忽赤"札鲁忽赤"为蒙古语,汉译有"诉讼者""执掌诉讼之人"之意。《蒙古秘史》里的"札鲁忽赤"的原文为"古儿,迭额列因,扎儿忽",旁注为"普,上的,断事"②。如前所述,成吉思汗曾命其胞弟别勒古台领任审问"盗贼"斗殴事务的"札鲁忽赤",这是古代蒙古断事官制度的开端。

一、断事官制度的沿革

成吉思汗统一蒙古建国后断事官成了大蒙古国政权的重要组成部分,坚决贯彻蒙古可汗的最高旨意,掌管大蒙古国札撒法令之执行,其使命和职位也进一步清晰化。这时期的断事官不仅能够掌握审判生杀之大权,其判决结果能够记录成册,则具有古代蒙古准则法之地位。大蒙古国首任大断事官失吉·忽秃忽就有了仅次于成吉思汗的司法审断权,成吉思汗曾下令给

---

① ［蒙古］策·达木丁苏隆编译:《蒙古秘史》,谢再善汉译,青海人民出版社,2013年,第245页。
② ［蒙古］策·达木丁苏隆编译:《蒙古秘史》,谢再善汉译,青海人民出版社,2013年,第347页。

失吉·忽秃忽"如有盗贼诈伪的事,你惩戒着,可杀的杀,可罚的罚……"①他断的案件往往具有较高的权威和威慑作用。然而这时期的断事官是大蒙古国的中央一级的行政官员,集户籍、赋敛、狱讼和监察于一身。②从其作用角色分析,大断事官位居最高决策机构之官职,行政统辖司法取向明显。

窝阔台承继汗位后大断事官职位得以延续。这时期除了失吉·忽秃忽外,汗庭的大断事官还有额勒只吉歹。据《秘史》载,窝阔台的诏令"众官人每额勒只吉歹为长者,额勒只吉歹的言语依着行"③。可见,额勒只吉歹在大蒙古国中央汗廷中处于重要地位,当然也就掌握了较高层级的司法审断权。此外,失吉·忽秃忽赴任中原汉地职官后(约为1234年前后),大必阇赤镇海也是这一时期中央汗庭的大断事官。④到窝阔台汗末年,昔里铃布和也速折儿二人也先后出任过汗庭的断事官之职。⑤随着蒙古汗国征服区域的不断拓展,不仅中央汗国有大断事官,凡是有领地的诸王、重臣都有各自的断事官,令其处理封地内各类纠纷。

二、断事官审级及程序

大蒙古国时期由扎鲁忽赤主导的法庭大致按照以下步骤进行诉讼:其一,诉讼的启动阶段,这里有检举和自首两种方式。检举是为了审判惩戒那

---

① [蒙古]策·达木丁苏隆编译:《蒙古秘史》,谢再善汉译,青海人民出版社,2013年,第245页。
② [蒙古]策·达木丁苏隆编译:《蒙古秘史》,谢再善汉译,青海人民出版社,2013年,第176页。
③ [蒙古]策·达木丁苏隆编译:《蒙古秘史》,谢再善汉译,青海人民出版社,2013年,第245页。
④ 必阇赤,元代怯薛(蒙元时期的禁卫军。轮流值宿守卫之意)执事之一,后为官府吏员,蒙古语,意为"书吏",又译必赤赤、必彻彻,为蒙古大汗职掌文书。参见薄音湖主编:《蒙古史词典》,内蒙古大学出版社,2010年,第153~154页。
⑤ 姚大力:《从"大断事官"制到中书省——论元初中枢机构的体制演变》,《历史研究》,1993年第1期。

些违反战时纪律者或战利品独揽者。法庭非常注重证人的重要性，没有证人检举往往是不会受处罚，只要有证人积极揭发违法者将会受到严厉的制裁，甚至"黄金家族也不例外"。自首，即为违法者自行到自己那颜（官员）或断事官那里自首，以换取对自己的减轻制裁。自首者不用证人加以证明，让犯罪的人去自首，其意图在于换取更为轻缓的刑罚。其二，断事官的初审权。断事官依据案情之轻重作出裁断，罪行轻微者会作出酌情轻罚，案件到此可以终止。其三，蒙古大汗的终裁权。若罪行严重或所涉重大问题，"黄金家族也不例外"。成吉思汗允许并鼓励向其如实反映有关犯罪情况，扎撒也明确规定对起诉者不得阻拦。

这时期断事官断案非常注重证人的作用，"审判现场至少有三个证人作证"①，意图在于避免主观臆断和冤假错案。可以说，这时的蒙古社会司法审判摈弃了过去那种带有神示裁判模式，开始注重证据和口供，证人证言举足轻重。大蒙古国时期的断事官力求公正决断，避免犯人因为恐惧而招认，积极鼓励涉罪者不畏权势说实话，做到客观真实。有关失吉·忽秃忽断事官，拉施特的《史集》也为我们记述了当时大蒙古国断事官审案的概况。"我们从断事官们的辩论中知道，从那时期直到现在，无论在蒙古斯坦或其所属各地区境内，他（失吉·忽秃忽断事官）断案的方式方法的原则，奠定了判决的基础。"②这样有关所涉犯罪问题能够得到及时制止和处理，有利于化解基层社会矛盾。

---

① 那仁朝格图：《13—19世纪蒙古法制沿革史研究》，辽宁民族出版社，2015年，第179页。
② ［波斯］拉施特主编：《史集》（第一卷 第一分册），余大钧、周建奇译，商务印书馆，1983年，第174页。

第二章
元朝法律制度及其犯罪治理

元朝治罪法律制度有其特殊的"二元性"历史背景及特点。一方面,元初统治者入主中原地区后,极力沿用和借鉴中原法,打击犯罪,调和社会矛盾,力保其中原地区统治的巩固与长久;另一方面,积极寻求"祖述变通",极力保留和维持原有蒙古《大扎撒》法律的权威性和适用性。随着元朝政权的建立巩固和多民族交流交融的增多,二者形成了互为一体、糅合并用的共存格局。

第一节　元朝法律制度及其犯罪治理概述

一、元朝法律制度的初步颁行

(一)《条画五章》

据《元史·太祖纪》载,成吉思汗两次(1210年和1211年)派军攻打女真人的金国,郭宝玉被迫投降,由此向成吉思汗提出了《条画五章》的治国方略,经皇帝裁定,作为圣旨或者圣旨附件中的条文而公布的法令。据《元史》郭宝玉传载:"木华黎引见太祖,问取中原之策,宝玉对曰:'中原势大,不可忽也。西南诸藩勇悍可用,宜先取之,藉以图金,必得志焉。'又言:'建国之初,宜颁新令。'帝从之。"《条画五章》第一条为"出军不得妄杀",就是说行军作战,不得枉杀无辜,妄杀无辜则不得民心,易于混乱,出现混乱局面则犯罪率上升,难以治罪。其第二条为"刑狱惟重罪处死,其余杂犯量情笞决"[①],即除对有重罪的囚犯可处死刑外,其他犯人可量情处以杖责即可,对犯罪者分别轻重处罚,既能适中又能得民心。《条画五章》的问世虽在《大札撒》之后,但它却是蒙古政权第一次正式接受"汉地"的立法模式,所以被称为元朝"一代制法之始",在蒙古法的融合发展上具有十分重要的意义。

(二)《便宜一十八事》

窝阔台继承汗位后,耶律楚材倡立朝仪,其他兄弟臣子要行君主之礼,以树立中央汗权的权威与威望。耶律楚材被誉为"社稷之臣"。

耶律楚材,初到中原地区掌管税务等事宜时,就建议颁行《便宜一十八事》[②],设立州郡长官,使军民分治,制定初步法令,反对改汉地为牧场,逐步实施"以儒治国"的方案和政治主张。针对刑案众多而复杂的情况,耶律楚材提出依法治国的主张,建议"省刑罚",严禁任何官员滥杀平民百姓,严禁商人财主贪图营私而触犯法律,严禁地主富人抢夺平民土地财产,经过这种严格法制的社会秩序逐渐趋于稳定。

---

① (明)宋濂撰:《元史》(卷149),"列传"第三十六,"郭宝玉",中华书局,1976年。
② (明)宋濂撰:《元史》(卷146),"列传",中华书局,1976年。

（三）沿用《泰和律》

至元八年（1271年）前，元朝用金朝时期《泰和律》来处理中原各地各类民商事及刑事案件，而《泰和律》是《唐律》的照搬沿用。因为蒙古《大扎撒》有其地域和效力的局限性，加上，元朝重用汉臣经略中原地区，他们出于规范朝政，稳定局势，统一法度的现实考虑，沿用了前朝旧例。举一例，至元三年（1266年），中书省"判送下制国用使司呈：杨珍为放良驱口邢粉儿，年限未满逃走，捉获打死，罪犯。法司拟'斗杀人者绞'。旧例：'主殴放良奴婢，因伤致死，减凡人四等，合徒二年半。'部准拟七十七下，省准断讫"①。这里的"斗杀人者绞"与《唐律》中的相关规定相吻合，而在蒙古律当中没有相同规定可循。②

不过，鉴于沿用旧例时的条文烦琐、刑罚严苛等弊端，加上，元初君臣对沿用中原旧例多有抵制情绪，忽必烈下令制定一部属于自己的新律。

（四）《至元新格》

如前所述，元朝照搬前朝旧例处理朝政国事多有不合实际，颁行新律成了当务之急。《元史·世祖本纪》载："（至元）二十八年（1291年）五月，何荣祖以公规、治民、御盗、理财等十事，辑为一书，名曰至元新格，命刻版颁行，使百事遵守。"③这是元朝正式颁行的第一部法典，里面载有防盗、察狱等刑事律令及事例，在民事、财政和行政方面也有所涉及。元朝经略中原地区后，

---

① 《元典章》（卷42），刑部卷四·诸杀一·杀奴婢娟佃·杀放良奴。

② 如《唐律》"斗讼篇"的规定："诸斗殴杀人者，绞"；同篇还有："即旧主殴部曲、奴婢，折伤以上，部曲减凡人二等，奴婢又减二等，过失杀者，各勿论。"

③ 《元史·世祖本纪》。

出现了南北异制的法制局面。①南方事繁,事繁则法繁,北方事简,事简则法简,以繁从简,不能发挥其效能,以简从繁,则容易让人厌烦之。②二者一时很难兼容并蓄,发挥实效。新颁行的《至元新格》虽有法令大纲的地位,但针对元朝疆域辽阔、民情繁多、南北异制的复杂局面显得力不从心。断案无法可循、司法尺度不统一、中原旧律与蒙古律令之间无法兼容并用等问题仍未得到根本解决。

二、元朝法律制度的全面建立

(一)颁行《大元通制》

由于《至元新格》本身只是简单的单行法规和相关事例组成,关涉范围及作用很有限,再者,随着时间的推移,颁降的条令格例越来越多,极易出现内容上繁杂陈苛、断案时同罪不同罚等问题。在司法实践中有效治理犯罪的行为更需要一部系统周密法典的出台。《元史》卷28《英宗纪二》载:英宗至治三年(1323)正月,"命枢密副使完颜纳丹、侍御史曹伯启、也可扎鲁忽赤不颜、集贤学士钦察、翰林直学士曹元用,听读仁宗时纂集累朝格例"。二月,"格例成定,凡二千五百三十九条,内断例七百一十七、条格千一百五十一、诏敕九十四、令类五百七十七,名曰《大元通制》,颁行天下"。这是一部集元世祖以来的法令汇编,编为断例、条格、诏赦、令类等若干部分,在刑事方面包括了十恶、奸非、盗贼、诈端、斗殴、杀伤、杂犯等条目,是研究元朝时期犯罪治理法律制度的重要原始资料。这里的"制诏"类似于宋金一代的"敕"或

---

① 南方指原南宋统治地区。北方指原金朝统治地区。那仁朝格图:《13—19世纪蒙古法制沿革史研究》,辽宁民族出版社,2015年,第126页。

② 《紫山大全集》(卷21),《论治法》。

"敕条"。"断例"则有"科断通例"和"科断事例"的双重意思,前者是"律"之意,后者是个案例。至于"条格"是与唐金以来的"令"相同。①

《大元通制》本身与其《唐律》等前朝法律的承继性是显而易见的,"古律虽废而不用,而此书为皇元一代之新律矣。以古律合新书,文辞各异,意义多同。其于古律,暗用而明不用,名废而实不废"②。作为中华法系的重要组成部分,元朝法律借鉴和融进《唐律》等法律制度是历史的必然,更是促进多民族交流交往交融,巩固和维护统治地位的客观需要。

(二)汇辑《元典章》

《元典章》是元中期(1322年)以前法令、政书、典章、文书等的分类汇编,其本身并不是元朝朝廷颁布的专门法典,而是由地方官吏汇辑抄写而成的制度法令大全。《元典章》"所用资料皆原始文牍档案,其文字体例是蒙古语语序,因而形成了独特的蒙古语汉文直译吏牍文体,其书写采着方式更用独特的'自由奔放'式"③。其中,《元典章》刑部门是保存较为完整、内容最丰富的部分,涵括了刑制、刑狱、诸恶、殴詈、诸奸、诸赃、诸盗、诈伪、杂犯、诸禁等刑事禁令、圣旨条画、断案通例,是研究朝代犯罪治理法律制度的重要文献。

这里值得一提的是,有关禁止法外用刑和刑讯逼供有关法律规定,这无论是对法律规定本身还是从刑罚轻缓、减少冤案的角度都具有重要的进步意义。《元典章》卷40《刑部二·刑狱》记载了一个"罪人毋得鞭背"的断例:"怀孟路知笑薛因事将刘跷背上打讫一十七下,身死。中书省制定断例朝廷用刑自有定制,有司不详科条,辄因暴怒滥用刑辟,将有罪之人脱去衣服,于背

---

① 那仁朝格图:《13—19世纪蒙古法制沿革史研究》,辽宁民族出版社,2015年,第128~129页。

② (元)吴澄:《草庐吴文正公全集》(卷19),乾隆五十一年万氏刻本。

③ 那仁朝格图:《13—19世纪蒙古法制沿革史研究》,辽宁民族出版社,2015年,第134页。

上拷讯,往往致伤人命,深负圣上好生之德。若不禁治,事关至重。都省准呈,遍行合属,禁治施行。"如此刑讯,致人死亡的,认为有负皇帝恩德和朝廷律令,此事事关重大,禁止发生。

大德年间,中书省又批准通过"禁杀杀问事""禁治(止)游街等刑"断例,[①]其中规定,审问犯人禁止"跪厅问事"。大德七年(1303年),中书省又制定"不得法外枉勘"断例,严禁法外用刑。[②]延祐四年(1317年),对此有一个明确的禁令:"不依体例,将人头发鬓揪提着、脚指头上踏着、软肋里搠打着、精跪膝铁索上、石头砖上、田地上一两日跪着问,么道,遍行文书禁了者。"[③]审问有罪过之人不得体罚其身体,不得让其跪着受审,这在一定程度上维护了涉嫌犯罪人的尊严和利益,但审理犯罪案情复杂、程序烦琐,如何仅凭某一个断例就可以避免类似案件再次发生。没有正式律文,独以断例、条格作为审断案件的法律依据,不仅不可行,更不能保证司法裁判的公正性。加之,缺乏对违法官吏的惩戒机制,不能从根本上杜绝刑狱冤案的发生。

三、元朝法律制度犯罪治理的特点

(一)对蒙古法的坚持和改制

元朝作为蒙古入主中原后的统一政权国家,一方面,极力选择承袭蒙古法律治罪传统及其相关规定,保持其传统法制及社会秩序的稳定性。另一方面,元朝积极承继、吸收、改制中原王朝的法律制度,努力保证在中原地区的统治及既得利益。在此二元性基础上,在立法层面适时出台相关律令法

---

① 《元典章》(三)(卷40),陈高华等点校,天津古籍出版社,2011年,第1353页。
② 《元典章》(三)(卷40),陈高华等点校,天津古籍出版社,2011年,第1357页。
③ 《元典章》(三)(卷40),陈高华等点校,天津古籍出版社,2011年,第1359页。

典,努力实现蒙古法与中原"汉法"的融会贯通、做到繁简分流,为全面有效治理犯罪提供了坚实基础。

笞、杖原本是中原朝代传统刑罚,通常决罚尾数以十位整数结尾,而元朝法律中的笞、杖刑却以七为尾数。据明代叶子奇《草木子》的记载:"元世祖定天下之刑,笞、杖、徒、流、绞五等,曰天饶他一下,地饶他一下,我饶他一下,自是,合笞五十,止笞四十七,合杖一百十,止杖一百七。"①这成了我国元代独具民族特色和宗教特色的刑罚措施。

随着元朝对中原地区统治的深入和巩固,蒙古法也得到了不断渗透和使用。如蒙古法中有关偷盗牲畜(偷头口)罚九畜的规定,在中原地区得到了变通使用。②如前所述,以"九"为倍数的罚畜刑早在成吉思汗《大扎撒》中就有相关的规定:"盗马者,除应归还马匹之外,另赔偿同种马九匹。"③以九为单位,以九为倍数的处罚显然具有重罚之后阻却行为人再犯罪的治罪考量。元朝时期,以九为倍数的罚畜,不仅限于马匹,还扩大到了牛、羊、驼、驴、骡、猪等具有重要价值的家畜。在其处罚对象上,要区分首从,首犯处死,从犯罚"九",并且,不分什么民族都一律被平等使用,《元典章·刑例·偷头口》:"凡达达、汉儿人偷头口,一个赔九个。"根据《元典章》的记载,元朝对偷头口的主犯,按法律该杀则杀,对从犯,杖七十七,偷一个赔九个,若没有九个牲畜,则以女儿或牲口抵偿。抵偿人可以折算牲畜,十五岁以上折算五

---

① (明)叶子奇、吴东昆:《草木子》(卷3下),杂制篇参见:元明史料笔记丛刊,中华书局,1959年。

② 罚畜制度又称罚九,古代蒙古以罚没一定数量和种类牲畜的方式所实施的对违法犯罪行为的处罚方法,一般以九的倍数计算。罚畜的处罚方法适用于一切违法犯罪行为,凡偷窃、诱卖及人命重案,均可罚畜;无论对蒙古王公、贫苦牧民都可以采用该方法予以处罚。罚畜的数量一般按罪错的大小决定,最常见的计算方式是罚九,也有罚五、罚七、罚三之法,其中罚九之法使用较广,均以牲畜头数计算。蒙古不同时期罚畜的数量和标准不尽相同。参见《蒙古学百科全书》(法学),内蒙古人民出版社,2009年,第57页。

③ 吴海航:《元代法文化研究》,北京师范大学出版社,2000年,第87页。

个牲畜;十五岁以下十岁以上,折算三头牲畜;十岁以下依断事官斟酌协商审断。上奏到朝廷经批准同意,对应该处死的罪犯要予以上报。①

元大德七年(1303年)有一个"盗猪"断例,江西行省抚州路申:"陈四、黄千二各状招:大德六年七月初一日夜,偷盗讫吴景瑞家公猪一口、母猪一口及小猪一口。府司伏详:所盗猪只未审,与盗头口例同。申讫照详,得此看详,所申事理,合无比同偷盗牛马羊畜例,请照详事,刑部照得:大德五年十二月二十六日奏准节该:偷头口的贼人依着蒙古体例,教陪(赔)九个,断放有。如今则依着那体例行者。么道,奏呵,奉圣旨那般者,钦此。所据陈四等偷盗吴景瑞猪三口,拟合依例追赔相应。"②

这种原本在蒙古法中规定的以"九"为倍数的罚畜制度,经过一些官吏在地方实务中的深入实践,将其使用范围扩大到了中原地区偷盗牲畜的案例当中,说明元朝法律规范体系已经开始容纳和吸收多民族犯罪治理的法律成果,"其间的有机结合是,蒙古法规范自然而合理地被根植于元朝法律规范之内,实体法的执行过程在看似相互矛盾的关系中寻找到了一种相互间的和谐"③。这标志着元朝法律兼容并蓄的二元体例的发展及形成,为统一国家促进多民族交流交融交往打下了一个成功的范例。

(二)对中原法制的借鉴和吸收

从元朝当时司法断例、律文禁令等记录文献可知,元朝开始统治中原地区在犯罪治理方面,就对有关法律进行直接使用和积极吸收。这些中原地区的法制很好地弥补了蒙古法不能直接使用的空缺,能够很好地处理各种

---

① 《元典章》(三)(卷49),陈高华等点校,天津古籍出版社,2011年,第1642页。
② 《元典章》(三)(卷49),陈高华等点校,天津古籍出版社,2011年,第1645页。
③ 吴海航:《元代法文化研究》,北京师范大学出版社,2000年,第283页。

犯罪案件和尖锐的经济社会矛盾，对统治政权的稳固和社会秩序的稳定具有极其重要的作用。元初曾直接使用《泰和律》审理过各类案件，而《泰和律》本身从形式到结构与《唐律》并无二致。再到颁行《元典章》，从其形式及结构上与其《唐律》存在很多承继印记。

如《刑统赋疏》记载了一个依"旧例"所判的案例："至元四年（1267），对诸犯徒应役而家无兼丁者，徒一年，加杖一百二十，不居作；一等加二十。若徒年限内无兼丁者，总计应役日及应加杖[数]准[折]决放。"①这一判决本身与《唐律疏议》规定一致，甚至可以说是对后者的直接援用，而以前的蒙古法当中是找不到处理类似处理案件的规定。

又如，至元五年（1268）另一例："昔刺为其妻乞赤斤无夫有孕，逐用劈柴于乞赤斤浑身并头上乱打，因伤身死。法司拟：昔刺所招即系'奴婢有罪而殴致死'事理"。旧例："奴婢有罪，不请官司而杀者，杖一百；无罪而杀者，徒一年。若有愆罪，决罚致死者，勿论。昔刺所招即系'奴婢有罪而殴致死'事理。本部参详：昔刺驱妇乞赤斤无夫小产，自合赴官陈告，别无驱口有罪，自打致死体例。其昔刺不行赴官陈告，自用劈柴浑身并头上乱打致死，暗行埋葬，难拟无罪。据昔刺所犯，量决二十七下，呈省照验。"②这里官府认定，昔刺殴打致死乞赤斤是有罪过的，应受如上惩处，而这些处罚规定与《唐律》规定相吻合，是处罚致死及过失杀人者的情形。③当然，当法司与刑部有不同意见时，要上呈到中书省核准。

---

① 《唐律疏议》（卷3）《名例律》："诸犯徒应役而家无兼丁者，徒一年，加杖一百二十，不居作；一等加二十。若徒年限内无兼丁者，总计应役日及应加杖数，准折决放。"另外，此判例在《元典章·刑部》卷6《诸殴·拳手伤·殴人》中也有详细记载。

② 《元典章》（三）（卷42），陈高华等点校，天津古籍出版社，2011年，第1459~1460页。

③ 《唐律疏议》"斗讼篇"有"诸奴婢有罪，其主不请官司而杀者，杖一百。无罪而杀者，徒一年"。"诸主殴部曲致死者，徒一年，故杀者，加一等。其有愆犯，决罚致死及过失杀者，各勿论。"

第二节　元朝法制中的定罪量刑

元朝法制中的犯罪罪名繁多,如诸恶、诸杀、殴詈、诸奸、诸赃等,而且每个罪名下又设置若干个罪行及处罚情况,可谓种类繁多、内容烦琐。本节以《元典章》中诸恶、诸杀、诸奸、诈伪等案例来考察和研究有关犯罪治理。

一、诸杀

元朝吸收前朝刑制的基础上,将杀人罪分为谋杀、故杀、劫杀、斗杀、误杀、戏杀、过失杀7种,即七杀。徐元瑞《吏学指南·七杀》概括释为:谋,二人对议;故,知而犯之;劫,威力强取;斗,两怒相犯;误,出于非意;戏,两和相害;过失,不意误犯。《元典章》中收录了谋杀、故杀、斗杀、劫杀、误杀、戏杀、过失杀等不同类型的"断例",这里包括罪名认定和刑事处罚。

（一）谋杀

谋杀,即二人以上同心共谋杀人行为,是"七杀"中最严重的犯罪行为,其处罚根据犯罪后果及其犯罪者与受害者之间的关系来确定。

《元典章》谋杀条共有判例六:

（1）"因奸谋杀本夫"例中,因与他人通奸而杀人的,其刑罚可以总结为"谋杀夫者皆斩,各合处死"。如果存在"打合钱"的,则"元受打合钱内,就除烧埋银给付苦主,余数还事主"。

（2）"因奸同谋勒死本夫"例中,与他人通奸杀人的,除了"谋杀夫者皆

51

斩,各合处死"外,"造意者虽不行,仍为首",即在谋杀案件当中,只要参与了谋划过程,无论是否实际实施了犯罪行为,仍按照主犯处罚。

(3)"因奸同谋打死本夫"例中,与他人通奸杀人的,"谋杀人已杀者,斩",同时,如果涉及妻妾杀夫的,则"妻妾杀夫者,断罪无首从"且"所犯恶逆,决不待时"。即妻妾谋杀丈夫的,不区分是否首犯、从犯,依照恶逆立即执行。

(4)"药死本夫"例中,因通奸药死本夫的,处死。

(5)"船上图财谋杀"例中,多人合谋杀人劫财的,依律凌迟处死,并根据每人的犯罪事实,罚烧埋银给付事主。

根据以上案例,可以总结出在《元典章》当中对于谋杀的规定:因奸谋杀本夫的,妻妾处斩,且不分首犯从犯,立即执行;因奸合谋谋杀本夫的,只要参与了谋划,无论是否实施犯罪行为,皆按照首犯处理;多人合谋抢劫财物杀人的,依律凌迟处死,并根据每人的犯罪事实,罚烧埋银给付事主。[①]

(二)故杀

故杀,明知而故犯之杀人行为,处罚根据其犯罪对象的不同而有所不同。

《元典章》故杀条共有判例四:

(1)"倚势抹死县尹"例中,故意杀人犯除了处斩外,还将罚没其财产,一半给付事主,一半由官府抄没。

(2)"挟雠故杀部民"例中,因私仇故意杀害他人的,具体刑罚是否有所不同并未写明。因为本例当中,罪犯虽然因私仇杀害了本部的部民,并且在

审讯过程当中又有装死行为,但当时恰逢皇帝下诏特赦而未能予以刑罚处罚,最终只是免去官职永不录用和加倍赔付事主的惩罚。

(3)"木槌打死人系故杀"例中,主要探讨了使用木槌这一器物击打他人造成死亡的,是否应当视为故意杀人。本例当中,人犯虽然未使用常见的杀人器物,但所使用的木槌并非一般家庭常见物品,人犯应当能够知道用木槌击打他人会造成死亡的可能,因此仍将人犯的行为按照故意杀人进行处理。

(4)"持刃杀人同故杀"例中,两个案例均属于在斗殴当中持随身携带的刀刃将对方捅死。在本例最初,是认为因为两者处在殴斗的状态下,且持刀刃一方均处在劣势状态,出于反抗的本能,持刃反击杀害对手,因此并不具有故意杀人的事由。但在江浙省的答复中则认为,人犯系使用刀刃将受害人杀死,应当按照故意杀人论处。笔者认为,本例中持刃杀人的行为与"木槌打死人"例相同,皆使用了明知可能造成他人死亡的物品对他人进行攻击,人犯本身就有知道其行为会导致他人死亡的可能,因此应当按照故意杀人论处。

根据以上案例,可以总结出在《元典章》当中对于故杀的规定:

故意杀人的,处斩,并罚没其财产一半给付事主,一半由官府抄没;只要能够知道或者应当知道其行为会导致他人死亡的,实施了该行为并最终导致他人死亡的后果,均按照故意杀人处罚。[①]

(三)斗杀

斗,"两怒相犯",唐代以来皆谓"元无杀心,因相斗殴而杀人"[②]。斗杀条中共有判例二:

---

① 《元典章》(三)(卷42),陈高华等点校,天津古籍出版社,2011年,第1434~1439页。

② 《唐律疏议》(卷21),《斗讼·斗殴杀人》。

（1）"踢打致死"例中，因与人争斗导致他人死亡的，处以绞刑。

（2）"因斗咬伤致死"例中，与人争斗导致他人受伤，保辜期外对方死亡的，处以杖刑。

根据以上两个案例可以总结出在《元典章》当中对于斗杀的大致规定：斗殴导致他人死亡的，处以绞刑。斗殴导致他人受伤，在保辜期限外死亡的，处以杖刑。[①]

（四）劫杀

劫杀，"威力强取"，仅指劫囚而杀人，其处罚相较于《唐律》等普遍较轻。

《元典章》劫杀条只有判例一：高密县"反狱劫囚"例中，打伤狱卒，处徒刑五年并罚杖刑九十七。

根据案例可知，在《元典章》当中对于劫杀致人受伤的规定：因劫狱致人受伤的，处徒刑，并罚杖刑。

（五）误杀

误杀，即"因斗殴而误杀伤傍人者"。《元史·刑法志》载："诸因争误殴死异居弟杖七十七，征烧埋银之半"，"诸尊长误殴卑幼致死者，杖七十七，异居者仍征烧埋银"。[②]并且，有些误杀亲属者，断仗更少，只有四十七。

《元典章》误杀条中共有判例九：

（1）"因斗误伤旁人致死"例中，在争斗中误将旁人打伤致死的，按照斗杀罪减一等论处，处杖刑七十七，征烧埋银。

（2）又有在争斗中误伤他人，致他人在保辜期外死亡的，按照斗殴误伤

---

① 《元典章》（三）（卷42），陈高华等点校，天津古籍出版社，2011年，第1439~1440页。

② 《元史·刑法志》"杀伤"。

旁人处理,处杖刑四十七。

(3)又有在争斗中将劝解者误伤致死的,处杖刑一百七,征烧埋银。

(4)"误打死人"例中,误将他人打死的,赔偿丧葬费给事主。

(5)"主误伤佃妇致死"例中,在争斗中误将旁人打伤致死的,处杖刑七十七,征烧埋银。

(6)"惊死年幼"例中,在追捕罪犯时误将他人幼儿惊吓致死的,因其行为属于执行公务,不予处罚。

(7)"惊死年老"例中,并无争斗发生,仅因骂詈致他人死亡的,不按照误杀处理,仅处罚骂詈之罪,处杖刑三十七。

(8)"用铁棍于被上打死"例中,差人误将他人幼儿用铁棍打死,因诏书赦免,仅征烧埋银。

(9)"打死强要定亲媒人"例中,妇人不愿与他人定亲,与强行定亲之媒人发生争执,误将媒人打死,因其本人并无故杀之意,且媒人行为确系不妥,处杖刑四十七。

根据以上案例可以总结出在《元典章》当中对误杀的规定:在争斗中误将旁人打伤,在保辜期内死亡的,按照斗杀罪减一等论处,处杖刑,征烧埋银;在保辜期外死亡的,处杖刑,征烧埋银。①

(六)戏杀

戏者,"两和相害",唐代以来皆谓"以力共戏,至死和同者"②,元代对戏杀者的处罚也是借鉴《唐律》等,视情节不同进行判决。

---

① 《元典章》(三)(卷42),陈高华等点校,天津古籍出版社,2011年,第1440~1444页。
② 张晋藩主编:《中国法制通史》(第六卷),法律出版社,1999年,第280页。

《元典章》戏杀条中共有判例三：

（1）"船边作戏淹死"例中，与他人嬉戏时不慎导致他人死亡的，按照戏杀处理，处徒刑一年，杖刑一百七，赔偿五十两给付事主。因为戏闹导致他人受伤、死亡的，按照斗杀伤人减二等治罪；即使已经和解，使用利器、在高处、陡峭处、水中戏闹导致受伤、死亡的，按照故意烧伤他人减一等治罪。

（2）"因戏杀人"例中，与他人以力相戏导致他人死亡的，杖刑九十七，赔偿五十两给付事主。

（3）"戏杀准和"例中，因戏闹导致他人死亡的，如果私下已经和解并赔偿的，不再按照戏杀论处。

根据以上案例可以总结出在《元典章》当中对于戏杀的大致规定：因为戏闹导致他人受伤、死亡的，按照斗杀伤人减二等治罪并赔偿事主；即使已经和解，使用利器、在高处、陡峭处、水中戏闹导致受伤、死亡的，按照故意烧伤他人减一等治罪并赔偿事主。如果私下已经和解的，不再按照戏杀论处。①

（七）过失杀

过失者，"不意误犯"。唐以来皆谓"耳目所不及，思虑所不到；共举重物，力所不制，若乘高履危足跌及因击禽兽，以致杀伤之属"②，元朝大体也延续了这一做法，但其刑罚较轻，一般处以笞杖刑，或单征烧埋银。

《元典章》过失杀条中共有判例九：

（1）"走马撞死人"例中，因过失驾马于街上撞死他人的，处杖刑七十七，罚钱二百贯给付事主。

---

① 《元典章》（三）（卷42），陈高华等点校，天津古籍出版社，2011年，第1444~1446页。

② 《唐律疏议》（卷23），《斗讼》。

（2）又有在大路上驾马赶路时,因躲闪行人不及,造成他人死亡的,处杖刑九十七,赔偿丧葬费五十两给付事主。

（3）"车碾死人"例中,因他人本身有可以怪罪的情节而使行为人在过失的状况下导致他人死亡的,处杖刑。

（4）"马惊车碾死"例中,因自身过失,导致他人车辆失去控制产生他人死亡后果的,处杖刑一十七。

（5）"射鹿射死人"例中,因过失将他人射死的,仅处杖刑四十七,赔偿烧埋银,不再罚没其他财产。

（6）"神刀伤死"例中,在请神作法仪式中因过失致他人死亡的,处杖刑五十七,罚烧埋银给付事主。

（7）"栓马误伤人命"例中,因马匹拴在偏僻道路处踢死他人的,不议罪。

（8）"射耍鹞儿射死人"例中,因自己考虑不周,在林中射鸟时将他人误杀的,罚钱抵充烧埋银。

（9）"使镢折伤死"例中,本身并无故意犯罪的意思,在拆房过程中误伤他人导致死亡的,罚钱抵充丧葬费。

根据以上案例可以总结出在《元典章》当中对于过失杀的规定:因过失导致他人死亡的,处杖刑,罚定钞给付失主抵充丧葬费。[①]

二、诸恶

元朝的"诸恶"犯罪既继承了前朝"十恶"的相关规定,又不完全照搬前者,补充了一些新规定。

---

① 《元典章》（三）（卷42）,陈高华等点校,天津古籍出版社,2011年,第1446~1450页。

（一）谋反

谋反，即共谋造反、危及国家政权的严重犯罪行为。谋反罪从预谋动机、策划准备再到付诸实施等每一个环节均可构成独立犯罪，均可单独定罪量刑。

《元典章》谋反条中判例如下：

（1）谋反者处死：济南路捉获"谋反贼人"胡王先生、任万宁、苦瓜先生等若下人。奉旨对"起初同谋造反"之上述三人于市曹处死。

（2）诬告谋反者流：诬告赵千户纠合辛茶等一十三人，于至元四年四月，谋反罪犯。部拟：处死。省断：入鹰房子种田。

（3）失口道大言语：睢用失口告肃宁县典史孙泰，（系）罪犯。法司拟，（依）旧例，失口乱言，杖一百七下。部拟：五十七下。省断：一百七下。

（4）诬告道大言语：济南路任静状告本府权府庞国祯之诬告言语，（系）罪犯。法司拟：（依）旧例，口陈欲反之言，心无真实之计，而无状可寻者，徒四年。其元（原）告招虚，合同诬告反坐，徒四年。部拟：量决五十七下。省断：一百七下。①

（二）大逆

谋大逆是图谋毁坏皇帝家庙、祖墓及宫殿的犯罪行为。《元史·刑法志》载："谋大逆，谓谋宗庙、山陵及宫阙。"《元史·刑法志》"大恶"项下所谓"诸妖言惑众，啸聚为乱，为首及同谋者处死，没入其家；为所诱惑相连而起者，杖一百七"②，这与《元典章》规定相同。

---

① 《元典章》（三）（卷41），陈高华等点校，天津古籍出版社，2011年，第1400~1401页。
② 《元典章》（三）（卷41），陈高华等点校，天津古籍出版社，2011年，第1403~1405页。

《元典章》大逆条中判例如下：

（1）伪写国号，妖说天兵：温州路备平阳州的陈空崖坐禅说法，竖立旗号，伪写国号，妖言惑众，称说天兵下降，书写善慧大言等事，审问后招供。将陈空崖为首的四个人处斩，没收其妻子、孩子、家产。

（2）妖言虚说兵马：准河南行省咨，追问到贼人段丑厮等，诈称神异，妄造妖言，虚说兵马，扇惑人众。除将为首的及信从，并知情不自首者，并行处斩，妻子籍没入官。首捉人张德林等，别行迁官给赏外，今后若有似此诈妄之人，闻者随即捕送赴官，依上理赏。其信从及不首者，准上断罪。

（三）谋叛

谋叛是图谋背叛国家的犯罪行为，《元史·刑法志》载："谋叛，谓背国从伪。"又或指"草贼生发"。前者是指统治集团内部出现的叛乱，后者是指平民武装劫掠。二者的处罚往往都很重。

《元典章》谋叛条中判例如下：

（1）禁约作歹贼人：至元十七年七月十二日中书省奏过事内一件。史塔剌浑说："新附地面歹人每叛乱，人口不安有。省谕百姓每：今后做歹（乱）的人，为头儿（首）处死，财产、人口断没；安主、两邻不首，同罪。"对为首的、一起作案的、知情而不揭发者，一并处斩并断没财产。对内心悔过而自首者，免罪并加以赏赐。

（2）典刑作耗（乱）草贼：对做贼作乱的人，军民一同征讨。能擒贼首一名者，赏钞四定；两名以上，别加官赏。又拟：今后获到贼人，就地明正典刑，籍没家产。

（3）贼人复叛，起遣赴北：现有保昌县大老谢发，并手下人刘通，手下头目孙大老并贼众，受招之后，又行出劫作乱。若准本司所拟，将谢发并从贼刘通等,就便起遣赴北,羁縻安置。

(4)草贼生发罪例:江南草贼生发,盖是归附之后,军官镇守不严,民官抚治不到,积弊日久,以致如此。若不惩戒,诚恐已后草贼滋蔓,利害非轻。欲依取到招伏黜罢,又恐耽误公事。今拟:军官量决三十七下,民官量决二十七下,遍行合属,以警其余。移咨上都御史台,闻奏过下项事理。钦此。①

(四)恶逆

恶逆是殴打及谋杀祖父母、父母、杀伯叔父母、姑、兄、姊、外祖父母、夫、夫之祖父母、父母的犯罪行为。《元史·刑法志》载:"恶逆,谓殴及谋杀祖父母、父母,杀伯叔父母、姑、兄姊、外祖父母、夫、夫之祖父母、父母者。"因其罪行严重,元朝对"诸部内有犯恶逆,而邻佑社长知而不首,有司承告而不问,皆罪之"②,甚至"诸殴死应捕杀恶逆之人者,免罪,不征烧埋银"③。

《元典章》恶逆条中判例如下:

(1)驱奴斫伤本使例。至元四年曹州申:归问到吉四儿状称,元系投拜新民户计,有本管头目余洪,将四儿卖讫,不合为本使弟打骂上,于至元四年七月初二日夜,将本使弟陈二,用斧斫伤罪犯。法司拟:议得:吉四儿所招,元系好投拜人户,被余主簿作驱口,转卖与陈百户为驱。今本人谋杀陈百户弟陈二已伤,理同谋杀凡人定罪。旧例:谋杀人已伤者,绞。其吉四儿,合行处死。部准拟,呈省断讫。

(2)奴杀本使例。至元四年,省准部拟:北京路张茶合马,挟仇本使刘怀玉打骂,于至元四年三月十四日,对同驱安马儿并伊妻阿石,及雇身人李不

---

① 《元典章》(三)(卷41),陈高华等点校,天津古籍出版社,2011年,第1405~1409页。

② 《元史·刑法志》,"大恶门"。

③ 《元史·刑法志》,"杀伤门"。

鲁休说知,欲杀本使。当日夜茶合马下手,用镢头将刘怀玉打死,阿石、李不鲁休将本尸衣服烧埋,茶合马、安马儿将尸藏埋罪犯。张茶合马杀主,安马儿、阿石知而不告,皆处死。李不鲁休系雇身奴婢,知而不告,决一百七下。

(3)奴杀本使次妻例。奉到中书兵刑部至元九年三月十六日符文:张保儿、阿都赤等五人,杀本使次妻一姑并男拜药歹公事,苦主求免,将各人应当军役。本部照得:中书省已断益都路黄伴哥等同谋杀本使忒木儿妻男三口,本主求免,减死断讫,即系一体。拟断阿都赤减免一百七下,孙小女减一等,决杖九十七下。呈奉都堂钧旨:准拟断决,责付本主收管,施行。①

(五)不道

不道是指灭绝人道的杀人行为,如杀死一家三口,而被杀者都不是应判处死刑的,或者用肢解的手段杀人,或者用蛊毒的方法企图使人中毒致死。《元史·刑法志》载:"不道,谓杀一家非死罪三人及肢解人、造畜蛊毒、厌魅。"因其受害者群体无辜而众多及其犯罪手段残忍而受到最为严厉的刑事处罚。

《元典章》不道条中判例如下:

(1)禁采生祭鬼例。至元二十九年闰六月,行台准御史台咨:监察御史呈,近至荆湖等处,地连溪洞,俗习蛮淫。土人每遇闰岁,纠合凶愚,潜伏草莽,采取生人,非理屠戮,彩画邪鬼,买觅师巫祭赛,名曰采生。所祭之神,呼为云霄五岳之神,能使猖鬼。但有求索,不劳而得,日逐祈祷,相扇成风。

另,今于山南湖北道廉访司文卷内照得:澧州澧阳县报到重囚一起:廖救儿与萧公并师人李成等,用鸡酒、五色纸钱等物,于彩画到云霄五岳神前,

_____

① 《元典章》(三)(卷41),陈高华等点校,天津古籍出版社,2011年,第1410~1411页。

启许采生心愿。在后捉到卓世雄男卓罗儿,用麻索缚住双手双脚,脑后打死,次用尖刀,破开肚皮,取出心肝脾肺,腕(校记:当作"剜"。从岩本校。)出左右眼睛,斫下两手十指、两脚十趾,用纸钱、酒物,祭赛云霄五岳等神。又二次啜(chuai)赚萧公家放牛小厮来哥,依前杀死,剖割祭祀。见行追会。

参详:此等凶愚之民,不念同类,略无仁心,似此情理,关紧(校记:岩本校为"系"。)非轻。盖是所在官司,不为用心关防,以致如此。除已移牒山南湖北道廉访司,照验行移合属,排门粉壁,严行禁治。画工人等,毋得彩画一切邪神。百姓之家,亦不得非理祭祷。仍禁止师巫人等,不得似前崇奉妖恠、鬼神。如有违犯之人,捉拿到官,依条断罪。或有使唤猖鬼之家,两邻知而不首,即与犯人同罪。呈奉中书省答付:都省移咨各处行省,遍行禁治施行。

(2)禁治采生蛊毒例。元贞元年,湖广行省准中书省咨,御史台呈,行台咨,湖北道廉访司申:体访常、澧等处,人民多有采生祭鬼、蛊毒杀人之家。比之故杀,情罪极重。开到合禁事理,具呈照详。又准本省咨,亦为此事。送刑部议得:采生祭鬼,造畜蛊毒,罪恶深重,情犯多端,难便定论。拟合回咨行省,照依已行,督勒合属,常切严行禁治,及排门粉壁,晓谕人民,递相觉察。告捕到官,照依强盗例结案,告已损伤于人,难议准首。两邻、主首、社长人等,知而不行捕告,及官吏故纵受赃脱放,本管官司,禁治不严,有失觉察,临事详情议罪外,据所祭淫祠,禁断相应。都省准呈,除外咨请依上施行。

(3)采生析割祭鬼例。采生支解人者,鞫问明白,审复无冤,拟合凌迟处死,籍没家产。同居家口,虽不知情,迁徙边远。已行不曾杀人者,比依强盗不曾伤人不得财例,杖一百七,徒三年。谋而未行者,九十七,徒二年半。其应捕之人,而自能赴官首告,或捉获同罪者,与免本罪。及诸人告捕,是实,犯人家产全行给付;应捕人,减半。亲临官司受钱脱放者,决杖一百七下,除名不叙。邻佑、主首、社长人等,知而不行告首,杖八十七下。其亲民有司,并本处镇守军官,时常申明条例,严加禁治。如是禁治不严,临时详酌,议罪黜降。仍今拘该地面,排门粉壁禁约,廉访司严加体察,相应。

前件议得:造合成毒,堪以害人及传畜,若行用而杀人,用谋教令者,拟合处死,籍没家产。同居家口,虽不知情,迁徙边远。诸人捉获,犯人家产,全行给付。云:前欵应捕人以下例。①

（六）大不敬

大不敬是指对帝王不尊敬的言行。《元史·刑法志》所载大不敬包括:"盗大祀神御之物、乘舆服御物;盗及伪造御宝;合和御药,误不依本方,及封题误;若造御膳,误犯食禁;御幸舟船,误不牢固;指斥乘舆,情理切害,及对捍制使,而无人臣之礼。"

有关判例如下:

(1)《元史·刑法志三》"盗贼门"有"诸盗乘舆服御器物者,不分首从,皆处死"例。

(2)《刑法志四》"诈伪门"有"诸主谋伪造御宝及受财铸造者,皆处死。同情转募工匠,及受募刻字者,杖一百七"。

(3)《元典章》"诸恶"中有"阑(lan)入禁苑,徒一年,杖六十。部拟:五十七下。省准拟"②。

---

① 《元典章》(三)(卷41),陈高华等点校,天津古籍出版社,2011年,第1422~1425页。
② 《元典章》(三)(卷41),陈高华等点校,天津古籍出版社,2011年,第1426页。

（七）不孝

不孝是指对直系尊亲属有忤逆行为。《元史·刑法志》载："不孝,谓告言、诅詈祖父母、父母,及祖父母、父母在,别籍异财,若供养有阙;居父母丧身自嫁娶,若作乐释服从吉;闻祖父母、父母丧,匿不举哀,诈称祖父母、父母死。"

《元典章》中有关判例如下:

（1）王继祖停尸成亲例。本部照得:诏条内,收嫂者有例,夫亡服缺守志者有例。其王唐儿不候葬讫伊兄,于停丧之夜,与嫂贺真真拜尸成亲,大伤风化。若依已拟,将各人离异,相应。都省准拟,令王唐儿与贺真真离异。本部议得:王继祖父丧停尸,忘哀成亲,乱常败俗,莫甚于此。参详:宜从都省剖付(答复)枢密院,断令各人离异。所据王继祖,拟合罢职,相应。

（2）捏克伯虚称母死例。晋州达鲁花赤捏克伯,家在解州,职居见任,思慕彼中妻子,无由搬取,乃虚称老母病亡,奔丧给假,前到解州,住经月余,不顾老母之养,却携妻子同来任所。为此,准分司责得捏克伯状,招伏是实。切详:父母,子之天地也。生事丧葬,俱有常例。其捏克伯,母幸生存,忽言病故,给假以取妻子。其昵于私爱,弃绝大伦,无甚于此。若不惩戒,有伤风化。拟合将本官断罪罢职,仍追离职月日俸给还官,遍行各处,以警其余。

（3）张大荣服内宿娼例。典史张大荣所招,职役虽小,案牍亲民,教化风俗,不为不重。父死甫及二七,骸骨未冷,与娼女邓丑、吴大姐二处宿睡饮酒,不遵礼训,大伤风化。今张大荣不思报本,绝灭哀情,饮酒宿睡,情罪尤重。除将张大荣量情断八十七下,罢役外,拟合除名不叙,遍行照会,以敦风化。送刑部议得:应城县典史张大荣,父死甫及二七,宿娼饮酒,有伤风化。拟合不叙,相应。

（4）汪宣慰不奔父丧例。淮东宣慰使汪元昌闻知父丧,不即奔赴,值先帝升天,作乐饮酒,不忠不孝。合行明正其罪,永不叙用。

又,黄州路录事司判官靳克忠,闻知父亡,不即奔讣,又行饰词,不肯离职。详其所为,必合惩戒。得此。送本部议得:莅官奔丧,已有定例。其黄州路录判靳克忠,闻知父亡,申准本管官司明降,推故不行奔丧,量决四十七下,解见任,期年之后,降一等摽附,相应。①

（八）不睦

不睦是指谋杀或者出卖缌麻以上亲属,殴打或者控告丈夫、大功以上尊长和小功尊亲属。《元史·刑法志》载:"不睦,谓谋杀及卖缌麻以上亲,殴告夫及大功以上尊长、小功亲属。"

《元典章》中有关不睦的判例,都与兄弟叔侄之间杀伤有关。

(1)打伤亲兄例:袁州路万载县罗细三、罗细八,打伤亲兄罗二。议得:为首,不合打伤亲兄罗二左手腕骨断,已成废疾,其罗细八罪犯,拟断一百七下;为从,罗细三八十七下。

(2)穆豁子杀兄例:因于兄穆八处,取索元借中统钞五钱,有兄穆八推调不还,不合将兄穆八衣襟扯住索要。有兄穆八意嗔,将豁子口上打讫二拳。不合生恶怒,用左手将兄穆八右壁头发揪住,暗用右手,将悬带白羊角鞘刀子拔出,将兄穆八左耳窍前紧挨耳窍扎讫一下,血流,合面倒地。又于兄穆八脑后偏左,扎讫一下。刀尖着骨,致将刀刃挨靶捉折,刀靶擘破兄穆八脑后,带折刀刃,竞命将身番过仰面,致命身死,罪犯是实,即系恶逆重事。若不明示罪名,则后人无以惩戒。虽本贼就禁身死,宜准所拟,对众戮尸,依例追给烧埋银两。

---

① 《元典章》(三)(卷41),陈高华等点校,天津古籍出版社,2011年,第1385~1392页。

（3）殴死弟例:隆兴路萧猪儿与弟相争做斋,用荆拄棒(校记:"柱棒"俗体)打死弟萧九十。申奉到尚书刑部至元八年三月二十一日符文:拟断七十七下,仍征烧埋银一十五两,给付苦主。

（4）因弟作盗,斫(zhuo,用刀)伤身死例:王文才因弟王柳仔作贼,偷盗他人菜蔬,不行改过,又盗讫谢念五等稻穀、毯被、钞两等物,为恐乡人耻笑,发恶用斫柴刀将弟王柳仔斫伤,次日身死。即系卑幼有罪,尊长杀害致死,难同凡人一体定论。二次钦遇诏恩。如准行省元拟,依例释免,烧埋银两,同居不须追理。

（5）打死侄例:至元四年十二月十二日,因亲侄米公寿,于机上剪了纴丝三尺,用拳殴打,为侄捽扯抵触,用柳木棍,于公寿左耳后侵脑打伤,不多时身死,罪犯。法司拟:米恤所招,打死侄男米公寿,罪犯。旧例:即殴兄之子死者,徒三年。其米恤所犯,合徒三年,决徒年杖八十。部拟:七十七下。省拟:断一百七下。

另,有打死远房侄、踢死堂侄、谋故杀侄等例,其刑罚大致相同,不再细述。①

（九）不义

不义,"谓杀本属路、府、州、县官员及受业师傅,又吏、卒杀本属官长,及闻夫丧匿不举哀,若作乐,释服从吉,及改嫁"。

《元典章》中有关不义的判例:

（1）居丧为嫁娶者徒:至元七年十二月尚书户部契勘:父母之丧,终身忧戚;夫为妇天,尚无再醮。今随处节次申到:有于父母及夫丧制中,往往成

---

① 《元典章》(三)(卷41),陈高华等点校,天津古籍出版社,2011年,第1392~1399页。

婚,致使词讼繁冗,为无定例,难便归断。检会到:旧例:居父母及夫丧而嫁娶者,徒三年,各离之。知而共为婚姻者,各减三等。

(2)焚夫尸嫁断例:至元十五年,行中书省据潭州路备录事司人户秦阿陈告:表兄杜庆病死,有嫂阿吴,将兄骸骨扬于江内,改嫁彭千一为妻。取到犯人杜阿吴招伏:不合于今年正月十二日,有夫杜庆,因病身死,至十八日焚化,将骸骨令夫表弟唐兴,分付赵百三,扬于江内。至二十八日,凭陈一嫂作媒,得讫钞两、银镮等物,改嫁彭千一为妻,罪犯。省府切详:拟将阿吴杜断七十七下,听离,并彭千一违法成婚一节,就便取招,断四十七下。媒人陈一嫂、撒扬骨殖人赵百三,各断四十七下,唐兴杜三十七下外,仰遍行合属,严行禁约。

(3)打杀妻父:张羔儿为伊丈人郭百户带酒屡常打骂上,纠合吴招抚,将丈人郭百户打死。除吴招抚在牢身死外,刑部照拟得:张羔儿合行处死。呈奉省拟:断一百七下讫。

(4)将妻沿身雕青:庶民生理,勤实为本。其钱万二,不以人伦为重,贪图钱物,将妻狄四娘抑逼,遍身刁刺青绣,赤体沿街迎社,不惟将本妇终身废弃,实伤风化。合杜断八十七下。

(5)割去义男囊肾:刘世英职居行伍,欺军扰民,两经断罪,今次又将过房义子李丑驴,抑良为躯,遍身雕青,意图升迁,强将李丑驴执缚,亲手用刀,割囊去肾,欲作行求之物。以人为货,重爵轻生,如此残忍,不仁之甚。江浙省已行断讫,及将李丑驴,给亲完聚,人价不追,别无定夺外,本人职役,行省既已断讫,拟合除名不叙。

(6)割断义男脚筋:董孝英将过房义男张寿孙,为偷鸡只、剜(wan,"挖")耳银锟,用刀刈(yi,"割")断左脚筋等事。原其所犯,残忍凶狠,情理深重,比例,合杜九十七下。罪遇原免,令张寿孙归宗,仍于董孝英名下,追中统钞五百两,充养赡之资,相应。

(7)烧烙前妻儿女:永平路备抚宁县韩端哥(后母),同夫郝千驴前妻抛下女丑哥、男骂儿用小豆换梨食,乘夫在外,暗逐(校记:岩本"逐"字误脱。)发恨心,将十三岁女丑哥,踏住脖项,扯出舌头,并沿身用火烧铁鞋锥,烙讫七十二下。又将十一岁男骂儿臀片腰脊,烙伤七下。酷毒如此,甚伤恩义。合准永平路所拟,断罪离异,追回元聘财钱,以为后来之戒。遍行各处,相应。①

(十)内乱

内乱,"谓奸小功以上亲属及父妾、继母者"。

《元典章》所载事例如下:

(1)强奸男妇未成。于至元三年十月初三日夜,被告孟德带酒走去胥都嫌房内欲要通奸,被胥都嫌将德舌头咬伤,告发到官,罪犯。法司拟:即系强奸未成事理,依旧例,合行处死,胥都嫌与夫家离异。部拟:终是不曾成奸,量情,杖决一百七下,仍离异。

(2)通奸男妇已成。至元五年三月内,魏忠将男妇张瘦姑通奸了四次。又于当年五月二十日通奸,致被告发到官。取到奸妇瘦姑状招,相同。魏忠法司拟:旧例:奸子孙之妇者,绞。其魏忠合行处死。张瘦姑法司拟:旧例:和奸本保,无夫妇人罪名者,与男子同。准上合得绞罪。部拟:本妇今日自首到官,量情,拟杖七十七下,从妇归宗。

(3)欲奸亲女未成:于至元五年八月,从妻阿白诱与夫张楫共议,节次将女季春引问,欲行奸要。但被人惊觉,不曾成奸。本管官司将张楫断讫一百

---

① 《元典章》(三)(卷41),陈高华等点校,天津古籍出版社,2011年,第1412~1418页。

七下,张阿白断讫五十七下。除已札付刑部,遍行随路,依上施行。

(4)奸义女已成。袁州路分宜县伍二六将妻前夫女罗季一娘,节次奸污,决杖九十七下。其罗季一娘,与继父通奸,量断六十七下。断讫。

(5)奸弟妻。许和尚与弟妻王茶哥通奸公事。法司拟:奸弟妻,合徒四年。部拟:各断九十七下。省准拟。①

三、诸奸

诸奸就是违背伦理纲常的两性行为,自古以来对其均有严苛的刑罚规定,以阻却此类犯罪行为的发生。《法经》中就有"妻有外夫则宫"②的记载。大蒙古国时期《大扎撒》法律中规定:"对通奸者,有无成婚皆处死。"③

元朝法律对奸非的规定较为详尽,分亲属相奸、常人相奸、主婢相奸、奴婢相奸、职官犯奸等。奸非罪的处刑原则是,强奸重于和奸,有夫奸重于无夫奸,亲属相奸重于常人相奸,奴奸良人重于常人相奸,良奸贱者较常人相奸为轻,和奸男女同罪,强奸者妇女不坐等,简要归纳如下:

(一)强奸:违背其妇女意志强行与之发生两性关系

《元典章》所载实例如下:

(1)强奸无夫妇人:李聚强奸郭阿张,(系)罪犯。旧例:强奸者,绞;无夫者减一等。其李聚合徒五年,决徒年,杖一百。部拟:决一百七下。

(2)强奸有夫妇人:姬驴儿将刘四男妇女阿任头发拖下,用拳打脚踢,以

---

① 《元典章》(三)(卷41),陈高华等点校,天津古籍出版社,2011年,第1418~1422页。
② 《晋书·刑法志》。
③ 那仁朝格图:《13—19世纪蒙古法制沿革史研究》,辽宁民族出版社,2015年,第92页。

言唬吓,强奸罪成,罪犯,处死。

(3)奸幼女:杜奴强奸张绒则十一岁女子(儿)赛赛,罪犯。省、部照得:强奸十岁以上室女,拟断一百七下。

(4)强奸幼女处死:至元五年,陕西行省军人郑忙古歹,将王秀儿六岁女(儿)葛梅,强行奸讫。法司拟:合行处死,施行讫。又,至元七年闰十一月,尚书省右三部呈:顺德路归问到陈赛哥,强奸田泽女田菊花罪犯,拟合处死。①

(二)和奸:和通会合之奸,又称通奸

有关案例如下:

(1)和奸有夫妇人:于至元三年九月内,柳二妻苏小丑与陈佐通奸罪犯。又招:于至元五年十一月十八日,与在逃苏七通奸罪犯。对奸妇苏小丑法司拟:决徒年杖七十,去衣受刑。部拟:杖八十七下。对奸夫陈佐法司拟:合徒二年,决杖七十。部拟:量情,笞五十七下。

(2)犯奸休和,理断:彰德路奥鲁总管府认为,薛天佑与宁氏通奸行为属伤风败俗事理,不应准告休和,对有错者听候朝廷差官审问理断。②

(三)纵奸:丈夫为收财纵容或逼迫妻子与他人通奸

有关案例如下:

(1)夫受财纵妻犯奸:由卖酒人郭阿燕媒合,李文玉给高德仁钱物,与高德仁妻子王媚娇通奸罪犯。对李文玉法司拟:即系和奸有夫妇人,合徒二年,决徒年杖七十。部拟:即是(其)伊夫知情,量情,决四十七下。对王媚娇

---

① 《元典章》(三)(卷45),陈高华等点校,天津古籍出版社,2011年,第1516~1522页。
② 《元典章》(三)(卷45),陈高华等点校,天津古籍出版社,2011年,第1523页。

法司拟:旧例:合徒二年,决杖七十,去衣受刑。部拟:四十七下。对高德仁法司拟:合同王媚娇奸罪,徒二年,决杖七十。部拟:即系败坏风俗,量情,决四十七下。对媒合人郭阿燕法司拟:于王媚娇等罪上减等,合徒一年半,杖六十七。部拟:三十七下。

(2)主妇受财,纵妾犯奸:主母阿余受钱,令妾唐阿蔡依次与阎令史、朱大使等通奸。再次受钱,又令唐阿蔡与王季七通奸,被捉到官。唐阿蔡与王季七通奸罪犯,依例,决八十七下,断令阿蔡归宗别嫁。其主母阿余,拟决四十七下。

(3)逼令妻妾为娼:王用将妻阿孙、妾彭鸾哥打拷,勒令为娼,接客觅钱,已犯义绝。罪经释免,拟合将阿孙并彭鸾哥,与夫王用离异。

(四)主奴奸、官民奸:因身份地位不同而其刑罚也不同

有关案例如下:

(1)奴奸主幼女例:王来兴将本使梁佑未曾婚配十二岁女儿,强行奸着一次。法司拟:王来兴合行处死。部准拟,呈省。

(2)官妻与从人通奸:邓海与本官正妻阿孙通奸,又弟邓四与本官姑妈赵海棠通奸。刘阿孙,系官门良家之子,又系与刘提举品官为妻,已有长立男儿,与随行邓海通奸,背夫在逃,情理深重。其各人难同凡人相奸例断。拟各处死,相应,遍谕诸路,庶使后人不犯。都省议得:邓海、刘阿孙所犯,即系有伤风化事理,依准部拟,俱各处死。

(3)主奸奴妻:本使忽鲁忽都强奸妻阿杨,奸所不曾看见,别无显迹。不见主奸奴妻罪名,除将忽鲁忽都、阿杨召保知在,乞明降。省、部相度,元告人已行在逃,又兼主奸奴妻,难议坐罪。

(4)职官犯奸,杖断不叙:至元二十三年四月,前神州路叙浦县丞赵璋,

与苌用妻陈迎霜通奸,各自招词,断讫罪犯。本部议得:赵璋系专治一方,为民仪范官员,不务守慎,犯奸断罪,不再行叙用,准呈。

大德三年三月,百户刘顺奸占南阳府民户何大妻子王海棠。刘顺所犯,依赵璋例,除名不叙。[1]

四、诸盗

诸盗就是各种严重盗抢财物及财产的犯罪行为。元朝对强盗、盗窃等严重侵犯财产的犯罪行为采取了用重刑惩罚的做法。《元史·刑法志》载:"诸事主杀死盗者,不坐。诸黉夜潜入人家被殴伤而死者,勿论。"[2]对因谋财而害命的行为更会施以极刑,"诸强盗杀伤事主,不分首从,皆处死"[3]。对于那些持杖杀伤受害者的行为,无论是否得财,均处死。可见,对这类犯罪行为的严惩态度。

(一)强窃盗

强窃盗可分为强盗和窃盗。强盗具备暴力威胁劫取财物的特点,与现代刑法上的抢劫罪相当,《吏学指南·盗贼》载:"争取财物为抢,以威胁取之为劫。"窃盗为行为人窥伺时机而秘密取得财物,"谓潜形隐面,方便而私取者"[4]。

1.量刑原则

(1)依是否持杖、是否伤人、是否得财而有不同处罚:凡持杖,但伤人者,

---

① 《元典章》(三)(卷45),陈高华等点校,天津古籍出版社,2011年,第1540~1541页。

② 《元史·刑法志》,"盗贼"。

③ 《元史·刑法志》,"盗贼"。

④ 《吏学指南·盗贼》。

虽不得财,皆死;虽持杖,但不曾伤人者,不得财,徒二年半;凡持杖,不伤人,但得财者,徒三年。至二十贯,为首者死,余人流远;其不持杖而伤人者,唯有犯意及下手者死,不曾伤人者,不得财,徒一年半。十贯以下,徒二年。每十贯加一等,至四十贯,为首者死,其余各徒三年。

(2)依是否共谋、是否得财而有不同处罚:始谋而未行者,四十七;已行而不得财,五十七;得十贯以下,六十七,至二十贯,七十七。每二十贯加一等。一百贯,徒一年。每一百贯加一等,罪止徒三年。盗库藏钱物者,比常盗加一等。赃满至五百贯已上者流。

(3)共盗分首从,再犯者加重处罚:诸共盗者并赃论。仍以造意之人为首,随从者各减一等。二罪以上俱发,从其重者论之。诸盗经断后仍更为盗,前后三犯杖者徒。三犯徒者流。流而再犯者死。强盗两犯亦死。须据赦后为坐。若在强盗过程中,"因盗而奸"者,依强盗伤人罪处罚。诸切盗,初犯刺左臂,再犯刺右臂,三犯刺项。强盗,初犯刺项,并充警迹人。

(4)对强窃盗者需要追赃及赔赃:诸评盗赃者,皆以至元宝钞为则。除正赃外,仍追赔赃。其有未获贼人及虽获无可追偿者,视情节分别予以徒刑、杖刑等处罚。

2.有关案例

(1)盗贼各分首从:皇庆二年正月二十九日,奏过事内一件:贼人偷财物的,初犯,打一百七;再犯,流远;三犯,典刑者。又怯烈司里偷盗驼、马、牛只的,追了赔赃,打一百七,流远者。再犯,典刑者。偷盗财物、羊口、驴畜的,依先已定来的体例,要(罚)罪过者。

(2)入官仓库偷钱物:贼人王留住掇开库门,盗讫缎子二匹,用麻绳束缚,撇于地上,本贼止于库内宿睡,就盗所捉获。盗物在手,比同得财,估赃至元钞七十八贯。依凡盗例,应杖断八十七下,徒役二年。此盗系官钱物加等,九十七下,徒役二年半。

（3）剜（wan,用刀子挖）豁土居人物依常盗论:广宗县获贼吴九儿与逃贼董大秃儿,将王德义瓦房后墙剜开窟穴,偷盗讫财物。今后如有将土居人民房舍、行驾车辆剜豁而取财物者,照依切盗,计赃定罪。强取者,以强盗论。①

（二）偷头口

偷头口,偷窃牲畜的犯罪行为,其刑罚吸收了蒙古法"罚九"的基础上,增加了徒刑、刺字、出军等刑罚,可谓烦苛严酷。

1.量刑原则

根据《元史·刑法志》记载,根据其所盗牲畜及犯罪情节,作出不同处罚:

诸盗驼马牛驴骡,一陪九。

盗骆驼者,初犯为首九十七,徒二年半,为从八十七,徒二年;再犯加等;三犯不分首从,一百七,出军。

盗马者,初犯为首八十七,徒二年,为从七十七,徒一年半;再犯加等,罪止一百七,出军。

盗牛者,初犯为首七十七,徒一年半,为从六十七,徒一年;再犯加等,罪止一百七,出军。

盗驴骡者,初犯为首六十七,徒一年,为从五十七,刺放;再犯加等,罪止徒三年。

盗羊猪者,初犯为首五十七,刺放,为从四十七,刺放;再犯加等,罪止徒三年。盗系官驼马牛者,比常盗加一等。

---

① 《元典章》(三)(卷49),陈高华等点校,天津古籍出版社,2011年,第1641~1642页。

2.有关案例

(1)偷头口,一赔九:起意偷来者,依体例处死;做伴当偷来者,七十七下,偷一个头口,九个断没。无九个头口,他的女孩(儿)、驱人断没。十五岁以下女孩儿,准折五个头口里。十五岁以下十岁以上,准折三个头口里。十岁以下女孩儿准折事宜,由札鲁花赤(断事官)斟酌断没。

(2)盗猪依例追赔:大德六年七月初一夜,陈四、黄千二人偷盗吴景瑞家公猪一口,母猪一口,及小母猪一口。刑部奏准:偷头口的贼人,依着蒙古体例,赔九个(牲口)断放有。

(3)盗牛革后为坐:至元三十一年,胡万五与蒋百三等偷猪分食,断讫六十七下,刺额。延祐二年三月十一日,胡万五又偷盗罗四牛二只,欲行货卖,被捉到官。本贼先犯偷猪分食,至今又盗牛二只,诸窃盗前后三犯,杖者徒;三犯徒者流;流而再犯者死。须据赦后为坐。

(4)郭回军盗驴:延祐三年三月初三日,事(失)主何阿都赤并赃捉获盗驴人郭回军,取到本人招伏。静宁县依亲属相盗例,免刺,徒役,不追陪赃,断讫八十七下。[①]

(三)掏摸

掏摸,除上述强窃盗、偷头口等以外情节较轻的近身偷窃财物的行为,类似于所谓的"小偷"。

1.量刑原则

《元史·刑法志》记载,诸掏摸人身上钱物者,初犯、再犯、三犯,刺断徒流,并同窃盗法,仍以赦后为坐。

---

① 《元典章》(三)(卷49),陈高华等点校,天津古籍出版社,2011年,第1642~1647页。

2.有关案例

(1)年幼掏摸刺断:至元十一年五月,中书兵刑部捉获到掏摸钞贼人王合住、齐丑脸,各为十四岁,同时于木塔寺前掏摸卖面事(失)主钞五钱,又于杨和门里偷事(失)主钞四两,被捉罪犯。呈奉都堂钧旨,依理刺断施行。

(2)掏摸钞袋贼人刺断:大德元年四月二十一日,袁庆告带十张至元钞,前去桐林岭收买缎子,被李万一掏摸前项钞两。省府照得:将李万一刺断施行,杖决六十七下。

(3)懵药摸钞断例:李广志摘取草麻子收留并修合成药丸,为懵人摸钞使用。大德七年十二月十七日,李广志将药丸捻碎至面食内,给吴仲一吃用,(结果)吴仲一昏迷不醒,(之后)李广志将吴仲一的绢袋用刀子割断,盗走了中统钞五定二十五两。送刑部议得:饮食内加药令人迷谬而取其财者,合从强盗法论罪。

(4)白昼殴打抢摸钞两:席驴儿先犯偷铜钱,已经刺断。今次又纠合颜孙儿、张驴儿,白昼于街上将缪喜等罗织斗殴,抢摸钞两,罪遇释免。合咨行省照勘,如已招明白,比依窃盗刺字。[①]

(四)放火

放火,故意放火烧毁公私财物的犯罪行为,比同强盗、盗窃论处。据《元史·刑法志》,放火烧毁无人居住空房等,若"因盗取财物者,同强盗刺断","伤人命者,仍征烧埋银"。

1.量刑原则

从有关案例看,武宗至大元年间(1308年),根据其官私房、无人居止与

---

① 《元典章》(三)(卷50),陈高华等点校,天津古籍出版社,2011年,第1679~1681页。

田场积聚等因素,放火罪量刑区分"比同强盗"和"比同窃盗"两类。皇庆二年(1313年)刑部议准新例,增加了致人杀伤条款和再犯加重条款,是对上述规定的必要补充。

2.有关案例

(1)放火烧死人:至元五年正月二十三日夜间,高奴廝挟仇与弟高念奴各自骑马,前去刘子村,将火苗于赵妮子北屋草围,烧其房屋内物件,并烧死其九岁小女儿。法司拟:旧例,故烧私家宅舍者绞。又烧死九岁小女儿;旧例,以故杀伤人者斩。二罪从重,合行处死。仍追烧埋银两,给付苦主。

(2)父首子烧人房舍:杨买儿挟恨旧仇,烧讫王祚无人居住草房三间私物等,已估钞二十九两(两)八钱二分。除杨买儿(儿)收禁征赃外,乞照详事。部官公议得:杨买儿挟仇故烧王祚舍屋,本罪非轻,却因其父杨青将杨买儿执缚到官,合从原减。今拟:决三十七下,所烧房价,令其验数征还。

(3)放火贼人例:马闰住挟仇于大德十一年十二月夜五更前后,掏火于朱善儿东草屋东檐底行烧,事主知觉后救灭,罪犯是实。刑部议得:今后诸人放火,故烧官房厅宇私家宅舍,比同强盗。烧无人居住空房并损坏财物畜产及田场积聚之物,比同窃盗。照依大德五年奏准盗贼通例,计赃断配,免刺,追赔烧毁物价。

(4)放火贼人例:卢千儿挟恨,将张林草房烧毁,被捉到官。刑部议得:今后若有故烧官府廨宇、有人居止宅舍贼人,无问舍宇大小,财物多寡,比同强盗例,免刺,决一百七下,徒役三年。因而杀伤人者,依例科断。其无人居止空房并损坏财物及田场积聚之物,比同切盗,免刺,验赃依例决遣居役。仍各追赔所烧物价。敢有再犯,决配,役满迁徙千里之外。[①]

---

① 《元典章》(三)(卷50),陈高华等点校,天津古籍出版社,2011年,第1683~1687页。

（五）发冢

发冢，就是盗掘坟墓的犯罪行为，具有伤风败俗、伤人、取财等多方面违法性。元朝法律根据不同情况，对发冢者分别按照强盗、窃盗、伤人、恶逆等不同的定罪量刑。

1.量刑原则

《元史·刑法志》载，诸发冢，已开冢者同窃盗，开棺椁者同强盗，毁尸骸者同伤人，仍于犯人家属征烧埋银。诸挟仇发冢，盗弃其尸者，处死。诸发冢得财不伤尸，杖一百七，刺配。诸盗发诸王驸马坟寝者，不分首从，皆处死。看守禁地人，杖一百七，三分家产，一分没官，同看守人杖六十七。

2.有关案例

（1）发冢贼人刺断：获到贼人王季三等，取讫招伏。贼人王季三发冢开棺，盗讫金银等物，既是例比盗贼科断，拟合刺字。

（2）禁治子孙发冢：大德七年，已知诸人子孙多有发掘出父祖坟墓棺尸，将地穴出卖等事。送刑部议得，其为人子孙，或因贫困，或信师巫说诱，发掘祖宗坟墓，盗取财物，货卖茔地者，验所犯轻重断罪。移弃尸骸不为祭祀者，合同恶逆结案。买地人等，知情者减犯人罪二等科断，照价没官；不知情者临事详决。

（3）盗掘祖宗坟墓财物：周九一为先家贫，掘伐祖上坟墓，事发，断讫八十七下。后又与曾层二前去掘伐周氏坟墓，不成，又与曾层二、刘千三、朱华一锄掘周左藏坟墓成窟，用手搯捡得银器等一十二件，及黑漆犀皮镜匣等物，不曾移动骸骨，事后，将所得分赃。刑部议得：周九一三次盗掘祖宗坟墓，偷取祭器金银，事关恶逆，难与亲属相盗之比。对周九一，比例强盗刺字。既犯恶逆,难令复居故土,迁徙辽阳肇州屯种。[①]

五、诈伪

《吏学指南·诈妄》对"诈伪"的解释是"谓如伪造文书,见于纸笔之间者"。此外,"诈伪"有匿行欺诈和奸诡虚假之意。元代有关诈伪犯罪涉及非常广,如伪造符宝、伪造印信契本、伪造税物杂印、诈称使臣,伪写给驿文字、伪造钱钞等政治及经济领域。

（一）伪造

伪造各类契本、凭证、单据、敕令、文书、印信文字等犯罪行为。

1.量刑原则

伪造符宝,及受财铸造者,皆处死。同情转募工匠,及受募刻字者,杖一百七。伪造制敕者,与符宝同。

诸妄增减制书者,处死。诸近侍官辄诈传上旨者,杖一百七,除名不叙。

诸伪造省府印信文字,但犯制敕者处死。若伪造省府劄付者,杖一百七,再犯流远。

伪造司县印信文字,追呼平民,勒取财物者,初犯杖七十七,累犯不悛者一百七。

造宣慰司印信契本,及商税务青由欺冒商贾者,杖一百七。

伪造税物杂印,私熬颜色,伪税物货者,杖八十七。

诸伪造宝钞,首谋起意,并雕板抄纸,收买颜料,书填字号,窝藏印造,但

---

① 《元典章》(三)(卷50),陈高华等点校,天津古籍出版社,2011年,第1688~1692页。

同情者皆处死,仍没其家产。

诸伪造宝钞,没其家产,不及其妻子。

伪造茶引者,处死;首告得实者,犯人家产并付告人充赏。

伪造盐引者,皆斩。首告得实者,犯人家产并付告人充赏。失察邻首杖一百。

2.有关案例

(1)伪造税印:至大二年,捉获伪雕税印沈爱帖木儿,至大四年捉获私熬颜色李德全。送户部,约会刑部一同议得:其伪造税物杂印、私熬颜色伪税物货,比之匿税情犯尤重,但犯,杖八十七下。伪造颜色洒记匿税者,亦如之。

(2)诈雕县印:周福、陈中山等,因为遗失原引(件),周福主意,用萝葡诈雕鹿邑县印,写到文引渡河罪犯。周福决五十七下,陈中山决四十七下。

(3)伪造大王令旨:徐谨因与王阿郭先奸后避罪在逃,诈写到阿只吉大王令旨,致被张山盘问倒,不能抵讳罪犯。法司拟,旧例,诈为官司文书杖一百,其徐谨合杖一百。部拟七十七下。[①]

(二)欺诈

欺诈是诈称使臣、伪写给官府文字、诸奴受主命冒充职官者、子冒父官居职任事者等各种冒用官方身份地位,骗取非法利益的犯罪行为。

1.量刑原则

诸诈称使臣,伪写给驿文字,起马匹舟船者,杖一百七。

有司失觉察,辄凭无印信关牒倒给者,判署官笞三十七,首领官吏四

---

① 《元典章》(三)(卷52),陈高华等点校,天津古籍出版社,2011年,第1734~1742页。

十七。

诸职官诈传上司言语,擅起驿马者,杖六十七。

诸诈称按部官,恐吓官吏者,杖六十七。

诸诈称监临长官署置差遣,欺取钱物者,杖八十七,钱物没官。

诸诈称奉使所委官,听理民讼者,杖九十七。

诈称随行令史者,笞五十七。

诸冒名入仕者,杖六十七,夺所受命,追俸发元籍,会赦不首,笞四十七,仍追夺之。

2.有关案例

(1)无官诈称有官:郑均诈说有皇帝圣旨,又有虎头金牌,前来益都做明廉暗察,干公事,若有事发,先斩后奏:如此诱说,欲要张花儿为妻。后,又对邹玉、孙弼等二人诈说道,有圣旨并虎头金牌,充益都路明廉暗察,扇惑各人酒食。法司拟,依旧例,诈为官人徒二年,其郑均合徒二年。部拟量决七十七下。

(2)诈传省官钧旨:大德七年九月二十七日,成元邦因为徐幼仪告宗季和过割田粮等事,诈传省堂钧旨,令龙兴路提控案牍具呈本路回避。送刑部议得:量拟决四十七下。

(3)诈称神降:袁州路宜春县,朱千二在家写榜贴,谎称是释迦老子,又号白衣居士,诈称神降,妄言祸福,扇惑乡民烧香请水。议得朱千二为首,拟断六十七下,为从朱千二三十七下,失觉察牌头一十七下。

(4)诈骑铺马断例:刘斌诈称海北道廉访司奏差,伪写袁州宜县水站牒文,经由一十二站,诈骑铺马。合打一百七下。

第三节　元朝司法审判制度

元朝在坚持和改制传统蒙古法与吸收和借鉴中原王朝法制的基础上，形成了独具特色的司法审判制度。正如日本学者有高岩所说："元代自法院之组织、诉讼手续等，以至'称冤''检尸''判决'等，其方法与唐、宋金各代都不相同，其中颇有破惯例而开创新例的事实。"[①]

一、司法机构的设置沿革

元朝司法审判制度的演化和调整，与其政权向中原地区统治和扩张有紧密联系。随着元朝政权的建立，"蒙古统治者的主要对象是有着广袤的农耕城郭区域和稠密人口的民族，草原旧制必然要面对为提高统治效率而逐渐地方化的问题"[②]。元朝建立后不久，原有的大断事官制度也随机发生了情势的变化。元朝首先以燕京大断事官的必阇赤为班底建立起了中枢分支机构，称"燕京行中书省"。

在这种国家体制中，"原有的断事官机构则改成大宗王府，这时断事官的品秩虽然不低，但实权大为削减"[③]。过去大断事官们往往更容易专权擅

---

　　① ［日］有高岩：《元代诉讼裁判制度研究》，《蒙古史研究参考资料》，内蒙古大学，1981年，第23页。

　　② 姚大力：《从"大断事官"制到中书省——论元初中枢机构的体制演变》，《历史研究》，1993年第1期。

　　③ 李涵：《蒙古前期的断事官、必阇赤、中书省和燕京行省》，《武汉大学学报》（人文科学），1963年第3期。

断,没有同位机构的横向制衡,不利于基层社会纠纷的公平、公正解决。再者,不管是对蒙古旧制的极力保留还是对中原法制的积极吸收,这是元朝对行政权与司法权分置的第一次积极尝试。

在元朝中期,大宗王府作为其各类案件的审断部门逐步被明确化,主要审理刑民案件和各民族的争讼事宜。在审理层级上,大宗王府作为中央机构,对地方的刑案不会进行审理,内地依汉律,蒙地依旧俗,存在"南北异制"和等级化的贵族君权保护特点。

这样,大断事官本身的中央官制地位已被削弱,"已从掌管全国的刑政,缩小到只是治理诸王驸马分地内的词讼"①。元代的地方审判机构与行政机构相应设置,过去位高权重的断事官的审断官职属性也较为明确和具体化了。如元代地方路、府设有推官厅,设推官,负责审判工作,实则为一种基层审断官,与地方官员一同问审,并且没有终极裁判权。这时期专门设置了审判部门——理问所,由各推官专门负责审判事务,在分工上趋于专门化,改变了大蒙古国时期断事官总揽行政司法于一身的做法,"国朝各路总管府,其属自达鲁花赤、总管以至推官,皆联衔署书,而刑狱之政则推官专任之"②。

但由于裁判权依然归附于行政权,并没有形成体制内的行政权与司法权的分置与制约,容易造成案件"累年不决,延误公事"。这时期的民事纠纷,如婚事继承、人口管理、田地住宅等,极力提倡基层官员的调解作用,积极鼓励地方人士、德高望重的乡绅等从中斡旋和调停,尽量以调解而告终。据《元典章》载:"诸民讼之繁,婚、田为重。其各处官司,凡媒人各使通晓不应成婚之列;牙人使知买卖田宅违法之列;写词状人使应知应告不应告之

---

① 李涵:《蒙古前期的断事官、必阇赤、中书省和燕京行省》,《武汉大学学报》(人文科学),1963年第3期。

② 《吴文正公集》(卷8)《婺州路总管府推官厅记》。

列;仍取管不违甘结文状,以塞起讼之源。"①这在当时的多民族交流交融交往的社会环境具有重要的意义,各方多元参与,积极调停,有利于化解基层社会矛盾,维护地方社会的和谐与稳定。

二、起诉制度

据《元典章》载,向各地司法审判机构告人有罪者,需提交有理词状,需要写明告事,便知是否属于应告之事,以防"庶革泛滥陈词之弊",也使官府精简告诉词讼事宜,以杜绝词讼泛滥之事。

(一)有关书状

(1)书状须明注年月,指陈实事,不得称疑。诬告者抵罪反坐。如告本辖区官府官员,可直接向其上司陈告,其余告事不得越诉。如果有人认为自己有冤枉案情,屡告不理,以及认为本级官府决断不公者,亦可直向上司陈告。

(2)书状不得涉及除本次争讼事宜外的其他事宜,即"状外不生余事",不得"一状告二事"。如确有争讼事宜,待本案终结之后再另行起诉,"谓如原告人若有急告公事,候见告公事结绝了毕受理,官司再令具状陈告"②。

(3)不得写匿名诉状,即"禁写无头圆状"。对于写这种"无头圆状"视其情节轻重分别予以严惩。《元典章·刑部》载:"撒无头文字的人根底,任谁拿住呵,若是他写的言语重呵,将本人敲了(处死),将他底(的)媳妇孩儿(给)拿住的人,更与赏钱二十定;若写底(的)轻呵,将本人流远,拿住的人根底,

---

① 《元典章》(三)(卷53),陈高华等点校,天津古籍出版社,2011年,第1748页。
② 《元典章》(三)(卷53),陈高华等点校,天津古籍出版社,2011年,第1755页。

将犯人媳妇孩儿断与,更与赏钱一十定么道,圣旨有来。"①可见,对这种书写告匿名状的惩罚极为严苛,用专权酷刑防止匿名诬告之事泛滥的意图较为明显。

(二)有关告事

(1)告事要看虚实。《元典章》载:"诸人言告事内,若重事得实,轻事招虚,拟合免罪;轻事若实,重事诬者,依条反坐。"②就是说,告状之人如果对主要事实就事论事如实说,而对无关紧要之事有所隐瞒,可免罪;反之,要被追责。以此为准,力图避免虚假侥幸之诉。

(2)传闻不许言告。涉及有关财物返还事宜等,要求据实起诉,不得传闻不实之诉。"诸取受己之钱物者,许以实诉,其传闻取他人物者,不许言告。"③

(3)老疾合令代诉。这是对年老笃废残疾人等诉权的一种限制。这些人除告谋反叛逆子孙不孝及同居之内为人侵犯其利益等事外,其余讼事合令同居亲属代诉。

官府认为,若许老疾陈告,诚恐诬枉,难以治罪。逐令同居属人代诉。若有诬告,合行抵罪,反坐原告之人。

(4)"不许妇人诉。"这是因为在当时看来"代夫出讼,有违礼法"。这些人很多是因为常年未绝的田土房舍财产婚姻负债等事,代替夫叔伯兄弟儿侄等赴官争理,被视为"素无惭耻妇人,自嗜斗争,妄生词讼,装饰捏合"④。实际是当时社会对女性权利的不平等限制。

---

① 《元典章》(三)(卷53),陈高华等点校,天津古籍出版社,2011年,第1791页。
② 《元典章》(三)(卷53),陈高华等点校,天津古籍出版社,2011年,第1755页。
③ 《元典章》(三)(卷53),陈高华等点校,天津古籍出版社,2011年,第1796页。
④ 《元典章》(三)(卷53),陈高华等点校,天津古籍出版社,2011年,第1776页。

（三）禁止诬告和越诉

（1）不得诬告。诬告是虚构案件事实或对已查明的案件事实的蓄意抹黑，诬告者往往面临较重的处罚。诬告分首从，因其被告身份地位而处罚也有所不同。民诬告官，为首四十七下，为从各决三十七下。奴婢诬告主，决一百七下。

（2）不得越诉。越诉就是越过自己所属官府直接向上一级官府起诉的行为。不得越诉，是因为户婚田产家财负债强切盗贼赃等案件，只有本级官府才能查处和审理，越诉使得很多案件很难查清事情的原委，再者，会增加上级官府讼累。《元史·刑法志》："越诉者笞五十七"，但"本属官司有过，及有冤抑，屡告不理，或理断偏屈，并应合回避者，许赴上司陈之"。①

三、审判制度

（一）受理

（1）受理条件。在元代，案件是否被受理，取决于以下方面：首先，要看诉状是否符合"词状新式"和"写状法式"的格式要求，可谓形式要求；其次，告诉要指陈实事，不得称疑，诬告反坐，可谓事实要求；再次，凡是诉状、验证、事实均符合要求的，应受尽受。反之，"诸府州司县应受理而不受理，虽受理而听断偏屈，或迁延不决者，随轻重而罪罚之"②。

（2）受理审查。由当地官员对状告人的书状及其事实理由进行初步审

① 《元史·刑法志》，诉讼。
② 《元典章》（三）（卷53），陈高华等点校，天津古籍出版社，2011年，第1748页。

查，"其当该官司，凡受词状，即须仔细详审"①。对于指控事实不清、证据不足的案件，有相关官员严格审查后可不予受理，但"其所告事重急应掩捕者，不拘此例"②。凡有关囚听讼事，由相关官员一体进行，"当该官司自始初勾问，及中间施行，至末后归结，另置簿朱销"③。

(3)对受理的限制。元朝法律对不掌控司法讼务的官吏做了不得接受民刑书状的规定，以防非司法官员干预司法案件或者做出不公平判决，造成司法不公，出现社会动乱。这包括：军官不许接受民词、巡检不得接受民词、出使人不得接词讼、词讼不许里正备申等。这里需要强调的是，"词讼不许里正备申"，即"除地面(方)啸聚强切盗贼杀人伪造宝钞私宰牛马，许(须)令飞申，其余一切公事，听令百姓赴有司从实陈告，乡都里正主首社长巡尉弓手人等不许干预"。④

(二)审判的基本规定

(1)由指定官吏会同审问。审理罪案由有关官吏一同亲自审问，不得转委下移，如有违背严厉追责，以防一人独断专行，力图避免冤假错案的出现。《元典章·刑部》载，中统四年(1263年)七月，中书省奏准条画内一欵："鞫勘罪囚，仰达鲁花赤、管民官一同磨问，不得转委通事、必阇赤人等推勘。如违，仰宣慰司究治。若有所枉者，具事故，关报呈省。"⑤至元五年(1268年)七月，又出条画一枚："鞫勘罪囚，皆连耽官同问，不得专委本厅及典吏推问。

---

① 《元典章》(三)(卷53)，陈高华等点校，天津古籍出版社，2011年，第1748页。
② 《元典章》(三)(卷53)，陈高华等点校，天津古籍出版社，2011年，第1748页。
③ 《元典章》(三)(卷53)，陈高华等点校，天津古籍出版社，2011年，第1749页。
④ 《元典章》(三)(卷53)，陈高华等点校，天津古籍出版社，2011年，第1749~1750页。
⑤ 《元典章》(三)(卷53)，陈高华等点校，天津古籍出版社，2011年，第1373页。

如违,委监察纠察。"①

(2)"推官专管刑狱"。针对各司、县等官吏审问刑案所出现的"十常八九,不能洞察事情,专尚捶楚,期于狱成而已;甚至受赂枉法,变乱是非,颠倒轻重"②等弊端,大德七年开始强化了推官制度,"凡有罪囚,推官先行穷问实情,须待狱成,通审园署。事须加刑,与同职官员问"③。这些推官有权选择案件所需人手,同寮官不得阻挡移换。违者,许推官直申省、部。若推官擅离本职者,亦行治罪。

(3)审理刑案以理推寻和依法拷讯。审理刑案要审问罪犯,详查罪犯口供及有关罪证,犯罪事实要有据可查。如果罪状已经查明,而罪犯又拒绝交代,连同职官合署办理,依法刑讯。对此,至元二十八年六月,中书省奏准《至元新格》内一款:"诸鞫问罪囚,必先参照元发事头,详审本人词理,研穷合用证佐,追究可信显迹。若或事情疑侣,赃仗已明,而隐讳不招,须与连职官员立案同署,依法拷问。其告指不明,无证验可据者,先须以理推寻,不得辄加拷掠。"④这里明确了对有关涉嫌犯罪人的审理及刑讯问题,但对官吏如有违反会承担何种责任并没有作出明确规定,以致不能杜绝刑案中的刑讯逼供等司法乱象。

(4)重刑结案程序。过去各司对重刑案审理出现了"虽经审录无冤,中间却有漏落情节,追勘不完,以致再行驳勘,使上下紊繁,淹禁罪囚,不能与决","以致迁延,有淹禁十年之上不行结案者"⑤等问题。针对这种重刑案久拖不决的弊端,至元十六年四月,承奉中书省答付条画一款:"今后,如无不

① 《元典章》(三)(卷53),陈高华等点校,天津古籍出版社,2011年,第1374页。
② 《元典章》(三)(卷53),陈高华等点校,天津古籍出版社,2011年,第1374~1375页。
③ 《元典章》(三)(卷53),陈高华等点校,天津古籍出版社,2011年,第1375页。
④ 《元典章》(三)(卷53),陈高华等点校,天津古籍出版社,2011年,第1374页。
⑤ 《元典章》(三)(卷53),陈高华等点校,天津古籍出版社,2011年,第1378页。

尽不实者,再三复审无冤,开写备细审状,回牒本路,抄连元牒,依式结案。行省专委文咨省官并首领官吏,用心参照,须要驳问,一切完备,别无可疑情莭,拟罪咨省。"①然而面对行政管理身兼司法事务、司法机关依附于行政机关的体制,这种多方参与和多审级的重案审理机制弊端诸多、漏洞百出,不能有效应对犯罪治理中的各种矛盾。

(三)特定刑案的"约会"审判

"约会"审判,凡遇到不同户籍、不同民族、不同身份者发生刑名纠纷时,地方司法官吏会同其他相关官吏审理特定案件的制度。"约会"审判并不包括"犯强窃盗贼、伪造宝钞、略卖人口、发冢放火、犯奸及诸死罪",这些重刑案由有关地方官吏审断。据《元典章·刑法》载,能够"约会"审判的案件有以下几类:

(1)诸色户计词讼约会。投下户与民户间的诉讼由各自官吏会同审理。至元二年条画一枚规定:"投下并诸色户计,遇有刑名词讼,从本处达鲁花赤管民官约会本管官断遣。如约会不至,就便断遣施行。"

(2)儒道僧官约会。这里涉及至少四方主体,涉及面广,具有复杂性,"如今和尚一处先生每秀才每有争差的言语呵,管民官一处休交问,和尚每的为头儿的、先生每的为头儿的、秀才每的为头儿的一同问者么道圣旨与将去呵,怎生?么道,奏呵,那般者么道。钦此"②。这样只有管民官一人审理具有说理性和公正性,但其诉讼效率也会大大降低,使得有些案件久拖不决,造成新的社会动荡因素。

(3)医户词讼约会。医者和民户之间的相关诉讼由医者管官和民管官

①　《元典章》(三)(卷53),陈高华等点校,天津古籍出版社,2011年,第1378页。
②　《元典章》(三)(卷53),陈高华等点校,天津古籍出版社,2011年,第1780页。

"约会"审理,"如约会不至及不伏断者,申部究问"。

(4)乐人词讼约会。乐人和民户之间的"有问的勾当呵,管乐人的头目与管民官每一同问者。"①

(5)投下词讼约会。投下是拥有封地、采邑的诸王贵族,社会地位较高。这里分两种情况:一是重罪无须"约会审理",由当地官吏依普通程序审理,"合死的重罪过并强盗切盗造伪钞等,更做重罪过的,各投下里也不须约会,是管民官的勾当,只教管民官依体例归断者"②;二是除了上述案件外,凡涉及"斗殴争驱良婚姻家财债负"等普通民事及轻微刑事案件,"约会"各投下官会同断决,但"三遍约会不来呵,管民官就便依体例归断者么道,这般行了来"③。

(6)军民词讼约会。军民相关的命案由当地官吏依例断决,"其余家财田土斗打相争等轻罪过的,军民官约会着问者么道"④。而且"约会"三次不来者,依例断决,"依先世祖皇帝时分行来的体例,重罪过的交管民官归问,轻罪过的约会着归问。若三遍约会不来呵,交管民官就便归断了呵,怎生?奏呵,奉圣旨:那般者。钦此"⑤。

(7)灶户词讼约会。灶户与军民相关词讼,理合所委盐司官与管军民官一同取问归结。

实行约会审判,能够形成各有关参与官员的横向制衡和协同会审,可以防止审断官的枉加拷掠和有意偏袒,进而达到互相监督和制约之目的。但是,有关"约会审判"的案件范围、时间地点等并不固定和法律化,而且相关官吏往往"约会不至"使得这一制度流于形式。

---

① 《元典章》(三)(卷53),陈高华等点校,天津古籍出版社,2011年,第1781页。
② 《元典章》(三)(卷53),陈高华等点校,天津古籍出版社,2011年,第1782页。
③ 《元典章》(三)(卷53),陈高华等点校,天津古籍出版社,2011年,第1782页。
④ 《元典章》(三)(卷53),陈高华等点校,天津古籍出版社,2011年,第1783页。
⑤ 《元典章》(三)(卷53),陈高华等点校,天津古籍出版社,2011年,第1785页。

第三章
北元社会犯罪治理的法律制度

　　1368年,明朝军队占领元大都(今北京),蒙古贵族退回北方草原,并持续到1634年林丹汗被后金政权打败为止达二百六十多年,这一历史时期,蒙古社会大汗统治一直存在,并与明朝长期对峙,史称"北元"。

　　由于北元蒙古社会长期处于动荡不安局势,蒙古诸部封建领主为稳定政局,治理社会犯罪行为,纷纷在各自的统辖范围内制定和颁布了法律法规,不仅丰富和发展了传统法律法规,并且在此基础上有所创新和突破,在一定范围内获得了打击犯罪和治理社会的双重效果。

第一节　北元社会犯罪治理的背景概述

　　从整个北元时期的社会背景来看,除达延汗短暂的统一外,大部分时间是蒙古大汗权旁落,诸部封建领主各自为政,分裂内讧的历史时期。初期,退居草原腹地的蒙古统治者对外与明朝对峙,对内采用传统法制治理社会和惩戒犯罪,出现了短暂而稳定的社会发展局面。约从1389—1479年,北元社会陷入了东西部封建主为争夺统治权、各自拥立大汗、篡弑频繁的动乱当中。到北元后期,蒙古社会分为漠南蒙古(蒙古本部)、西蒙古(即卫拉特或瓦剌,元朝的斡亦剌)和漠北喀尔喀蒙古三大部分,直到林丹汗被后金政权打败,结束了北元蒙古的统治,蒙古诸部纷纷归附清朝。这时期的犯罪惩戒和社会治理是在这种不断的战乱和动荡的政权更迭中完成的。

一、北元社会经济形势

在整个北元时期,蒙古社会的经济主要为单一的游牧经济,并用畜产品与中原进行交换日用生活品获得补充的经济形态。这是这一时期预防和打击犯罪、维护社会稳定的重中之重。

(一)游牧经济

失去中原统治而退居草原腹地的蒙古人,重新回到了一直习惯的单一游牧经济生活,游牧业仍是蒙古社会的基本经济支柱。北元时期蒙古人的游牧方式则与以往不同,"以数千人之多的大屯营或野营游牧,名曰豁里牙(xoriya,野营,屯营),它和古代蒙古古列延的根本不同在于,它不是近亲血族的屯营。虽然我们几乎全然不知道这些豁里牙的生活情况,但是可以想见,这种游牧方法对畜牧者是不利的,并且是没有吸引力的。因此,贫者和富者,特别是富者,便竭力舍弃豁里牙方法,重新采用阿寅勒的游牧方法""豁里牙"与"古列延"根本不同,"它不是近亲血族的屯营",而是封建经济发展到一定阶段以后形成的经济制度,主要是以地域为主的经济单位,可北元蒙古南部地区由于受中原的影响,还是由"库列延"经营方式转向"阿寅勒"的经营方式为主。阿拉特(arad,牧民)在其所属封建主领地内以小群"阿寅勒"(一个家庭为主的个体牧户)方式游牧,牲畜仍是牛、羊(绵羊和山羊)、马、驼等五种牲畜为主,他们被固定在这片土地上,无权离开这块领地而在他处游牧。此外,临近内地移住的蒙古人还开始饲养家禽,如在板升(今呼和浩特)地方,有若干蒙古人饲养着鸡、鹅、鸭猪等。

（二）交换经济

蒙古地区以畜产品交换中原地区的日用品来补充游牧经济的不足,这是蒙古社会生存和发展所需要的一种经济手段。

北元社会经济以游牧经济为主,畜产品是他们生产生活用品的主要来源,包括衣食住行,可单一的畜产品不能满足他们的生产生活需要,尤其经历元朝统治后,蒙古地区都得到和用惯了中原地区的日用产品,加之游牧业生产本身的脆弱和天灾人祸等,更需要中原地区的生产生活用品。于是蒙古诸部统治者迫使明朝在边界开设马市,进行交换,缓解矛盾冲突。马市交易由来已久,明承此制,多设官市,蒙古方面携带马匹、牲畜、毛皮前往马市,交换中原出产的手工业品,主要是绢缎、布帛、衣着用品、铁锅、铁器、农具、粮食及茶叶等,补充了蒙古游牧经济所缺乏的生产生活用品。

对中原地区产品,主要是食品、织物和金属制品的长期持续的需要,促使其从掠夺和袭击转向与明朝建立持续稳定的贸易关系,保证所需物品供给和满足。一方面,企图以掠夺和袭击手段从明朝获得必需品的做法注定是暴力的、非法的,更是行不通的;另一方面,又需要与中原地区建立稳定正常的商品交换关系,希望为此互派使节,开设向北京输送马匹和在边境开辟巴咱儿(basar,"互市")。这种转变对蒙古社会有重大影响。明蒙双方在边界马市上交换商品,互通有无,各自受益,同时出现了政治稳定,和平相处的积极局面。

(三)辅助经济

北元社会经济除了游牧业经济及畜产品交换所得内地农副产品外,还有狩猎、家庭传统手工加工和采集业等辅助经济,以此来满足日常生产生活用品之需:

(1)狩猎经济。北元时期的狩猎经济不像过去那种大规模围猎,而是普通游牧民在灾害年或是游牧闲暇时间的小范围的狩猎活动,或是在生活非常困难的情况下为获得食物所举行的狩猎,是游牧经济的辅助经济形态。

狩猎是蒙古牧民的副业,他们在游牧闲暇的时间"惟三、五为朋,十数为党,小小袭取,以充饥虚(维持生活)而已"。而对蒙古封建统治者来说,狩猎不过是一种娱乐活动,他们的多数狩猎活动作为娱乐消遣或者是军队训练的一种手段,有时出于军事训练为目的率领数百名属下外出狩猎,时间还长达百天左右。在此状态下,北元时期蒙古人的狩猎失去了早先以获取猎物为目的的经济意义,"大规模的围猎显然也和其他许多东西一样,已经成为传说"。

(2)家庭手工业。蒙古族衣食住行等最主要的生活用品源自游牧经济,而对这些畜产原料还需要加工成品,才能转为日用品,所以蒙古人早先开始便形成家庭手工作坊。北元时期,蒙古人传统的家庭手工业仍是制造与畜牧业有关的一些乳制品、皮革器具和军队装备制作等,主要有弓箭、铁铸簇、钩枪及弩、甲胄、货车和毡帐纺织等。此外,随着边境互市贸易的发展,不仅通过交换获取中原地区的日用品,而且还学到其相关的制作技术,与传统的家庭手工作坊配套,形成了更加实用的手工生产业。

(3)采集业。作为副业的蒙古族采集生活方式,在这一时期仍保留这部分内容,是以蒙古地区土特产的采集为主,如草地蘑菇、山林人参、野果野菜等。采集这些土特产之后,除自己消费外,剩余的则拿到互市进行交易,并获得其他生活用品。

二、北元社会政治形势

在整个北元统治的二百六七十年间,除了达延汗扫平割据为中兴和阿勒坦汗统一右翼土默特部蒙古外,其余时间均处在割据混战当中。因此,从其政治形势的发展状况来看,可分为三个时期:相对统一时期(1368—1388年)、东西部分裂时期(1389—1478年)和东部蒙古局部统一时期(约1479—1635年)。

(一)北元与明朝的战与和关系

在明朝与北元对峙当中,明朝统治者开始阶段性采用进攻的态势,试图一鼓作气消灭北元政权,统一漠北,但最终未能达到目的。到了中期阶段开始则采取和平相处的策略,遣使招抚北元君臣,来缓和双方的关系,到后期阶段则采用"以夷制夷"的政策。看得出这三个阶段采取不同的方针和政策,完全取决于它的政治及军事需要,即对北元政权而言,由开始的强大变成实力均衡,再变为弱势的过程。

明太祖洪武年间,明朝在军事实力方面明显优于北元,因此通过太原之役、上都破袭和庆阳会战、沈儿峪决战和明军奔袭应昌、岭北之役、捕鱼儿海子之役等几次北伐,在很大程度上削弱了北元的军事力量,使其无力进犯明境。直到1449年明英宗朱祁镇亲征,土木之变兵败为止,明朝在军事和经济方面也付出了很大代价,进入修筑边墙、保守防御阶段,从此明蒙双方进入对峙状态。

明成祖永乐年迁都以后,几乎没有再深入漠南腹地,明宣宗宣德年以后鉴于永乐朝的经验教训,采取画地为牢的保守防御政策,不再修筑边墙(长城),而是加强对近边关隘的防御,对北元政权及蒙古内讧也不再积极干预,任其自生自灭,所以漠南地区逐渐成为蒙古部落往来驻牧的地区。阿勒坦汗经"庚戌之变"与明朝签订"隆庆议和"后,明廷在北边九镇开设互市,开始互通有无的友好往来。

此后,明廷采取怀柔和"以夷制夷"的政策,在不断增修边墙的基础上,设置行都司、卫所,对来降的蒙古贵族、官员和头领,分别封以官职,编入卫所戍边或镇守内地,家属也被分散安置与内地。同时,采取"以夷制夷"政策,北元蒙古的东部、西部之间,扶持弱者而打击强者,制造混战格局,达到阻止强盛、削弱平衡的"以夷制夷"目的。其结果在双方长期对峙的状态下,北元蒙古各自为政,混战格局持续,使得处于无力进犯明朝的境地。

(二)北元诸部混战割据,争夺大汗权力

元亡以后,蒙古大汗的统治和威望逐渐衰弱,各大封建主体力图将自己的封地(领地、分地、采邑)变成独立的世袭领地,纷纷离心大汗统治。整个北元时期,成吉思汗"汗统"统治制度在黄金家族的维护和支持下一直延续下来,但各部封建统治者逐渐离心,不听从大汗的指令,各自为政,甚至有时统治实权旁落,成为傀儡政权,引发激烈的大汗权力争夺。

自1388年北元乌萨哈尔汗脱古思帖木儿被部将也速迭儿袭杀之后,北元政权统治下各地宗室与异姓封建主之间的矛盾与冲突都表现在对汗权的争夺上,都企图借机篡夺汗权,统领蒙古诸部。脱古思帖木儿汗败亡之后,直到1403年鬼力赤替代坤帖木儿为汗的20年间,北元有也速迭儿、恩克汗、额勒伯克汗、坤帖木儿汗四位可汗在位,均是瓦剌贵族拥立。1403年北元政权已经分裂为两个对立的政治势力,即鬼力赤汗为首的东部蒙古(明人称为鞑靼)和瓦剌贵族(明人称为瓦剌)马哈木、太平、把秃孛罗为首的西部蒙古。

此后,东西部蒙古两大势力互相攻伐,强者拥立可汗号令蒙古诸部,西部蒙古瓦剌贵族在脱欢、也先父子时代强盛,曾自称可汗,号令蒙古本部与东至女真、兀良哈,西至瓦剌、哈密的广袤土地,并引起各地蒙古封建主不满和反抗,后因内讧瓦剌势力逐渐分裂衰微。到1479年至1516年间,达延汗统一蒙古诸部的"中兴"时期,打击异姓贵族势力,极力加强汗权。达延汗以后,北元又分裂内讧,蒙古诸部仍处于各自为政的割据状态,形成西走的瓦剌部、察哈尔左翼和右翼、外喀尔喀和内喀尔喀、科尔沁诸部等割据局面,到明末清初北元政权最终割据分裂成漠南蒙古、漠北蒙古和漠西蒙古三大势力。

(三)北元政权行政组织结构

北元政权的行政组织结构,在初期仍继续保留和沿用元朝政权组织,后逐渐恢复和转向了游牧国家的政权体制上,直到达延汗实行官制改革,废除元朝以来沿用的所有中原王朝政治制度之后,整个北元的政治制度才完全恢复和发展了游牧国家的政权体制。

1.大汗及其汗庭

大汗庭设置在自己统辖的中心地区,周围设置千户制的地方组织,是北方游牧民族国家政权建构体系的重要内容,蒙元时期蒙古统治者受其影响,吸收和发展了游牧国家政权体制,并在蒙古腹地一直保留、沿用到北元时期。北元初期,中央政权仍用中原王朝体制过渡后,自天元十年(1388年)阿里不哥后裔也速迭儿弑脱古思帖木儿篡位,取消"大元"国号和帝号,称可汗之后,废除了北元皇庭制度,蒙古中央最高行政机构变成大汗庭制,围绕着大汗统治实行地方土蛮(万户)制。

北元时期,成吉思汗黄金家族合法继位的大汗一直延续下来,其汗庭按照传统设置在兀鲁思的中心——察哈尔本部,大汗掌管全国军政大权,正常情况下大汗居住在汗庭统领下属诸土绵(万户)。

2.土绵的组织及职官

土绵(万户)是一个同姓贵族家族及其所属百姓构成的行政编制,是大蒙古国时期地方一级的最高行政机构,经元朝直到达延汗分封诸子和林丹汗重新划分"土绵"等几次明确编制后形成的。达延汗统一漠南漠北诸部后,以察哈尔大汗庭为中心设置的左右两翼各三万户,此后基本以汗庭为中心设置地方一级最高行政机构称土蛮或土绵,到林丹汗统治时期也以察哈尔本部大汗庭为中心设置了左右翼各三个土绵(万户)的统治机构。说明达延汗中兴时期设置左右两翼六万户是在大汗庭统治范围内设置的,而林丹汗左右翼六万户所涉及的范围更小,只是他本人所统辖的直属察哈尔部。

在此值得一提的是,东道诸王后裔万户中的合撒儿后裔一直独立地存在,未隶属过大汗庭统治范围内,他们保持着原有的社会组织形式,即科尔沁兀鲁思(土绵)或爱玛克的社会组织。此外,当时西迁的瓦剌部和明廷所设的以蒙古部落为主的兀良哈三卫也不隶属大汗庭管辖。

在整个北元政权设置的所有"万户"府就派去万户长统领,应属于大汗手下地方最高一级行政长官,尤其从达延汗置左右翼六万户起,被分封到诸万户的长官便就是万户长。此外,在大汗统领的万户部落之外其余蒙古部仍保留着万户长,是蒙元时期万户组织及职官制的延续。

3.千户、百户、十户组织及职官

千户组织是土绵(万户)组织的下属机构,元朝包括蒙古腹地在内的北边一直沿用该制度,北元政权继续保留千户制的同时,重新设置"土绵"(万户),使得万户之下设千户组织,万户长派遣千户长掌管下属百姓。在千户组织之下设百户组织,派遣百户长掌管,百户之下设十户组织,派遣十户长掌管,形成千户、百户、十户的组织体系,并分派千户长、百户长、十户长层层管理兵民。如此,千户制组织下级服从上级,各级官员掌管所属管辖的各项事务,相互制约,法律规定哪一级组织内发生问题就问责其官吏。北元时期各部落制定的法律法规的许多法条均围绕着这些社会组织及职官来制定,所以北元社会各级社会组织在法律面前是具有合法性的组织机构。

(四)社会组织机构

随着北元政权行政建制的推行,在蒙古社会形成了鄂托克、爱玛克、和硕、阿寅勒等具有蒙古称谓的社会组织,并在法律层面上被广泛认可和运用,成为具有合法地位的社会组织机构。

在北元时期,这些社会组织机构与上述政权机构重叠使用,很难区分二者之间的区别或功能,似乎鄂托克与土绵、爱玛克与千户、和硕与百户、阿寅勒与十户对应,但也不完全是如此。经过史料比对观察,史籍记载尤其是诸多法律文献法条中多使用鄂托克、爱玛克、和硕、阿寅勒等社会组织机构称谓,说明千户制行政机构称谓专用于军事编制,并随着征战等军事活动的减少和使用逐渐淡化,相反鄂托克等社会组织功能日益突出而广泛被采用,其地位和作用优于千户制建制。

1.鄂托克组织

鄂托克,蒙古语音译,意为部落、疆域、屯营地,是北元蒙古社会中后期采用的军政合一的社会基本单位,表示在一定地域内进行游牧生产生活的结合体,每个蒙古人都必须属于某个鄂托克。

鄂托克之称不见元代蒙汉文史籍,说明鄂托克这一社会组织称谓应该是替代千户制而出现的,随着北元中期人口不断繁衍,封建领主不断分封而形成了许多以地缘关系为主、大小不一的新鄂托克。在《阿勒坦汗法典》的"引言"中明确提到了"尔等五首领及一切大、小鄂托克的诺颜",说明制定该法典之前就有了大、小鄂托克,如达延汗分封诸子形成察哈尔本部八鄂托克、巴尔斯博罗特死后由其长子衮必里克墨儿根重新划分形成的四十余鄂托克、喀尔喀七鄂托克等。

北元时期,鄂托克的社会组织虽不是统治者有意设置的行政组织,但作为一种地缘关系为主的基层社会组织,起到了组织管理属民百姓、预防和打击犯罪的重要作用。

2.爱玛克组织

据载:"在中世纪的蒙古,游牧于同一地区的同族阿寅勒集团被称为爱玛克;爱玛克乃是部落分支,更正确些说,就是同胞。"①明代汉籍写作"爱玛",蒙古语音译,意为"部落",是早先的"部落"时代的称呼,其统治家族内部相互都有血缘关系,都源自同一祖先。同时"爱玛克一定要有一个讷秃克——牧地,没有这个条件,某一个集团便不能称为爱玛克"。北元时期普遍采用爱玛克社会组织形式,如从蒙元时期延续下来的诸王爱玛克、贵戚功臣的爱玛克和其余直属朝廷的爱玛克等,还有北元中期以后形成的新爱玛克,如科尔沁爱玛克、喀尔喀爱玛克、卫拉特爱玛克等。

有学者认为:"鄂托克在性质上与爱玛没有什么区别,这两个名词被交替使用。它们之间的区别仅仅是鄂托克通常指的是较大的爱玛集团,并从其地缘关系来称呼而已。无论爱玛还是鄂托克都不是血缘组织,也不是纯

---

① 尹波涛:《鄂尔多斯万户研究(1510—1649年)》,陕西师范大学博士论文,2014年,第49页。

地缘组织,而是在蒙古封建领主制度下以人身隶属关系为基础形成的一种社会组织。"①笔者认为,鄂托克与爱玛克的两个社会组织形式,虽然有时交叉混用而导致难以分辨清楚,但是二者在组织形式、使命任务等方面存在明显的差异性。

3.和硕组织

"和硕",又写作"和舜",蒙古语音译,意为尖嘴、尖角,后来引申出"旗",是蒙古社会地方行政建制。作为北元蒙古社会基层组织,"和硕组织"应是"爱玛克"组织之下的军政合一的社会组织,一般不会分为行政首领和军事首领,和硕诺颜兼行政和军事权为一身。

北元时期,蒙古社会常把和硕和鄂托克交换使用,其实二者在社会组织上的运用,鄂托克在先、和硕在后,如喀尔喀开始称作七鄂托克,后来到制定《喀尔喀七旗法典》时已经逐渐淡化"鄂托克"组织名称而普遍使用了"和硕"的组织。在《喀尔喀七旗法典》法条中多处出现"七和硕""六和硕""四和硕""三和硕""某和硕犯错"等,反映出"和硕"的行政组织已经代替了鄂托克组织,其中"某和硕犯错"则受到惩罚。

4.阿寅勒组织

阿寅勒(ay-il)为蒙古语音译,意为村落,在每个部落氏族之下有若干以血缘关系自然形成家庭,一般一个氏族有几个孩子就分离出几户小家庭,有的一两户,有的三五户不等。阿寅勒是蒙古社会最基本的经济生产单位,有自己的驻牧地、毡帐和牲畜,也是最基层的行政单位。

阿寅勒是氏族不断繁衍生息,分离出许多分支的基础上形成的最小的生产生活单位,有血缘关系的几个兄弟的阿寅勒可组成一个库列延,相当于

---

① 达力扎布:《明代蒙古社会组织新探》,《内蒙古社会科学》,1997年第2期。

千户制里的十户,选出一个达日嘎(十户长)来管理一切事务。

北元时期上述经济、政治和军事局势等历史背景,决定和影响着北元社会犯罪治理的总体走向,虽然曾出现过达延汗短暂的统一,但多数时间段处于分裂割据的状态下,加之与明朝的对峙和作战,严重影响着和谐统一社会的形成。值得一提的是,虽然社会局势动荡不安,人口流动频繁,但是各封建领主在各自的势力范围内建立各级治罪机构,并以法律的手段严惩各类犯罪行为,这是值得肯定的一面。

三、北元社会的法律形态

北元时期,虽然蒙古社会政局常常处于动荡不安、内讧割据状态下,但各部蒙古封建主从未停止过治理各自统治范围内的社会秩序,他们联合或单独制定和颁布过许多地方性成文法典,在形式多样、内容丰富等方面可谓蒙古法制史上前所未有。

(一)制定法律法规的历史背景

北元时期各部封建主制定法律法规——成文法是在失去中原的统治地位,退居草原腹地后的历史大背景下开始的,具体是在16世纪中叶起陆续制定和颁布的,研究者认为这是"蒙古人法律文化开始的新时代"。

北元时期各部蒙古封建主陆续制定出治理蒙古社会的法律法规,究其原因主要有如下三个方面:

首先,朝妥懽帖睦尔乌哈笃汗失去大都北走到草原腹地,是蒙古人统治回归蒙古地区的象征,同时蒙古封建统治者逐渐摈弃中原的统治术,在原本持续着的草原腹地各项游牧制度的基础上,又重新恢复和发展了适合游牧草原社会的各项政治、经济、文化制度,使得制定诸多适合蒙古社会的法律法规有了可能,也就是说为其创造了有利的环境和条件。具体来说,北元时期一直保留实施传统法律法规,即主要是习惯法和成吉思汗《大札撒》,自然而然地成为北元法制的主要渊源和基础。

其次,最直接的原因就是北元社会的混乱局势,即北元前期与明朝之间的战争、北元中期开始的蒙古诸部之间的内讧、东西蒙古的分与和蒙古诸部与俄罗斯扩张的矛盾冲突等动荡局势,导致封建主各自制定成文法的直接原因。

最后,是蒙古封建主治理社会的法律意识,北元社会政局无论怎么动荡不稳,蒙古封建主仍有治理蒙古社会的法律意识,这不仅仅是统治阶级本能的意识,而且是祖先传下来的传统。因此,他们陆续在各自的统辖范围内制定和颁布法律法规,甚至随着时间的推移,不断补充制定适应新形势下的法律法规,以便更有力地打击犯罪,更好地治理兀鲁思百姓,使其稳定发展。

(二)制定法律法规概述

自16世纪起北元各封建主陆续在各自的统辖范围内制定和颁布了诸多法律法规,从而牵起了以成文法典治理蒙古社会的新高潮,开辟了蒙古法制史上制定和颁布成文法典最多、承上启下的新时代。

《图们汗大法》是目前为止发现的北元时期最早制定的一部成文法典,该法典是由东部蒙古察哈尔部大汗图们主持制定的,因此以主持者名字称谓《图们汗大法》,亦称《图们汗法典》。

图们汗(1539—1592年),汉籍史料译作"土蛮罕",是北元博迪阿拉克汗之孙,达赉逊库登汗之长子,1558年继位,在位执政三十五年。他在位期间,一方面南下胁迫明廷通贡,另一方面为重振蒙古正统大汗权,曾制定大法,采取组阁的办法将左右各三万户中选任"执政理事",据载:"图们台吉二十八岁即汗位,会见噶尔玛喇嘛遂信教,召集六万户制订了大法。令左翼三万户中阿穆岱洪台吉、喀尔喀之苏博海卫征,右翼三万户之鄂尔多斯万户的库图克台彻辰洪台吉、户阿苏特之诺木达剌高拉齐诺颜、土默特之阿穆岱楚鲁克洪台吉等人执政,号称图们札萨克图汗。"①在这段史料中,首先反映图们汗"二十八岁即汗位",继位之后便"召集六万户制订了大法",其次是从左右各三万户里选五人组阁执政理事,强化了北元政权机制。本段史料未明确记载制定大法的时间和内容,而另一则史料记载道:"图们台吉己亥年生,岁次戊午,年二十岁即位。岁次丙子,年三十八岁时,诣见盘刀者格尔玛喇嘛,乃入教门,聚六万之众,宣布大政。"②在此图们汗即位的年龄与前一史料有出入,可记载的年代为丙子年(1576年),图们汗正好38岁,由此断定《图们汗大法》至少是1576年或1576年之后制定的,遗憾的是该大法原文已失传。

另外,研究者通过比对研究史料,提出《图们汗大法》残存法条保留在《阿勒坦汗法典》《桦树皮法典》和《北虏风俗》中的观点,认为《阿勒坦汗法典》《桦树皮法典》法条中提到的"大法"就是指《图们汗大法》。还研究萧大亨《北虏风俗》记载的有些内容,确认为《图们汗大法》部分法条内容,由此推断《图们汗大法》法条应有"打架、斗殴、人身伤害、人命事;婚姻嫁娶、治奸事;葬埋、治盗事;追捕、逃亡事;使者、官差事;出征、战阵事;听讼、判刑事;证人、设誓、服法事;遗产分配、财产继承事;诺颜与平民关系事;尊师、敬上、禁忌事;牧养、射猎事,等等"③。这是研究者推理给出的结论,《图们汗大法》的内容很丰富,涉及的范围也很广,称得上是《大法》了。由于《图们汗大法》

---

① 达力扎布:《明代蒙古社会组织新探》,《内蒙古社会科学》,1997年第2期。
② 达力扎布:《明代蒙古社会组织新探》,《内蒙古社会科学》,1997年第2期。
③ 达力扎布:《明代蒙古社会组织新探》,《内蒙古社会科学》,1997年第2期。

原文失传,内容再丰富,范围再广也只是推理,没掌握第一手资料不能妄加评价,本书对其研究也只能到此止步。

目前发现的北元时期第一部法律文献——《图们汗大法》制定和颁布实施之后,陆续制定和颁布实施的主要法律文献有土默特万户首领——阿勒坦汗制定的《阿勒坦汗法典》、喀尔喀诸部僧俗封建主联合制定的《白桦法典》、喀尔喀蒙古与卫拉特蒙古封建主联合制定的《卫拉特法典》等。这几部法律文献传世至今,是我们研究北元法律制度的重要法宝,尤其是研究北元社会治理和社会稳定发展的珍贵史料,起到了调解人与人之间关系的重要作用。正因为如此,这几部法典是本书研究北元社会犯罪治理的重点内容。

第二节　《阿勒坦汗法典》及其犯罪治理

《阿勒坦汗法典》(以下简称《法典》),是北元右翼三万户土默特(土蛮)万户首领——阿勒坦汗制定重要的法律文献。《法典》中对犯罪罪名及其刑事处罚极为详尽,是研究和了解北元时期蒙古社会犯罪治理的重要载体。

一、《阿勒坦汗法典》相关问题

阿勒坦汗(1507—1582年),汉籍又作俺答、俺探、俺滩等,是达延汗第三子巴儿速孛罗的次子,接任父位之后实际控制右翼三万户,史称索多格根阿勒坦汗,隆庆议和后,被明朝封顺义王。在他执政期间,右翼三万户势力逐渐强盛,左翼察哈尔万户畏其势力,被迫东迁,乘机扩大势力范围,并促进了明朝互市关系的正常化,发展地区经济,建立了库库和屯城。在阿勒坦汗的统治和推动下颁行了这部独具特点和内容翔实的法律,为当时的预防和惩治犯罪提供了较为坚实的依据。对《法典》的几个问题分析如下:

(一)关于《法典》结构组成问题

关于《法典》结构组成问题,研究者们进行了不同的推理,并得出了不同的结论,在此我们也有必要梳理一下相关问题,为本书研究提供相关依据。

奇格认为:"大法"指的是图们汗制定的法典,"小法"指的是阿勒坦汗制定的法律,他解释道:"以笔者的理解,这里所指的'合罕'、'阎罗天子',是指图们札萨克图汗。'合罕之法'、'合罕永存之法典'、'阎罗天子之法'指的是图们汗制定的一系列法令制度。'大法',即是图们汗大法。'小法'就是《阿勒坦汗法典》。"①说明阿勒坦汗在立法前,施行着图们汗"大法"。后来在制定《阿勒坦汗法典》时,也曾同时颁发过图们汗"大法",并且要求,大小诺颜们严格遵守,"善知而行之"。此后制定的《喀尔喀七旗法典》(《白桦法典》)"反映了'大法'的部分内容",且多处出现"以大法论处"的规定,这说明17世纪初,"喀尔喀蒙古封建领主们除了执行着自己制定的地方'小法'外,还执行着一个大法。这个'大法'显然不是成吉思汗时期的'大札撒',因为'大札撒'早在四大汗国时期就已解体,而这个'大法'是当时蒙古地区通行的法律,'大法'之外,还有着'塔布囊之法'、'孛儿只斤氏之法'等专门法"②。

而那仁朝格图认为,"大法指的是阿勒坦汗制定的《十善法典》,小法则有关调整世俗社会方面的法律法规,即我们称为《法典》的这一部分",并进一步解释道:"这不是两种法律,而是同一部法典中的所规范的范围和程度

---

① 达力扎布:《明代蒙古社会组织新探》,《内蒙古社会科学》,1997年第2期。
② 奇格:《图们汗法典初探》,《内蒙古社会科学》,1985年第2期。

不同的条款而已。这种情况在《白桦法典》中是常见的。"[①]

(二)《法典》是否世俗法规问题

1578年或以后制定和颁布的有关调整世俗社会方面的法律法规,就是该《法典》的世俗法规,其内容较为丰富。苏鲁格汉译《法典》按藏文原文顺序排列为共一百三十八个自然段,2010年被收入于李金山主编《蒙古古代四部法典》一书时,共划分八十六个法条。总览《法典》规定内容主要涉及如下:

1.关于命案规定,共有十四个自然段,分为杀人、奴仆杀人、疯人杀人、误伤致死、斗殴致死、巫师占卜致死、失火致死等,分别作了不同处理规定。

2.关于人身伤害规定,共有二十三个自然段,如致人眼瞎、失去性功能、手足残废、断齿、妇女坠胎等,甚至还规定拳、脚、石、木、利刃等多种凶器,依据不同情节采取不同的裁决。

3.关于婚姻家庭规定,禁止强迫婚姻、男女不正当关系以及保护妇女儿童等,共有八个自然段。

4.关于官差、使者规定,给使者提供驿马、吃住,不得冒充使者、打骂使者等,共有九个自然段。

5.关于无因管理规定,遇到风、雪、雨天救济人畜,不得涂改私有牲畜印记及阉割种畜等,共有二十个自然段。

6.关于生活禁忌规定,丧葬、疫畜传染、祭祀物品等,共有十四个自然段。

7.关于保护野生动物的规定,只许捕杀小型动物,不得猎杀大型动物等,共有七个自然段。

---

① 那仁朝格图:《〈阿勒坦汗法典〉及其内容浅析》,《内蒙古大学学报》,2010年第1期。

8.关于治盗规定,涉及大到私有牲畜及小到生活用品等所有生产生活的私有财产,不得偷盗,反之受罚。

9.关于逃亡规定,属民和诺颜逃亡必追捕回来,交予原住地主人掌管。

显然,上述《法典》相关内容就是调整俗界社会关系的法规,旨在惩治犯罪、稳定社会秩序和治理社会为目的法律规范,对当时割据内讧的蒙古社会起到法律约束、依法治理的积极作用。

二、《阿勒坦汗法典》规定的刑法罪名

《法典》在治理犯罪行为方面的规定较为详细,涉及的范围较为广泛,其刑法罪名也从杀人罪到偷盗罪等,涉及生产生活的诸多方面。

(一)杀人罪

《法典》杀人罪的定罪量刑范围涉及杀人、奴仆杀人、疯人杀人、误伤致死、斗殴致死、巫师占卜致死、失火致死等,依据动机不同分别作了不同的定罪处罚规定。

1.杀人罪

《法典》正文法条一开始就规范了"杀人者"的有关罪名,特别强调了"为首者",如第一条规定"二人同案,拘捕为首者一人",具体"拘捕"以后定什么样的罪名未明确。在此"杀人者"的概念较为笼统,从表述上来看其杀人动机应属于故意,不像其余条款那样有轻重之分,按理说"杀人者偿命",可该法条未给出"杀人者"偿命的量刑规定,此后蒙古地区制定颁布的法典几乎都是如此。反映着藏传佛教传入后蒙古对其法律制度的影响很大,将残酷的刑罚改为轻缓刑罚,其实这种趋势在蒙元时期的法律上早已有所体现,只

不过在北元时期的法律法规反映得更加明显而已。

还有，《法典》有两处法条明确规定"与杀人罪相同"，如该《法典》第六十二条规定"偏袒斗殴一方，致人死亡者，罪行与杀人者相同"；第八十三条规定"逃亡的汉人杀人，与其他杀人罪相同"。说明，上述两种情况下杀人也属于故意，所以法条定罪为"与杀人罪相同"，予以同样刑罚。

除此之外，《法典》第六十三条规定"杀害调解员"；第六十九条规定"杀害子女或养子女者，生父母，杖之"；第二十三条规定"杀害管理财务的汉人奴仆"；第二十四条规定"恶霸、奴仆杀人"；第二十八条规定"疯癫者杀人"等，均未作出明确的定罪，只是以杖刑、罚畜刑来处罚完毕。

值得一提的是，第六十八条规定"杀死窃贼，不受处罚"，说明被杀者——窃贼的特殊身份而作出这样的罪名，即由于窃贼偷窃财物而有罪，财物主人或者发现者为维护私人财产，可以追击甚至杀死该窃贼，法律规定不但无罪，反而合法免罪，这与《元典章》规定有相同之处。

2.过失致死罪

除了上述"杀人者"的法条规定视为故意杀人罪外，其余法条中的"误伤致死、疯人杀人、斗殴致死、巫师占卜致死、失火致死"等规定，按刑法定罪规定应属过失杀人罪。

《法典》第十四条规定："误伤致人死亡，以人、骆驼、马匹、衣物等顶替。"在此明确规定了"误伤致人死亡"的概念，突出"误伤"的界定范围，虽未明确规定其罪名，但比"杀人罪"是明显较轻的犯罪行为，这一点可从处罚上看出来。

与"误伤致死"相关的犯罪行为，在《法典》中还有几条规定，如第三十条规定"孛、斡都根、占卜作法致人死亡"；第三十二条规定"患恶病者至他人家宅，传染他人并致死者"；第七十六条规定"失火致人死亡"；第十二条规定

"嬉戏中致死"等。有关萨满作法致人死亡、传染病患者传染他人致死、失火致人死亡的犯罪行为,应是属于"误伤致死"罪,法条规定给予不比杀人罪较轻的处罚。

此外,《法典》还明文规定了"精神错乱者"杀人行为的罪名,如同现今法律规定的精神病患者杀人,如第七十条规定:"蒙古人子女被杀害,杀害者精神错乱或有眼疾,其父母免杖,处罚九九牲畜。"说明,《法典》的制定者明白故意杀人与无意识杀人之间的区别,并规定了免除刑事责任或从轻减轻处罚。

另在第二十九条规定:"狗、疯狗、公驼、种马、公绵羊、公山羊等致人死亡,与精神错乱者杀人之处罚同",认为狗、疯狗、公畜等侵犯人身权利,致人死亡都不是故意行为,未达到故意致人死亡的罪责程度,而是属于过失致人死亡的罪责范围,因此一般追究主人的刑事责任时从轻或减轻处罚。

(二)人身伤害罪

在《法典》中有关人身伤害罪的规定颇为详细,包括人身伤害的部位、伤害凶器的种类等规定得极为详细,这主要是针对当时蒙古社会混乱局势而采取的治乱措施。

1.有关人身伤害部位的规定

为安定蒙古社会秩序,《法典》对伤害人身不同部位的量刑规定,如致盲、致断齿、致断手足、致失去性功能等。《法典》第十二条规定"嬉戏中致死、致盲、断齿、失去性功能,按参与嬉戏人数处罚马匹;肇事者,处罚三九牲畜,拘捕一人或一驼顶替"。

在此,除了嬉戏致死外,规定了"致盲、断齿、失去性功能"三个部位受到伤害的罪责,而第十三条规定"嬉戏中致他人手足折断者,以一人顶替,并支付医治费用",即明确规定了"手足折断"部位的罪名。

关于致盲方面,致盲使人失去独立的生活及生产能力,其后果残酷而现实。《法典》的制定者也意识到了这一问题的严重性,并把它列入人身伤害罪最重要的一条,规定伤害别人眼睛导致伤、盲者被认定为是严重的犯罪行为,必须受到法律的严惩。第四条规定"致人失明者,杖一,处罚九九牲畜,受害者获得一人或一驼赔偿",在此明确规定了"致人失明"的伤害程度,也就是说"致人失明"的伤害是很严重的犯罪行为,对其定罪量刑也很重,达到了九九牲畜的最高处罚加之"一人或一驼的赔偿"。

关于伤害牙齿方面,有"断齿"和"断裂"两种程度,有关"断齿"的定罪规定前面已列举,而第五条规定"致人牙齿断裂者,处罚三九牲畜和一人或一驼。"应该说"断齿"是较为严重的伤害,对其处罚也是较重的,而"断裂"的伤害程度似乎较轻,可从上述两种伤害程度的量刑来看,似乎区别不大,法条未明确区分二者伤害程度的轻重罪名。

关于伤害手足方面,有"残废""折断""受伤"和"烧伤"等区别,如第十条规定"致人手足残废者,处罚九九牲畜,拘捕一人;手足受伤痊愈,处罚五畜,支付医治费用"。在此就规定致人手足"残废""受伤"两种情况,在前面列举的法条还出现过致人手足"折断"的规定,加上第七十六条规定的"烧伤他人手足",法条根据"致人手足"的不同伤害程度,分别作出了不同的定罪量刑。

关于致人失去性功能方面,第十一条规定"斗殴致人失去性功能,杖一,处罚九九牲畜"和第十二条规定"嬉戏中致人失去性功能"两条,其犯罪动机为"嬉戏"和"斗殴"致人失去性功能,显然斗殴致人失去性功能的罪名比嬉戏致人失去性功能的罪名在量刑上更重,是人身伤害罪的规定在人格化保护的一种体现。

2.有关伤人的犯罪工具的规定

《法典》在人身伤害罪的规定上,不仅明确规定了人身伤害的不同部位,而且详细规定了伤害人身部位的犯罪工具,如拳、脚、土块、石块、木棍、鞭、箭、刀、火烫烧等,同时还特别强调了尖状、利刃等工具的不同区别。

有关打人使用的工具方面,第七条规定"用鞭、拳、脚、土块或石块打人者,罚五畜"。显然,用"鞭、拳、脚、土块或石块"等犯罪工具伤害他人身体,也认定为是人身伤害罪,从本条量刑上看应属于较轻的伤害罪,也是全部人身伤害罪中最轻的定罪量刑范围。同样《法典》第四十七条还规定"鞭抽、拳打、脚踢者,处罚九畜"。在此将把"鞭抽、拳打、脚踢"等几种伤害方式集中规定在一起,虽然在量刑上比上一条规定稍重,但还是属于轻罪的范围内。

有关利用尖状、利刃等犯罪工具伤害人体的规范,应该说比上一种伤害罪规定的更重,因其主观恶性更深、损害后果更重。第六条规定"用尖状石块或尖状木棍击人者,罚一人、一驼和以马为首的九畜"。还有,第四十七条规定"男子用尖状土块、石块、木棍击打妇女者,处罚三九牲畜"。在此犯罪工具均为石块和木棍,但强调了这两种犯罪工具的"尖状"更具致伤性,并在伤害方式上主动"击人",因此这种伤人是极为危险和致命的,对其定罪量刑也较重。

此外,《法典》将失火、纵火导致人身伤害也作为人身伤害罪,如第七十六条规定"烧伤他人手足……烧伤眼睛……烧伤面容……"显然,"烧伤"属于伤人的犯罪手段,而规定烧伤他人手足、眼睛、面容等人体部位受到不同定罪量刑,总体上也属于较轻的伤害,量刑上也是比照以上处罚为主。

(三)偷盗罪

《法典》有关偷盗罪的规定更加详细和严厉,第二十四条明确写道:"窃贼偷盗,不得怜悯,不杀则有碍法律尊严",甚至还规定"杀死窃贼者,不受处罚。若放走窃贼,则罚羊二只",如果"窃贼用箭射人,无论射中与否,处罚九九牲畜,并以一人或一驼顶替"。这与生存环境和人烟稀少的实际有着密切关系,由于牧业生产人手不够等原因,散放的畜群很容易被偷盗,为防止畜群被偷盗,法律规定必须严厉,所以,从大到牲畜小到锅碗等,一旦被偷盗都认定为偷盗罪,并依据赃物的多少给予不同的处罚。

1.有关偷盗牲畜的定罪

有关偷盗牲畜的偷盗罪,《法典》第二条规定"盗窃财物、牛、马者,拘捕为首者一人",即盗窃牛、马等牲畜者,被认定为"拘捕为首者一人"的刑法重罪。

在偷盗牲畜定罪量刑规定的基础上,进一步规定了有关盗取牲畜鬃毛和用具等方面的定罪量刑,因为这些牲畜鬃毛和用具同样是重要的牧区生活和牧业生产物资,具有不可或缺性。《法典》第五十二条规定:"盗取马鬃,处罚九畜。盗取马尾,处罚三九牲畜。盗取牛尾,处罚五畜。盗取骆驼秋毛,处罚马、牛合二。盗取骆驼绊脚索,罚马二匹。盗取骆驼鼻绳,处罚马一匹。盗取绵羊毛、笞索、缰绳者,罚羊若干只。盗取马三腿绊,罚马三匹。盗取马前腿绊,罚马二匹。盗取牛前腿绊,罚牛二头。盗取牛鼻绳,罚牛一头。"在此,偷盗物的规定范围有马鬃、马尾、牛尾、驼毛、羊毛等鬃毛和绊脚索、鼻绳、笞索、缰绳等牛马驼用具,显然都被划归于偷盗罪的范围,其中偷盗牲畜鬃毛的定罪量刑较重,而对偷盗马具等用具的定罪量刑比起来较轻,实际上,对偷盗马具等这种轻罪而言这样的处罚显得罪行极为不相符。轻罪重罚、阻遏犯罪的意图明显。

2.偷盗私人生活物品的定罪

《法典》中关于日常生活用品的偷盗罪规定得更加详细,并在多处法条中均涉及偷盗罪的量刑规定,在此举一个较为全面、详细的规定便知其一斑。

《法典》第五十五条规定"盗窃火镰、锉刀、金属矛枪、铁盾、银嚼子、铁炉、头盔、短剑、狐皮、弓箭囊、腰带、银项带等物……盗窃剑、小刀、凿子、钳子、钻子、斧头、锤子、锛子、剪羊毛刀、刨子、墨斗、锯、璎珞、围腰、小袋、帽尾缨、料袋、褡裢等物……盗窃大盆、碗、木勺、夹子、铜壶、斗篷、毡子、雨具、黄狗皮大氅、山羊皮大氅、皮条辔索、鞭子等物……盗窃匣子、梳子、抓挠儿、镊子、毛笔、竹笔、项环等物……盗窃木槌、扇子、兽皮垫子、扯绳等物……盗窃靴子、上等裤子、马褂、被褥、西方的青蓝色旱獭大皮氅……盗窃金碗、金帽、银碗等"。说明,《法典》为保护私人生活物品,较为详细地规定了偷盗私人拥有的生产工具、生活用具、穿戴衣服、装饰品和被褥碗勺等无所不包,均视为偷盗罪进行定罪量刑。

3.偷猎野生动物罪

蒙古族习惯法是保护野生动物的重要法规,注重生态环境保护与人们生产生活的动态平衡、遵循人与自然和谐相处的规律,蒙古社会虽把狩猎业作为自己生产生活的必要辅助,但从不斩尽杀绝,除了按季节、有限量打猎外,还放生雌性、幼崽,甚至法律规定禁猎大型野生动物,若违反此规定则被视为犯罪,作出相应的定罪量刑。对此,《法典》第五十六条规定:"偷猎野驴、野马……偷猎黄羊、雌雄狍子……偷猎雌雄鹿、野猪……偷猎雄岩羊、野山羊、麝……偷猎雄野驴……偷猎貉、獾、旱獭等",均受到定罪量刑,并处于不同程度的罚畜。除此之外,有些小型的野生动物不在禁猎范围内,第五十九条规定"捕杀小或中等鱼、鸢、大乌鸦、喜鹊等,不受处罚"。

4.偷盗罪的特殊规定

在此所提到的特殊规定应属蒙古族传统习惯法的规定,到北元时期开始大量制定成文法时将它收入，有活物、随葬物、普通物的偷盗，有军需物的偷盗，有偷盗者的年龄规定，有居住年限规定等。

首先，有关活物、随葬物、普通物的偷盗规定。第五十五条规定："偷盗活物者，处罚活物；偷盗普通物品者，处罚普通物品。"在此明文规定偷盗物质的差异，即活物、普通物品等不同性质，以此来作为定罪的处罚标准，反映出一物顶一物的赔偿原则，第六十条还规定了"盗窃随葬物与盗窃活人之物同罪"。实际上，这一原则标准是整个偷盗罪的原则标准，无论是偷盗牲畜还是私人生活用品，基本是按照这一原则标准制定的，这是毋庸置疑的。

其次，有关军需物偷盗罪的规定。第五十四条规定："盗取旅途之军队食物者，处罚三九牲畜；盗取旅途之军绳索者，处罚马三匹。"也就是说，出征旅途中的军队食物、绳索等军需物是必备的装备，若被人盗取则影响继续行军和对敌作战，因此特别规定此条罪名，以示惩戒。最后还规定"诸颜（官员）允许后拿取，不予处罚"，实际上诸颜允许的情况下，已经不属于盗取行为，而是合法行为，所以不追究其罪责。

再次，有关偷盗者年龄的规定。第六十条规定："未满十岁者偷盗，不以盗窃罪论处；年满十岁者偷盗，以盗窃罪论处。"在此，明文规定偷盗罪年龄为满十岁，未满十岁不追究刑事责任，即"不以盗窃罪论处"，而满十周岁者盗窃则"以盗窃罪论处"。在北元时期制定和颁布的诸多法律中，《法典》首次对盗窃罪年龄作出了比较明确的规定，这是衡量整个偷盗罪定罪量刑的基本标准，其余法律法规中还未发现有如此明确的规定，只有外甥偷窃舅家的物品有不犯法的规定。

最后，有关偷盗者的居住年限来确定犯罪的定罪量刑问题。第六十一条规定"居住一年的汉族家仆偷盗，按窃贼论处；居住满两年者，取其遗失；居住满三年者，按盗窃罪论处"。显然，在此按照居住年限长短来裁量犯罪行为,即居住一年偷盗者"窃贼论处",居住满两年者"取其遗失",居住满三年者"盗窃罪论处",这种按年限长短来定罪是个特殊规定,在古代蒙古其他法律法规中很少见到,不知这样规定的依据是什么,值得深究。

(四)侵犯财产罪

为保护私有财产使其合法化,《法典》的有些条款对私有财产的侵占罪、无因管理(侵害私产获得救助则奖赏)等方面作了规范,目的在于最大限度地维护私有财产。

1.侵占罪

该《法典》有几条规定涉及私人财产被侵占的定罪量刑规定,我们将其视为侵占罪,如第五十条规定"毁改牲畜印记者,处罚三九牲畜"。蒙古族在其五畜身上所标记的印记称作"塔玛嘎",各家各户各种牲畜打烙的印记则完全不同,是标记私有财产的重要印记,以此辨别各自所拥有的牲畜。《法典》明确"毁改牲畜印记"属犯罪行为,其意图就是把别人家牲畜身上打烙的印记"毁改"后变为己有,明显是侵占他人私有财产的犯罪行为,因此以侵占罪来定罪量刑为宜。

此外,第五十一条规定"主人同意阉割牲畜,不予处罚;未经同意,处罚五畜。擅自给种马、公驼、雄黄羊、雄绵羊、公山羊去势者,处罚三九牲畜"。种畜是牲畜繁育育种的最关键一环,在牲畜阉割过程中,每家每户都会优中选优余留优秀种畜。牧民遗留的种畜一旦擅自被阉割则极大地影响牲畜的繁殖规模及数量。该条规定在主人同意的情况下"阉割"牲畜不视为犯罪,相反"擅自"去势"种马、公驼、雄黄羊、雄绵羊、公山羊"等种畜,就是侵害他人私有财产,在定罪量刑上与侵占罪的处罚相同。与此相同,第五十三条规定"未经同意,饮他人家宅或库房中的酒水、酪浆、乳、酸奶者,按偷饮者人数,每人处罚五畜"。说明,"未经同意"饮用其他人家或库房存放的"酒水、酪浆、乳、酸奶"等生活用品,同样被视作侵占罪,按其人数给予相应的定罪量刑。

有关无意侵害他人财产方面,第八十五条规定"嬉戏致牲畜落水死亡,处罚三九牲畜",即嬉戏他人牲畜而落水致死,虽然不是故意为之,但有"落水致死"的后果,也属于侵害私有财产的行为,应追究其相关罪责,因此"处罚三九牲畜"。在此值得一提的是,前一部分阐述的诸多偷盗罪的内容,也应该包括侵占罪的犯罪行为,即偷盗他人财产占为己有,既包括偷盗罪,也包括侵占罪,因此应视为二者兼有的犯罪行为。在此举一例,第八十六条规定"无故驱赶畜群,驱赶五头牲畜离群者,处罚马一匹;驱赶四头者,处罚牛一头;驱赶三头者,处罚绵羊一只;驱赶二头者,处罚山羊一只;驱赶一头者,免于处罚。驱赶不固定之马群,驱赶十匹以上者,每十匹马罚马一匹;驱赶十匹以下者,罚牛一头。无故驱赶骆驼,根据驱赶驼群中的驼羔计算,每峰驼羔罚牛一头"。显然,在此把"无故驱赶"他人牲畜的动机视作偷盗行为,是侵占他人牲畜的犯罪行为,虽然这种行为未得逞或者说是犯罪未遂,但已经实施了侵害他人财产的犯罪未遂行为,因此也要定罪量刑。诸如此类例子较为普遍,在此不再一一赘述。

2.灾害致使私有财产受损时,其救助者获得奖赏

有关灾害致使私有财产受损时,其救助者获得奖赏应属于无因管理的规定,即属于私有财产受到侵害时因管理人的积极救助措施,使得私有财产免受更多损失。这也反映出《法典》致力于防止和减少自然灾害对社会生产生活的影响,维持社会稳定。这里包括以下三个方面:

首先,有关救助牲畜方面。第六十四条规定"风、雨、雪中救出羊群,每群羊中获得上好绵羊一只;救出被野狼驱赶、扑咬的羊群,每羊群中获得上

好绵羊二只";第六十七条规定"沼泽中搜出多少骆驼,奖励多少马匹。救出马、黄羊者,救出一匹(头)奖励绵羊一只"。在此"风、雨、雪、沼泽"等作为自然灾害,严重侵害着游牧民重要的生产生活资料——牲畜,法律规定遇见此类情况的每一个人都要救助,为鼓励人们救助并及时止损,制定了上述有关积极救助者获得奖赏的条款,反之,受到一定的舆论或道德谴责。此外,草原上的"狼害"经常发生,为制止此类事件的发生,特定"救出野狼驱赶、扑咬的羊群"的规定,鼓励牧民们参与到积极救助当中,强调看护畜群的相互协助,尽力避免自然灾害下的畜群及财产的损失。

其次,有关救助生活物品方面。第七十四条规定"火、水中抢出盔甲、短剑,奖励马一匹",也就是说,在草原,火、水也是一种常见的灾害,"抢出盔甲、短剑"等军需物资是应急措施,若是谁能做到这一点,获得一匹马的奖赏,引导和鼓励人们在防灾减灾方面多做对其他人和社会有益的事情,反映出《法典》赏罚分明的积极面。

最后,有关救助迷路儿童方面。第七十四条规定"救助迷路儿童,奖励好马一匹。救助迷路女童,奖励上等好马或好骡一匹"。也就是说,迷路的儿童需要得到救助,若谁能救助则获得马、骡等牲畜的奖赏,反映出对弱势群体进行社会救助的引导和鼓励。

(五)妨害公务罪

在该《法典》中主要当差执行公务者为"额力齐",是蒙古语音译,意为"使者",一般指传递公文、消息、办事的公职人员。实际上"额力齐"的官职是泛称,具体有多种职务承担的额力齐,即在法条中出现的"兀鲁思额力齐、普通额力齐和侦查额力齐"等。其中兀鲁思额力齐为承担国家重要使命的公职人员,普通额力齐是在基层官府中具体办事、传达指令的公职人员,而侦查额力齐为承担着侦查案件、抓捕犯人的公职人员,类似于当今的公安警察角色,其他还有不同职务的额力齐。无论是哪种职务的额力齐,都属于执行公务的工勤人员,所以法律必须保护其合法的权利和地位,对伤害公务人员或冒充额力齐的欺诈行为予以严惩。

1.伤害公务人员罪

为保护额力齐人身安全,法条规定殴打、箭射、刀砍执行公务的额力齐者,视为人身伤害罪加以定罪量刑,以便保护额力齐人身安全,更重要的是保障公务工作的畅通无阻。如第四十八条规定:"殴打额力齐,处罚五畜;额力齐动手打人,不予处罚",显然殴打额力齐是犯罪行为而受到处罚,相反额力齐"动手打人"则不犯罪不受罚,极大程度上反映出保护公职人员权利地位的法制原则;第七十八条又规定:"用鞭、拳、脚殴打兀鲁思额力齐、普通额力齐或侦查额力齐,处罚五畜和一匹马。"在此明确提出三个不同职务的额力齐,即"兀鲁思额力齐、普通额力齐或侦查额力齐",无论哪个职务的额力齐遭到攻击伤害均受到法律保护,而以鞭、拳、脚攻击者犯罪受罚。而受到的伤害大,危及生命时罪责更大,如第七十二条规定:"箭射或刀砍额力齐,处罚一九牲畜,并以一人或一驼顶替。"在此"箭射或刀砍"是锐器伤人的严重的犯罪行为,尤其对执行公务的额力齐用此类凶器伤害是更为严重的犯罪行为,其罪责比前面提到的伤害罪更严重,因此对此类伤害罪的量刑更重,即"处罚一九牲畜,并以一人或一驼顶替"。

2.欺诈罪

《法典》在阻挠公职人员罪中,除了上述规定的伤害罪外,还规定了冒充额力齐的欺诈行为,如第六十五条规定:"冒充额力齐,按窃贼论处。"这就是说,冒充额力齐是欺诈行为,理应按欺诈罪论处,可是本条规定"按窃贼论处",可能按欺诈罪论处过于轻,因此"按窃贼论处"更为恰当。

（六）逃亡罪

该《法典》法条规定的有关逃亡罪的规定仅有两条，这在当时此类情况下较少发生，加之当时右翼土默特万户的社会稳定有密切关系。

第八十一条规定"诺颜叛逃，其部属中无论何人，必须召集人马追赶"。这一条明确规定"诺颜叛逃"的问题，出现这类问题时法条未提到如何定罪量刑的规定，只是要求在其部属中发现者"召集人马追赶"，目的就是追赶回来，不让逃到别处或逃离部属居住范围，以免到处串逃制造社会混乱。

另一条即第七十条的前一段规定杀人者，"杀害者精神错乱或有眼疾，其父母免杖，处罚九九牲畜"，接着规定"携带逃亡者一同逃走"。按法条规定的前后内容连贯考虑，后一段应指杀人者的逃亡，若何人再携带杀人逃亡者逃走，则追究到携带逃走者罪责，即"应予赔偿"，可赔偿什么、赔偿多少不清。

（七）侮辱、谎言罪

《法典》有关侮辱罪的规定涉及人格上的侮辱、对妇女的侮辱等方面，以期保护人格尊严。

1.侮辱人格罪

《法典》主要围绕着辱骂他人的言语制定了侮辱人格罪，如第三十七条规定"辱骂诺颜或诺颜哈屯者，处罚二九牲畜"，第三十八条规定"辱骂上等人哈屯者，处罚五畜"，第三十九条规定"辱骂平民妇女者，处罚马一匹"。

上述三条规定都是有关辱骂他人的言语给予定罪量刑，值得关注的是被侮辱的对象为不同阶层的人——诺颜和哈屯、上等人哈屯和平民妇女三等人，说明无论辱骂哪一阶层的人都犯辱骂罪，只是法律规定，按等级不同侮辱罪的轻重不同而已,即辱骂高贵阶层的罪责重,而辱骂低层的平民百姓则罪责轻,这是阶级等级制度在法律上的体现。

2.侮辱、侵害妇女罪

《法典》为保护妇女儿童的合法权益,规定了揪扯妇女发辫、衣服、被褥者为侮辱罪的同时,还规定了致妇女流产、诱奸少女、强迫许嫁女儿给恶人等侵害妇女罪事项。有关侮辱妇女罪的规定涉及揪妇女发辫、扯破妇女衣服、拉扯妇女被褥者,如第十六条规定"男人揪妇女发辫者,处罚五九牲畜;扯破衣服者,处罚五畜"。在此犯罪行为者是"男人",只要男人揪妇女发辫、扯破妇女衣服,则被视为侮辱妇女的犯罪行为,并受到相应的处罚。另如,第十九条规定"拉扯妇女被褥者,处罚三九牲畜"。也就是说,男人"拉扯妇女被褥"不仅仅是违反道德的行为,而且是触犯法律的犯罪行为,应受到法律的制裁。另有第十五条规定"致妇女流产者,按怀胎月数,每月处罚九畜"。说明,怀胎妇女是受法律保护的,若受到伤害"致妇女流产",则属于侵害妇女儿童罪,"按怀胎月数,每月处罚九畜"。

有关保护女子婚姻家庭权益方面,第二十二条规定"将女儿许嫁恶人,或强迫女儿出嫁,处罚其父母"。也就是说,虽然当时婚姻关系实行包办婚姻,但是还得征得女子的同意,更不能"将女儿许嫁恶人,或强迫女儿出嫁",这是违法的犯罪行为,其父母应受到处罚。而第二十条规定"父母无论何种方式逼走女儿,处罚九九牲畜;女儿自愿返家,不予处罚"。显然,将女儿抛弃、撵走、气走都是父母罪责,受到九九牲畜的处罚,女儿自愿返家则不追究父母的法律责任。

此外,第十八条规定"诱奸少女者,处罚九九牲畜,杖一"。也就是说,"诱奸少女"是严重侵害少女的违法行为,因此对其量刑较重,以罚畜刑的最大处罚——"九九牲畜"来制裁。

总之,上述有关侮辱、侵害妇女儿童的罪名规定有古代习惯法的渊源,也对中原法制的刑罚有所吸收。《法典》将这些内容纳入成文法的条文中,以示警诫或治罪,致力于弱势群体的妇女儿童免受侵害。

3.谎言陷害罪

《法典》有关谎言陷害罪只有一条规定,如第二十五条明文规定:"以谎言陷害他人者,按参与制造谎言的人数处罚马匹;玩笑所致,处罚九畜。"在此,无论是有意陷害还是玩笑所致均被认定为谎言陷害罪,并追究法律责任。不过法条规定是明确区分"谎言陷害"和"玩笑所致"的不同程度,即有意以谎言陷害则罪重,"按参与制造谎言的人数处罚马匹",而玩笑所致则罪轻,"处罚九畜",区别体现在量刑的轻重程度上。

三、《阿勒坦汗法典》中的量刑处罚

《法典》在规范刑法罪名的基础上,进一步规范了量刑处罚的相关规定,并在量刑处罚上废除了许多酷刑,除了少量使用拘捕、赔人或以人顶替、杖刑外,更多使用的是罚畜刑,反映出轻缓中用的刑罚特色。

(一)拘捕

按现行法律的规范,通常指"拘留"和"逮捕"两种不同的强制措施,拘留是对罪该逮捕的现行犯或重大嫌疑分子直接采取的临时剥夺其人身自由的强制措施,而逮捕则是对犯罪嫌疑人在一定时间内剥夺其人身自由并予以羁押的一种方法,是最严厉的强制措施。

在该《法典》中有关拘捕的规定不多,涉及杀人、盗窃、人身伤害等犯罪行为的刑罚裁量范围,是属于重大犯罪行为的重刑处罚。《法典》第一条规定

"杀人者……拘捕为首者一人;或处罚头等牲畜一五,拘捕为首者一人。二人同案,拘捕为首者一人",第二条规定"盗窃财物、马、牛者,拘捕为首者一人"。说明,杀人、盗窃财物、牛、马者的犯罪行为是重罪,必须拘捕为首的主要犯罪者一人,不仅体现出犯罪的轻重程度,而且还区分出主犯和从犯的轻重处罚规范,即主犯承担的法律责任比从犯承担的法律责任应该重的原则。笔者认为,在此规定的"拘捕"应包括"拘留"和"逮捕"两种不同的强制措施,是该《法典》里出现的最重的刑罚措施,除此之外在该《法典》中未发现其他的刑罚措施规定。

另外,《法典》第十条规定"致人手足残废者,处罚九九牲畜,拘捕一人",即"致人手足残废者"的人身伤害罪,也属重罪裁量范围,因此不仅裁定九九牲畜的重罚,还要给予"拘捕一人"的刑罚。该法条的规定应和第一、二法条规定相同,虽未明确规定拘捕"为首者一人",只是规定"拘捕一人",无论犯罪者几人,其中"致人手足残废者"应该是主犯,所以此条规定的拘捕的一人肯定是主犯,应以拘捕的制裁措施来惩戒才能体现对重罪的处罚力度,至于拘捕后的具体刑期、关押地点及最终裁量问题法条未给出明确的规定和解释。

(二)赔人或一人顶替处罚

有关"赔人"或"一人顶替"的规定,《法典》有处出现了赔偿一人、一人顶替、罚一人、以人顶替等规定,主要针对严重伤害他人身体的犯罪行为而采取的刑事处罚。这些"赔偿""处罚""顶替"一人的规定,虽表述有所不同,但其意思应该基本相同,都是给被害人家属赔偿一人的处罚,具体怎样执行,法条没有明确规定,需要进一步探讨研究。

1.赔偿一人

有关赔偿一人的规定共有五条：

一是《法典》第四条规定"致人失明者……受害者获得一人或一驼赔偿"，在此明确说明受害者获得"一人或一驼赔偿"，即犯罪者赔偿一人给受害者，或者赔偿一驼给受害者，二选一。在此情况下，受罚者一般不会选择"赔偿一人"，而是更愿意选择"赔偿一驼"，前者几乎没有可执行性，而后者会让受害者得到比较实惠的补救。

二是《法典》第五条规定"致人牙齿断裂者，处罚……一人或一驼"，致人牙齿断裂的犯罪行为，在处罚三九牲畜的基础上，还裁量"一人或一驼"的处罚。这是明显的罪行不相匹配的规定，其实际执行值得商榷。

三是《法典》第六条规定"用尖状石块或尖状木棍击人者，罚一人、一驼和以马为首的九畜"，在此条规定的"罚一人"应是处罚一人的含义相同，不同的是没有"或一驼"的可替换规定。

四是《法典》第五十五条规定"盗窃金碗、金帽、银碗，处罚六九牲畜，赔偿一人或一驼"，这是在处罚六九牲畜的基础上，已明确规定了"赔偿一人或一驼"，显然该条的裁量与上一条的裁量相同，只是语言表述上"受害者获得一人"和"赔偿一人"的区别而已。

五是《法典》第六十三条规定："杀害调解员，杖一，赔偿被害人家属九九牲畜和一人；未动手者，免杖，处罚九九牲畜，另赔偿一人或一驼。"在此，犯罪行为是杀害公职人员，所以处罚九九牲畜和赔偿一人给被害人家属，这一条里赔偿"一人"没有替换物——"一驼"，所以赔偿一人给被害人家属是明确的，无法改变。而参与犯罪的从犯，虽然"未动手"，但还受到"处罚九九牲畜"的处罚，另"赔偿一人或一驼"的裁量。

2.一人顶替

《法典》对犯罪者处罚一人顶替的裁量共有三条规定：

一是第十三条规定"嬉戏中致他人手足折断者，以一人顶替，并支付医治费用"。

二是第十四条规定"误伤致人死亡，以人、骆驼、马匹、衣物等顶替。受害人为有功德者，增加处罚数量"。

三是第七十一条规定"窃贼用箭射人，无论射中与否，处罚九九牲畜，并以一人或一驼顶替"等。

其中，第十三条规定在"嬉戏"过程中，致他人手足折断则"以一人顶替"，说明严重伤害了他人身体，即造成他人手足"折断"，所以在处罚的裁量上规定了一人顶替。而第十四条规定因"误伤"导致受害者"死亡"，虽然是"误伤"，但造成的后果严重，所以该法条在处罚的裁量上规定"以人、骆驼、马匹、衣物等顶替"。从字面上来看，顶替的"人、骆驼、马匹、衣物"等是并列的，可以认为用哪一个顶替均可，不像前一条规定的"以一人顶替"明确。第七十一条规定在"用箭射人"伤害他人的犯罪行为前提下，犯罪主体明确为"窃贼"，是偷窃他人财产的犯罪者，加之使用"箭"伤害人是罪上加罪的行为，所以法条规定了"无论射中与否"均是严重的犯罪行为，不仅是"处罚九九牲畜"，还要"以一人或一驼顶替"的处罚。在此，抛开罚畜刑的最高处罚九九牲畜不说，就说"一人或一驼"的惩罚，明确规定了一人顶替或者一驼顶替，也就是说犯罪者不愿意一人顶替，还可以替换成一驼顶替。

综观上述有关一人顶替的处罚规定，涉及折断手足、误伤致人死亡和窃贼箭射人等伤害他人身体的犯罪行为，实属严重犯罪行为造成他人受到伤害，所以法条规定了"一人顶替"的处罚。"一人顶替"，顾名思义就是犯罪者用一人顶替给被害者家属，具体用什么人顶替、顶替期多长和顶替者的身份地位等问题,法条均未明文规定,很难判断具体执行过程。

(三)杖刑

众所周知,杖刑是中国古代五刑之一,自元朝融合中原法制之后开始适用五刑,并把杖刑纳入蒙古法制当中,结合蒙古罚畜刑适量运用。因此,北元时期杖刑的使用不仅在次数上有很大限度,而且在数量上也减少了许多,在本《法典》中只有五条规定,其杖打数量为"一"的占多数,甚至还规定了"未动手者免杖"。

该《法典》的第一条规定"杀人者,打三组",即对犯罪者杖"打三组"或"打三系列",可是一组或一系列杖打的次数应多少,法条未明确规定,需要进一步考证。在该《法典》中"打三组"的规定只出现这一次,而且是对"杀人者"实行的杖刑,说明北元时期使用的杖刑数量很少,顶多打三组,更多为"杖一"。

有关"杖一"的规定有以下几条:第四条规定"致人失明者,杖一",也就是说伤害他人眼睛,造成"失明者"则"杖一",其余裁量处罚则是罚畜刑;还如第十一条规定"斗殴致人失去性功能,杖一,处罚九九牲畜";第十八条规定"诱奸少女者,处罚九九牲畜,杖一";第十七条规定"男女有不正当关系者,处罚七九牲畜。染梅毒者,加罚九畜,杖一"等。

从上述杖刑处罚来看,根据犯罪伤害程度的不同,有时杖刑为主刑,有时变成为附加刑,基本上与罚畜刑结合着裁量处罚。另在第六十三条规定"杀害调解员,杖一",而"未动手者,免杖",说明主犯和从犯的处罚上区别对待,即主犯不仅杖一,还"赔偿被害人家属九九牲畜和一人"的重罚,而"未动手"的从犯"免杖"和"处罚九九牲畜另赔偿一人或一驼",同时也反映着北元蒙古法制越来越减少身体刑的新趋势,注重罚畜刑,减免杖刑处罚。还有第三十条规定"字、斡都根占卜、作法致人死亡,杖一,处罚九九牲畜;未死,免杖,处罚九九牲畜",第三十二条规定"患恶病者至他人家宅,传染他人并致死者,杖一,处罚九九牲畜;未致人死亡者,处罚三九牲畜;……传染致人眼疾者,杖一,处罚九九牲畜"等,基本上伤害他人致死的重罪才"杖一"加其他处罚,未致人死亡而伤残的罪名则免杖,以其他方式处罚为主。

（四）罚畜刑

罚畜刑是北方游牧民族法律制度中的一种独有的刑罚制度,经历了近千年的发展与演变,被北元政权沿用和传承,成为民族法制史中独特的一种刑罚制度。

罚畜刑,经蒙元到北元时期越来越得到广泛使用,几乎蒙古社会大小刑事案件的处罚均使用罚畜刑,并在处罚方式上也更加多样化,有马牛羊组合的"九畜"处罚、"五畜"处罚和单个畜种的处罚等多种形式。值得注意的一点就是从量刑轻重幅度上来看,各畜种相互间的价值体现各不相同,从高值往低值排列为骆驼、马、牛、绵羊和山羊,这种五畜价值不同则体现在罚畜刑的量刑处罚上。这一新趋势表明蒙古社会罚畜刑这种财产处罚制度逐渐替代了很多古老的酷刑,究其原因,主要是藏传佛教传入后宣扬不杀生,极大程度上消除了残酷的身体刑,加之罚畜刑在游牧社会经济领域内取代货币流通的价值取向和在刑法处罚中发挥着经济制裁的作用。

1.处罚九畜规定

在蒙古族罚畜刑处罚规定中,以马牛羊组合的"九畜"处罚为最多,对此该《法典》第一条就明确说明了九畜组合的畜种,罚畜刑的"九畜者,马二匹,牛二头,羊五只"。也就是说,罚一九牲畜中的畜种和数量分别是"马二匹,牛二头,羊五只",以此类推从一九处罚到九九处罚,最多达到罚九九牲畜,罚九九牲畜即马二匹乘于九匹等于十八,牛二头乘于九头等于十八,羊五只乘于九只等于四十五,共计八十一头(匹或只)。如此处罚牲畜的力度大小取决于行为人犯罪的轻重程度,犯罪轻则处罚轻,反之,犯罪得越重处罚更重,封顶为九九八十一头(匹或只)牲畜。这几乎早已超过犯罪者经济承受能力,具有可怕的犯罪阻却和经济惩戒作用。

(1)处罚一九牲畜的规定。处罚一九牲畜是在罚九畜的裁量处罚中最轻的处罚,笔者认为在该《法典》的法条中规定的处罚"一九牲畜""九畜""以马为首的九畜"等表述,均应是处罚一九牲畜的范围。

在该《法典》中明确规定"一九牲畜"的处罚有五条:第一条"杀人者,打三组,处罚头等牲畜一九";第四十三条"与他人同行中帽尾断开,处罚一九牲畜";第五十八条"盗窃兔套,处罚一九牲畜";第七十二条"箭射或刀砍额力齐,处罚一九牲畜";第七十七条"盗窃铜项环,处罚一九牲畜"。

从上述五条"处罚一九牲畜"的规定来看,第一条对"杀人者"的处罚,除了杖打、拘捕为首的一人外,处罚的"一九牲畜"还特别强调了"头等牲畜"的处罚,即处罚的马二匹,牛二头,羊五只等九畜必须是"头等"牲畜。言外之意,第四十三条"帽尾断开"则"处罚一九牲畜",看似很普通、很简单的事,处罚却很重,似乎不可思议,这应与传统的风俗有关系。再看第七十二条"箭射或刀砍"和第七十六条"烧伤眼睛,处罚一九牲畜"等很严重伤害的犯罪行为则以"处罚一九牲畜",似乎处罚得轻了点,可是接着"以一人或一驼顶替"来补充惩罚,这样的处罚就合理适中了。而第七十七条"盗窃铜项环,处罚一九牲畜"也和第四十三条的规定基本相同,一九牲畜的处罚与"盗窃铜项环"的犯罪行为不相对,似乎处罚得比较重。

有关"处罚九畜"的规定,该《法典》有第二十六条"疯癫者杀人,处罚九畜";第二十八条"疯癫者杀人,赔偿九畜";第三十五条"放走祭祀的马匹,处罚九畜"三条规定。从上述三条规定来看,这两条规定为"处罚九畜",还有一条则规定为"赔偿九畜",二者明显是刑事和民事处罚的两项规定,即"处罚九畜"明显是刑事处罚,其处罚的牲畜应分为归公和赔偿受害者两部分,而"赔偿九畜"则是民事赔偿,其处罚的牲畜应赔偿给受害者家属。

此外,还有一条特别的规定,该《法典》第六条规定"用尖状石块或尖状木棍击人者,罚一人一驼和以马为首的九畜"。在此明确规定了使用"尖状石块或尖状木棍"等凶器的前提下,在裁量处罚上"罚一人或一驼"之后,又处罚"以马为首的九畜"的加重处罚。处罚"以马为首的九畜",只是表述上的不同而已,实际就是第一条规定的"九畜",即"马二匹,牛二头,羊五只"规定,因马列于首位,故称"以马为首",以示区别于其他畜种比例不规范的"九畜"。

说到不规范的九畜处罚,还有一条是第六十九条规定:"杀害子女或养子女……被杀害者系女孩,凶手从军,并处罚骆驼等九畜。"显然,在这条里的"处罚骆驼等九畜"与该《法典》规定的"九畜"畜种截然不同,"九畜"规定本来没有骆驼,竟然规定出"处罚骆驼等九畜",不知"骆驼等九畜"到底包含哪些畜种不得而知,应该说,这是一个不规范的"九畜"的规定。

"九畜"处罚还有一种特殊的处罚规定,第十五条规定"致妇女流产者,按怀胎月数,每月处罚九畜"。也就是说,"致妇女流产"则根据怀胎月数处罚九畜,每个月处罚九畜,怀胎几个月导致流产按几个月份来处罚几个月的九畜,这样一来不仅仅是处罚一九牲畜的问题,而是几个九畜处罚,最多能达到九个月处罚九九牲畜的刑罚裁量。说明,该《法典》的规定中对妇女儿童的保护力度较大,反映着越是人口稀少越需要保护妇女儿童的考虑,同时也反映着处罚一九牲畜依据犯罪者伤害对象的不同而有所差异,可谓灵活多变。

（2）处罚二九牲畜的规定。在"九畜"处罚里,除了处罚一九牲畜的刑罚外,第二个加重处罚便是二九牲畜的处罚,相对来说处罚二九牲畜的数量少。在该《法典》中处罚二九牲畜的规定有第三十七条规定"辱骂诺颜或诺颜哈屯者,处罚二九牲畜";第七十六条"烧伤他人手足,处罚二九牲畜";第七十七条规定:"盗窃铜碗,处罚二九牲畜。……盗窃铜嚼子,处罚二九牲畜"等。

从上述几条规定来看,"辱骂诺颜或诺颜哈屯者""烧伤他人手足""盗窃铜碗"和"盗窃铜嚼子"等犯罪行为者受到二九牲畜的处罚,其中辱骂诺颜或诺颜哈屯者的犯罪行为是以维护封建高官贵族权利地位为目的,对此裁决二九牲畜的处罚显得过重。对盗窃犯罪者适用二九牲畜的处罚也是罪行不匹配,可能与当时社会物资稀少有关,也具有警示惩戒偷盗行为的目的。这里只有"烧伤他人手足"是伤害他人身体的犯罪行为,被烧伤手足的人很难治愈,或致残废,因此受到二九牲畜的处罚算是比较适当。

（3）处罚三九牲畜的规定。在"九畜"处罚里,除了处罚二九牲畜的刑罚外,第三个加重处罚便是三九牲畜的处罚,相对来看,处罚三九牲畜的数量较多。

有关伤残他人罪的三九牲畜处罚规定,有第十二条"嬉戏中致死、致盲、断齿、失去性功能,按参与嬉戏人数处罚马匹;肇事者,三九牲畜";第四十七条"男子用尖状土块、石块、木棍击打妇女者,处罚三九牲畜";第七十六条"失火致人死亡,处罚三九牲畜"等。从上述三条规定来看,处罚三九牲畜适用于过失伤害、以尖状凶器有意攻击妇女的罪行,其中伤害的程度最严重者为过失致死,也包括致盲、断齿、失去性功能等。

还有一点值得注意的是第四十七条的规定,即男子以尖状凶器有意击打妇女的犯罪行为,无论是伤害与否,均受到三九牲畜的处罚,这就是保护妇女这一弱势群体而采取的一种偏重刑罚。

有关侮辱罪的三九牲畜处罚规定就有一条，即第十九条"拉扯妇女被褥者，处罚三九牲畜"，也是属于保护妇女不被侮辱方面的规定，拉扯妇女被褥是不轨行为，对此类不轨行为采取处罚三九牲畜是较重的裁量，如此重的处罚不仅保护了妇女的合法权利，而且也阻却了不法行为不断发生，以期维护社会稳定秩序。

有关违反三九牲畜处罚规定，有第三十六条"转移尸骨、祭祀的马匹，处罚三九牲畜"和第四十二条"自己行走中帽尾断开，处罚三九牲畜"。也就是说，"转移尸骨、祭祀的马匹"的行为触犯了传统的习俗禁忌，应得到"三九牲畜"的处罚，而"自己行走中帽尾断开"之事，看起来很正常发生的事，习惯上认为不吉利，不过对此处罚三九牲畜明显是处罚过重，缺乏应有的说理性，难以服众。

有关危害他人私有财产罪的三九牲畜处罚规定，有第五十条"毁改牲畜印记者，处罚三九牲畜"；第五十一条"擅自给种马……去势者，处罚三九牲畜"；第八十五条"嬉戏致牲畜落水死亡，处罚三九牲畜"等。其中，牲畜打烙印是游牧民族私有财产的标记，若毁改别人家牲畜烙印则是破坏私有财产标记，试图侵占他人牲畜的不法行为，因此处罚三九牲畜是不为过。同样未征得主人同意而擅自去势种马，也是侵犯他人财产的行为，还有"嬉戏致牲畜落水死亡"，虽然嬉戏是个无意的行为，但这一无意的行为导致牲畜落水淹死的过失行为，给他人财产造成损失的，应赔偿损失。

有关偷盗罪的三九牲畜处罚规定，有第五十二条规定"盗取马尾，处罚三九牲畜"；第五十四条"盗取旅途之军队食物者，处罚三九牲畜"；第五十五条"盗窃火镰……等物，处罚三九牲畜。……盗窃靴子……处罚三九牲畜；盗窃马鞍……处罚三九牲畜。……盗窃大块金、银……处罚三九牲畜"，第五十八条"盗窃黄羊网、鸟网,处罚三九牲畜";第七十七条"盗窃银项环者,处罚三九牲畜"等。也就是说,盗窃马尾、军队食物者、火镰、靴子、马鞍、大块金、银、黄羊网、鸟网、银项环等生活用具都要处罚三九牲畜,显然对盗窃罪的处罚很重,几乎是被盗物品的几十倍的处罚,以此来震慑盗窃者再犯,以此达成维护社会稳定。

(4)处罚四九到六九牲畜的规定。在该《法典》中除了处罚一九、二九、三九三项处罚规定占有一定比例外,处罚四九至六九牲畜的规定只有各一条,显然在此范围内的处罚很少使用,这也许与在此范围内犯罪者极少有关。

第六十九条是有关四九牲畜处罚,即养父母杀害养子女则处罚四九牲畜,对杀人罪来说显然处罚过轻,可处罚四九牲畜对普通牧户来说已经很重了,以此达到惩戒犯罪、治理社会的目的。

第六十九条也有有关处罚五九牲畜的规定,即生父母杀害子女,主刑为"杖一",再加"处罚五九牲畜"说明,生父母杀害子女比养父母杀害养子女量刑上加重,即处罚多一九牲畜,反映着量刑上的亲情关系,越亲近的亲属关系相互伤害则处罚加重。

第五十五条是有关处罚六九牲畜的规定,即"盗窃金碗、金帽、银碗,处罚六九牲畜",很明显,对这类盗窃罪的处罚较重,加之盗窃金、银等珍贵生活奢侈品,所以在量刑方面达到了处罚六九牲畜的高度。

(5)处罚七九牲畜的规定。有关处罚七九牲畜的规定在本《法典》中出现两条,即第十七条"男女有不正当关系者,处罚七九牲畜"和第二十一条"与恶人同谋者,处罚七九牲畜"等。从量刑上来看,第十七条规定"男女有不正当关系者",受到七九牲畜的重罚,是违反封建社会伦理纲常的严重罪名,必须予以严惩和警示。而第二十一条规定"与恶人同谋者"则受到七九牲畜的重罚,也就是与恶人同谋严重的犯罪行为,对社会造成严重危害,受到严厉的惩处,反映出制定法律者以重刑阻却犯罪的基本考量。

(6)处罚九九牲畜的规定。在《法典》中除了上述罚九畜规定外,未见处罚八九牲畜的规定,再就是罚九畜最大也是使用最多的是"九九牲畜"的规定,共出现过十三处规定。从适用范围来看,大到杀人、致人失明、致人手足残废、致人失去性功能、传染恶病于他人、诱奸少女、窃贼箭射他人、触动、抓握死人尸骨而未驱邪者等,均受到九九牲畜的重罚,体现着重罪重罚的刑罚原则。

有关致人死亡处罚九九牲畜规定有三条,无论是有意或是无意杀人,均未适用"杀人者抵命"的刑法处罚原则,而是一律采用杖刑、罚畜刑和赔偿人或驼的处罚原则。

一是第三十条规定:"孛、斡都根占卜、作法致人死亡,杖一,处罚九九牲畜;未死,免杖,处罚九九牲畜。"就是说,萨满教孛(男巫)、斡都根(女巫)等占卜、作法导致死人,在量刑上适用主刑为"杖一"之后,还要处罚九九牲畜,反之未致人死亡则免除主刑,仍处罚九九牲畜。说明,阿勒坦汗时期蒙古地区引进藏传喇嘛教之后,对蒙古地区盛行一时的萨满教采取严格限制政策,禁止其一切传教活动,当然也不允许萨满孛、斡都根的占卜、作法等活动,若暗地里占卜、作法致人死亡,则适用主刑杖一附加九九牲畜的处罚。

二是第三十二条规定:"患恶病者至他人家宅,传染他人并致死者,杖一,处罚九九牲畜……传染致人眼疾者,杖一,处罚九九牲畜。"在此条规定中,"患恶病者"到别人家传染病毒致人死亡或"致人眼疾者",均要适用主刑杖一附加九九牲畜的处罚。由于蒙古地区医疗条件差,蒙古社会特别重视防止传染病的传播,因此法律防止传染病人传人、畜传染其他人及畜等,在量刑上如此重罚,目的在于防止传染病的蔓延,以保证人的生命健康及社会的安全稳定。

三是第六十三条规定"杀害调解员,杖一,赔偿被害人家属九九牲畜和一人;未动手者,免杖,处罚九九牲畜,另赔偿一人或一驼"。在此条规定中,犯罪行为是"杀害调解员",对此量刑上适用了主刑杖一附加"赔偿被害人家属九九牲畜和一人"的重罚,虽未杀人者抵命,但量刑处罚较重。相反,参与杀人案件而未动手者"免杖",附加处罚九九牲畜和赔偿一人或一驼,也体现出重刑主义思想。

有关人身伤害罪的处罚九九牲畜规定有四条,包括致人失明、致人手足残废、致人失去性功能和用箭射人,此四种伤害他人身体的行为均被视为严重的犯罪行为,对此作出了九九牲畜的处罚规定。

在该《法典》的第四条规定"致人失明者,杖一,处罚九九牲畜和一人或一驼",即伤害他人导致失明的罪行,除了主刑杖一外,附加处罚九九牲畜和一人或一驼。在此适用的诸多量刑处罚是针对"致人失明"的人身伤害罪,其中的处罚九九牲畜是属于最重的量刑处罚,还有第十条规定的"致人手足残废者,处罚九九牲畜";第十一条规定的"斗殴致人失去性功能,杖一,处罚九九牲畜"和第七十一条规定的"窃贼用箭射人,无论射中与否,处罚九九牲畜",也属上述人身伤害罪类同案件的量刑规定。

有关奸淫罪的九九牲畜的处罚规定只有一条,即第十八条规定"诱奸少女者,处罚九九牲畜",应该说这不是一般的奸淫犯罪行为,而是"诱奸少女"行为,其犯罪行为极其恶劣,对此《法典》专门规定"处罚九九牲畜"附加"杖一"的刑罚,反映着保护这一特殊群体身心健康的法律思想。而第二十条规定"父母无论何种方式逼走女儿,处罚九九牲畜",即父母有义务抚养和照顾子女,无论用何种方式逼走女儿都是违法行为。为此,《法典》作出了上述处罚规定,这是为稳定社会家庭关系而采取的有效措施。

第三十三条规定"触动、抓握死人尸骨者,应驱邪,否则处罚九九牲畜",即"触动、抓握死人尸骨者",事后必须"驱邪",不然则"处罚九九牲畜"。在此条规定中,反映出传统习惯法的一些迷信色彩,也就是说"触动、抓握"死者尸骨,容易沾染死者的邪气,因此事后要驱去邪气,不然不仅自身沾染,还要沾染他人,所以要"处罚九九牲畜"以示警诫。

另外,有关处罚九九牲畜特殊问题的规定,即遇到穷人犯罪构成处罚九九牲畜的量刑,又没有牲畜,该《法典》还做了针对性规定,如第三条明文规定:"处罚九九牲畜的案件,穷人犯案,没收所有财物,被盗物品无论损耗与否,都与追究。"这就是说,处罚九九牲畜为马牛羊共加起来八十一匹(头只),对犯案的穷人来说的确是个大数目,若没有那么多牲畜则法律规定"没收所有财物",并规定"被盗物品无论损耗与否,都要追究"。

2.处罚五畜规定

除上述马牛羊九匹(头只)组合的"九畜"罚畜刑外,还有马牛羊组合的"五畜"处罚规定,对"五畜"的组合本《法典》开始的第一条明确规定:"五畜者,马、牛合二,羊三只。"也就是说,犯罪者构成处罚五畜,则上交马和牛各一、羊三只,实际上是罚九畜中的畜种未变,只是数量缩减为五畜,称作"处罚五畜",个别法条也称作"处罚一五牲畜"。

有关人身伤害罪方面的处罚五畜规定,第一条规定为特别,即"杀人者……或处罚头等牲畜一五",就是说杀人者受到的处罚为一五牲畜外,还要"拘捕为首者一人"。在该《法典》中唯独该条将处罚五畜的规定称作处罚"一五"牲畜,同时还特别强调了处罚的牲畜为"头等牲畜",即马、牛合二和羊三只的五畜不是普通的,而必须都是头等的,这样特别要求可能与杀人的犯罪行为有直接关系。另外,在第二十三条规定"杀害管理财物的汉人奴仆,或致其器官残废者,以五畜及一人赔偿"。该条规定的犯罪行为也是杀

135

人或者致其器官残废的伤害行为,因被害者为"汉人奴仆",其身份地位较低,所以赔偿五畜及一人的处罚,反映出身份地位不同而刑法处罚上的不平等。

除了上述两条的"处罚头等牲畜一五"规定外,在其余法条中五畜处罚的规定均写作"处罚五畜",也就是第一条规定的罚五畜的组合畜种和数据。具体人身伤害罪的处罚五畜有:第七条"用鞭、拳、脚、土块或石打人者,处罚五畜";第十条"致人……手足受伤痊愈,处罚五畜";第八条规定"无故与人斗殴,揪断头发、胡须者,处罚五畜";第四十八条"殴打额力齐,处罚五畜";第七十八条"用鞭、拳、脚殴打兀鲁思额力齐、普通额力齐或侦查额力齐,处罚五畜和一匹马"等。上述五条处罚五畜的规定,主要是针对用鞭、拳、脚、土块或石打人、手足受伤、殴打等伤害他人的犯罪行为而采用的量刑处罚措施,反映出故意伤害他人要受到法律制裁及保护人身安全的社会法治思想。

有关侵犯私有财产罪的五畜处罚规定有一条,即第五十一条规定"主人同意阉割雄畜,不予处罚;未经同意,处罚五畜",也就是说未经主人同意不得擅自作主阉割他人私有之雄畜,反之则侵犯他人私有财产的合法权益,并受到"处罚五畜"的裁量。

有关偷盗罪的处罚五畜共有六条规定,第五十三条规定"未经同意,饮他人家宅或库房中的酒水、酪浆、乳、酸奶者,按偷饮者人数,每人处罚五畜";第五十二条规定"盗取牛尾,处罚五畜";第五十五条规定"盗窃剑、小刀……褡裢等物,处罚五畜";第五十六条规定"偷猎野驴、野马,处罚以马为首的五畜。偷猎黄羊、雌雄狍子,处罚绵羊等五畜。偷猎雌雄鹿、野猪,处罚牛等五畜。偷猎雄岩羊、野山羊、麝,处罚山羊等五畜。……偷猎貉、獾、旱獭等,处罚绵羊等五畜";第六十六条规定"盗窃地弩、夹子、套索等物,处罚五畜"等。看得出,对偷盗罪适用的罚畜刑均为"处罚五畜",值得注意的是

第五十六条规定了"处罚以马为首的五畜",这只是表述上的不同而已,实际指第一条中所规定的"五畜",即"马、牛合二,羊三只",因"马"列于首位,故称"以马为首"。这样的表述主要是为了区别于其他畜种不规范的五畜组合,如该条接下来规定中出现的"绵羊等五畜""牛等五畜""山羊等五畜"等,显然这三个畜种组合里不包括马的畜种了。此类处罚的五畜组合可否理解为"绵羊等五畜"和"山羊等五畜"分别为绵羊、山羊单一畜种各自组合的五畜,而"牛等五畜"是否包括绵羊、山羊二畜种,很难判断确定,因为法条没有明文规定"五畜"的畜种,需进一步考证。

此外,还有一条规定较为特殊,即第七十五条规定"拿取窃贼杀吃的剩余食物,处罚五畜",也就是说"拿取窃贼杀吃的剩余食物"也以窃贼的同伙论处,即与大多数偷盗罪犯一样受到"处罚五畜"的裁量,反映出《法典》民刑不分、轻罪重判的古代法特点。

有关侮辱罪的处罚五畜就有一条规定,即第三十八条规定"辱骂上等人哈屯者,处罚五畜",说明"上等人哈屯"的地位是高贵的,不得辱骂侮辱,谁若违背,谁就受到"处罚五畜"的量刑,反映出封建特权等级制度在法律上的合法化。

3.处罚三畜和二畜的规定

除了罚九畜、罚五畜外,还有一种组合为处罚三畜,这种组合的处罚就只有一条规定,即第五十五条"盗窃箭、熊面具、帽翎三物者,处罚马、牛、羊三畜"。在该条规定中,处罚三畜组合为"马、牛、羊",实际上畜种的组合与罚九畜、罚五畜相同,只不过数量上减少到三畜而已。

有关处罚二畜组合的规定也只有一条,第五十二条规定"盗取骆驼秋毛,处罚马、牛合二"和第八十四条规定"调戏妇女,扯破妇女衣服,处罚马、牛"。在此两条中明确规定了畜种组合为"马、牛合二"和"马、牛",这是对较轻的偷盗罪适用的处罚方式,应该说在量刑上比偷盗的赃物值更重的处罚,以示惩戒。

4.个位数的罚畜规定

除了上述四种组合的罚畜刑规定外,还有许多单畜种个位数的罚畜刑规定,从量刑轻重幅度上来看各畜种相互间不同的价值及不同的数字,反映在罚畜刑处罚的轻重程度上。单畜种罚畜刑处罚的轻重主要体现在畜种的价值上,蒙古牧民五种牲畜按贵贱顺序排列为骆驼、马、牛、绵羊、山羊等,即最贵的是骆驼,依次往下是马、牛、绵羊,最便宜的是山羊,体现在罚畜上则是重罪则以贵重的畜种来罚,轻罪则以对应的畜种来罚,基本上是按照以上五种牲畜的价值标准来处罚轻重罪行。

(1)罚驼的规定。由于骆驼是在当时五种牲畜价值排行里排名第一的贵重畜种,又很少组合在罚九畜、罚五畜等畜种的处罚规定中,因此在该《法典》的罚畜刑里除了第六十九条"处罚骆驼等九畜"的不规范规定外,往往是一驼处罚的形式出现,大多以"赔偿一人或一驼"或"以一人或一驼顶替"的形式出现。

《法典》中有关"一人或一驼"形式的量刑处罚较多些,如第四条"致人失明者,……受害者获得一人或一驼赔偿";第五条"致人牙齿断裂者,处罚……一人或一驼";第五十五条"盗窃铠甲服……赔偿一人或一驼。……盗窃金碗……,赔偿一人或一驼";第六十三条"未动手者……另赔偿一人或一驼";第七十一条"窃贼用箭射人,无论射中与否……并以一人或一驼顶替";第七十二条"箭射或刀砍额力齐……并以一人或一驼顶替";第七十六条"失火致人死亡……并以一人或一驼顶替"等。在上述七条"一人或一驼"处罚规定中,有的表述为"赔偿",也有的表述为"顶替",还有的表述为"处罚",其中前两种表述应是"赔偿"或"顶替"给被害人家属的裁量规定,而后一种表述"处罚"则是刑罚的量刑规定,具体处罚后的骆驼怎么支配另有安排,充公或转给被害人家属或审判费用的支出都有可能。此外,在此值得注意的是,"一人或一驼"处罚规定,适用于杀人或者伤人等严重的犯罪行为的重罚量刑,大多数是在使用杖刑、组合罚畜之后才采用"一人或一驼"处罚。同时,从"一人或一驼"处罚上来看,犯罪者家属被罚后的"一人"或"一驼"可以互换,如不愿意,被罚人则可以被罚一驼,说明一驼的比值达到一人的比值,反映出骆驼在蒙古地区五畜中的价值分量,是与骆驼数量稀少和骑驮等多用途有关。

除了上述"一人或一驼"互换处罚规定外,剩余罚驼处罚规定都是处罚"一驼"、赔偿"一驼"或以"一驼"顶替,未见多驼处罚的法条规定。第六条规定"用尖状石块或尖状木棍击人者,处罚一人、一驼",此条规定处罚一驼是针对尖状凶器伤害他人而量刑规定,显然此处的"一人、一驼"处罚与处罚"一人或一驼"不同,表示处罚一人的同时还要处罚一驼,二者不能互换。其余法条的规定为第十二条"嬉戏中致死、致盲、断齿、失去性功能……肇事者……或以一驼顶替";第二十八条"疯癫者杀人,赔偿九畜和骆驼一峰";第六十九条"杀害子女或养子女……养父母,处罚四九牲畜和骆驼一峰"等。上述几条规定在表述上写作"赔偿""顶替""处罚",在此"赔偿""顶替"同样是被害人家属的"赔偿"和"顶替",而"处罚"或许是充公,或许充公和给被害人赔偿都有,法条对此并未明确规定。

(2)罚马的规定。有关罚马的规定在表述上有处罚"马一匹以上"、驱赶十匹马以上"每十匹马罚马一匹""二匹""全鞍马"和"一匹"等不同数量规定。

有关罚马不确定数目的规定,有第五十六条"偷猎雄野驴,处罚马一匹以上"和第八十六条规定"驱赶不固定之马群,驱赶十匹以上者,每十匹马罚马一匹"两条。其中"处罚马一匹以上"的法条规定较模糊,应是视偷盗犯实际偷猎雄野驴的数量而定,第八十六条无故"驱赶"马群的行为同样是偷盗行为,所以按十匹马以上划定,每十匹马罚马一匹。总之,少则少罚,多则多罚,视其情节轻重灵活掌握。

有关罚马二匹的规定有两条,第五十二条规定"盗取骆驼绊脚索,罚马二匹"和第五十四条规定"盗窃地上绳索者,处罚马二匹",是针对盗取骆驼绊脚索和地上绳索等生活用品而量刑的处罚规定,对其处罚马二匹可谓对盗贼的重罚,反映着法律制定者严惩盗窃行为和治盗法律意识之体现。

有关罚马一匹的规定较多,如第三十二条规定"患恶病者之他人家宅……未传染(他人)疾病者,处罚全鞍马一匹";第三十九条规定"辱骂平民妇女者,处罚马一匹";第四十一条规定"男子穿戴破烂肮脏的衣服,处罚马一匹";第四十六条规定"上等人的哈屯有权得到食物、睡铺等物帮助,拒绝提供者,处罚马一匹";第五十二条规定"盗取骆驼鼻绳,处罚马一匹";第五十五条"无论盗窃何种马袋,处罚马一匹";第七十七条规定"盗窃额力齐马褡裤,处罚马一匹";第八十六条规定"无故驱赶畜群,驱赶五头牲畜离群者,处罚马一匹"等。从犯罪行为来看,包括传染疾病、辱骂、穿戴破烂肮脏衣服、拒供食物和盗窃(无故驱赶)等几种犯罪行为,应受到罚马一匹的量刑处罚。在此量刑当中,值得一提的是处罚"全鞍马一匹"与处罚"马一匹"虽然都是"马一匹",但是"全鞍马"的价值远远高于未配全鞍的马,相比之下应是较重的处罚。

(3)罚牛的规定。按照蒙古族传统五畜定价排序第三就是牛,罚牛在本《法典》中共有五条,其中只有一条规定"罚牛二头",其余都是"罚牛一头"。

有关处罚牛二头的规定在《法典》第五十二条:"盗取马前腿绊,罚牛二头",是对"盗取马前腿绊"的盗窃行为的处罚,被盗赃物本身不值两头牛的价格,这对盗窃罪本身是很严重的犯罪行为,处罚两头牛主要是为了惩治和震慑盗窃者,是治盗治罪、整治社会秩序的具体体现。

有关罚牛一头的规定,有以下三条:第五十二条规定"盗取牛鼻绳,罚牛一头";第五十七条规定"擅拿野狼吃剩的驼肉,处罚牛一头";第八十六条规定"驱赶四头者,处罚牛一头"和"驱赶十匹以下者,罚牛一头。无故驱赶骆驼,根据驱赶驼群中的驼羔计算,每峰驼羔罚牛一头"。在此"罚牛一头"的规定,主要针对盗窃罪的处罚,如盗取牛鼻绳、无故驱赶畜群、马群和驼群等偷盗行为均受到一头牛处罚。较为特别的规定为"擅拿野狼吃剩的驼肉"者同样受到一头牛的处罚,这种无头罪名可能与保留现场和除掉狼患的考虑有关。

(4)罚羊的规定。有关罚羊的规定有罚羊、罚绵羊、罚山羊等三种,涉及盗窃、放走窃贼、帽带断开拒绝提供饮食等不合法行为的处罚。

有关罚羊规定有两条,即第五十二条规定的"盗取绵羊毛、辔索、缰绳者,罚羊若干只"和第六十八条规定的"放走窃贼,处罚羊二只"。在此笼统规定为罚羊,未明确规定是绵羊还是山羊,同时第六十八条的罚羊明确规定二只外,第五十二条的罚羊数量为若干只,也是不确切的规定。因此,需要进一步考究罚羊是哪种畜种、多少只羊等不确切规定,以便深入研究。

除了上述两条笼统罚羊的规定外,其余法条都明确规定处罚绵羊和处罚山羊,有关处罚绵羊的规定有第四十四条"帽带断开者,处罚绵羊一只";第五十五条"盗窃木槌……等物,处罚绵羊一只";第五十八条"盗取他人下套野兔十只,处罚绵羊一只;……盗取多少根橼子,处罚多少只绵羊";第七十七条"盗窃马褡裢,处罚绵羊二只。……盗窃铅或锡铁项环,处罚绵羊一只";第八十六条"驱赶三头者,处罚绵羊一只"等。处罚的主要方面是偷盗罪,涉及盗窃木槌、下套、橼子、马褡裢、铅或锡铁项环、驱赶畜群等偷盗赃物,还有帽带断开的特殊行为的处罚规定。在处罚绵羊的数量上有一条为依据盗取的数量而定,如盗取多少根椽子则处罚多少只绵羊,这应指的是蒙古包的椽子,在蒙古草原上稀缺做蒙古包椽子的材料,所以盗取多少处罚多少绵羊。还有一条是盗窃马褡裢则处罚绵羊二只,其余大部分处罚为一只绵羊,绵羊处罚在五畜价值比中处在第四位,说明绵羊一、二只是针对轻微盗窃行为的处罚。

有关处罚山羊的规定共有三条,第四十六条规定"上等人的哈屯有权得到食物、睡铺等物帮助,……拒绝提供给饮料者,处罚山羊一只";第五十八条规定"盗取五只,处罚山羊一只";第八十六条规定"驱赶二头者,处罚山羊一只"等。处罚山羊在五畜价格比值中处在第五位,而且对上述拒绝提供饮食、盗窃和驱赶畜群等行为的处罚均为一只,说明处罚山羊在罚畜刑中是最轻的裁量,反映出刑罚裁量轻罪轻罚的针对性。

(五)刑事处罚附带民事赔偿

在该《法典》中规定上述四种刑事处罚的同时,对那些严重致人伤残的犯罪行为除了"拘捕一人""一人顶替"和罚畜等刑事处罚外,还有两条规定附加"支付医治费用"的民事赔偿。如第十条规定:"致人手足残废者,处罚九九牲畜,拘捕一人;手足受伤痊愈,处罚五畜,支付医治费用。"也就是说,致人手足残废,在刑事处罚的基础上明文规定"手足受伤痊愈"还要"支付医治费用",反映出刑事处罚附带民事赔偿的刑法原则。同样,在该《法典》的第十三条规定"嬉戏中致他人手足折断者,以一人顶替,并支付医治费用",这与上一条规定有所不同的是"致他人手足折断",还不知道"受伤痊愈",只要"手足折断"就要按照规定立刻受到"以一人顶替"的刑事处罚,并支付医治费用。这种规定在此之前的蒙古法中是从未有过的规定,说明本《法典》

开始有了刑事处罚附带民事赔偿的规定,是形成刑事惩戒制度与民事赔偿制度相结合的有力证明。

四、《阿勒坦汗法典》定罪量刑的特点

从《法典》上述刑法罪名和刑罚种类可以总结出它的治罪特点,即慎用肉体酷刑,以财产处罚为主;严厉治盗,治理社会;重罪轻罚,轻罪重罚;体现身份地位差别。

（一）慎用肉体酷刑,以财产处罚为主

在该《法典》的刑法规定中,不仅没有"杀人抵命"的刑罚规定,杀人者"拘捕为首者一人",其余多为罚畜刑来裁量解决,甚至"杀死窃贼,不受处罚"。此外,适用"一人顶替"、杖刑等身体刑罚的范围大大缩小,基本适用于极少数严重的杀人或伤害罪上,尤其杖刑的量刑数量也大大减少,顶多"打三组",多数为"杖一",反映出北元时期刑罚制度不断抛弃酷刑的发展趋势,同时藏传佛教传入蒙古地区后蒙古封建主笃信喇嘛教,在制定法律法规时遵照喇嘛教戒律不杀生、积德行善,减少适用酷刑的准则,制定了轻缓的刑罚规定。

在刑罚处罚上慎用酷刑的情况下,更多采用财产处罚的手段来惩治犯罪者,其中罚畜刑使用最多,几乎大小刑事处罚均使用罚畜刑,最大的为九九八十一的马牛羊组合的处罚,还有罚五畜、三畜、二畜组合的处罚和单个畜种——驼、马、牛、绵羊、山羊的处罚。为什么在刑法处罚中罚畜刑的比重这么大呢,因为到了北元时期游牧业得到了较大的发展,牧民的吃住行基本依靠畜产品,游牧业成为蒙古地区主要的经济来源,罚畜刑成为经济处罚的

重要环节。再者蒙古地区货币流通较少,主要依靠牲畜和畜产品交换才能体现经济价值,罚畜刑成为有价处罚的中介环节,是衡量经济价值处罚的表现形式或价值体现。

如前所述,畜种的价值排序为骆驼、马、牛、绵羊和山羊,重者罚驼,轻者罚羊,或者罚九畜、罚五畜、罚三畜、罚二畜的畜种组合处罚等多或少的数据来处罚轻重犯罪行为。说明,一般犯罪轻重处罚按畜种的不同价值和数量来体现,反映出很少货币流通的蒙古社会牧民的牲畜在刑法处罚上的替换价值,罚畜不言而喻刑成了替代货币处罚的重要角色。

(二)重罪轻罚,轻罪重罚

虽然说北元时期减免了刑法处罚上的许多酷刑,许多处罚均以罚畜刑来代替,但该《法典》规定的处罚范围内也体现出重罪轻罚,轻罪重罚的特点。一般情况下,杀人罪的处罚免除了抵命处罚,如杀人者"拘捕为首者一人",杀害调解员"赔偿被害人家属九九牲畜和一人","窃贼用箭射人,无论射中与否,处罚九九牲畜,并以一人或一驼顶替"等,说明杀人、致人手足折断、致人失明等严重伤害后果与其所接受的处罚并不匹配。此外,对较轻的犯罪行为则重罚为主,如偷盗私人铅或锡铁项环"处罚绵羊一只";无故驱赶畜群"三头者,处罚绵羊一只;驱赶二头者,处罚山羊一只"等。还包括违反生活禁忌和拒供饮食的处罚上,如"帽带断开者,处罚绵羊一只","拒绝提供给饮料者,处罚山羊一只"等。

(三)严厉治盗,维护社会秩序

由于北方游牧社会人烟稀少,许多牲畜和私有财产很容易被盗,现实生活当中也常出现这类案件,所以只能制定最为严格的法律惩治偷盗行为。

与所有北方游牧民族一样，北元蒙古封建主在制定法律过程中，对偷盗罪采取严厉惩治的措施，表现出治盗严厉，维护社会秩序的法律思想。

该《法典》对偷盗罪采取极为严厉的惩治办法，除杀人、伤人的犯罪外，相对来看第二重罚的就是偷盗者，甚至还规定"杀死窃贼，不受处罚"。按法条规定的比例来看，治盗条款占多数，该《法典》第五十二条到第五十六条共规定有三十一项，再有第七十七条规定的五项和第八十六条规定的三项，共计三十九项之多，从大的偷盗牲畜到小的生活所需琐碎物品应有尽有。

该《法典》在规定治盗裁量方面，大多数使用罚畜刑处罚，其中最重的处罚为六九牲畜，如第五十五条规定"盗窃马鞍，处罚六九牲畜；……盗窃金碗、金帽、银碗，处罚六九牲畜，赔偿一人或一驼。盗窃大块金、银，处罚六九牲畜"，其余有处罚三九牲畜、九畜、五畜、牛马合二和单数。说明治盗的裁量处罚是依据犯罪者所犯罪行的轻重，盗窃贵重物品则加重，盗窃生活琐碎物品则较轻。反映出当政者用重刑惩戒阻却犯罪，坚定维护社会秩序的决心。

（四）体现身份地位差别

该《法典》的制定者为维护封建统治阶层的身份地位，在规定法条时充分考虑到封建高贵阶层的身份地位，侵害高贵者身份地位则比侵害普通人的身份地位处罚重，以示法律地位的差别。有关的法条规定相互对比则一目了然，如第三十八条规定"辱骂上等人哈屯者，处罚五畜"；而第三十九条规定"辱骂平民妇女者，处罚马一匹"，辱骂上等人哈屯与平民妇女二者之间处罚的差别为"五畜"与"马一匹"，法律规定明显偏向"上等人哈屯"一边，以重罚来维护贵族统治阶级身份地位，表示封建贵族统治阶级身份地位是不可侵害的法律思想。

该《法典》第四十六条规定："上等人的哈屯有权得到食物、睡铺等物帮助，拒绝提供者，处罚马一匹；拒绝提供给饮料者，处罚山羊一只。"此法律首先肯定了"上等人的哈屯有权得到食物、睡铺"的特殊权利，这是有关封建赋税征调的强迫规定，若谁违背这一规定而拒绝提供，则受到"马一匹"和"山羊一只"的处罚，是维护封建统治者特权制度在法律规定中的体现。

相关的规定还有第十四条规定"受害人为有功德者，增加处罚数量"；第三十七条规定"辱骂诺颜或诺颜哈屯者，处罚二九牲畜"；第二十三条规定"杀害管理财物的汉人奴仆，或致其器官残废者，以五畜及一人赔偿。被杀者如系官差、上等人仆役，根据蒙古惯例处置"等。在上述几条规定中，明文规定"有功德者""诺颜或诺颜哈屯"和"官差、上等人仆役"等身份地位的高贵者，这些高贵者的身份地位一旦受到侵害，以刑法处罚的手段来维护，反映出封建统治者制定的法律法规是维护封建贵族统治者基本利益而制定的。

总而言之，阿勒坦汗制定的该《法典》在右翼土默特万户的范围内使用刑法过程中，体现出少用酷刑、以罚为主，重罪重罚、轻罪轻罚，严厉治盗、维护社会秩序以及体现身份地位差别等刑法特点，并起到了犯罪治理，稳定社会，调解人与人关系等社会治理的积极效果。

第三节 《白桦法典》及其犯罪治理

《喀尔喀七旗法典》，又称《白桦法典》，是北元时期蒙古左翼三万户之一——喀尔喀万户僧俗封建主为了加强内部团结，共同御敌，寻求政治稳定而联合制定的十八个大小法典所组成。

一、《白桦法典》相关问题

1970年，苏、蒙两国游牧社会古代城市联合考察队在蒙古学者波日来和苏联学者沙卜库诺夫的带领下，在蒙古国布拉干省塔欣其嫩苏木附近的哈尔哈故城遗址的一座旧塔中发现一批大小不一（7cm×4cm/14cm×5cm）的白桦皮，上有手抄文字。经研究者介绍，桦皮书很整齐，里页背页都有文字，里页标以页码，这些白桦皮上写的手抄本是喀尔喀四旗、六旗、七旗封建主们，在16世纪下半叶至1639年间先后通过会盟制定的十八个法典。因为是喀尔喀七和硕（旗）联合制定的法典，蒙古学者把这些法典命名为《喀尔喀七旗法典》（以下简称《法典》），汉译时因其特点，有人把它称之为《白桦法典》和《白桦典章》。蒙古国那楚克道尔吉院士在其1973年撰写的《喀尔喀新发掘的珍贵法律文献》一书中，详细地介绍波日来发现的这部法律文书，还有呼·丕尔烈手抄本、纳西罗夫译本、二木博史译本等。国内学者奇格根据那氏整理的法律文献资料和呼·丕尔烈手抄本，在其1999年出版的《古代蒙古法制史》一书中进行介绍，十八部律令的排序与呼·丕尔烈手抄本同。图雅女士将其译成汉文，命名为《白桦法典》，选入在李金山主编《蒙古古代四部法典》一书中，于2010年由内蒙古教育出版社出版。

该《法典》虽说抄写整齐，每页外围以尺线框饰，内里打以相同数量的格子，里页背页都书写文字，并在内页标以页码，但因抄写在桦树皮上，时间久了难免破损残缺，有些字体难以辨认，甚至无法知晓其制定时间、地点和制定者等。研究者们在整理研究过程中，尽力恢复字迹和推断制定者、时间和地点等，对他们辛勤劳动和付出的汗水表示敬意，借助他们前期研究成果介绍该《法典》十八次制定和颁布的法典组成结构。

1.六旗法典

奇格认为该《六旗法典》"是六旗首领诺诺和伟徵之长子阿巴岱汗（1554—1588 年）时所制定,具体制定年代不清,……或许法典中提到的'伊克黑卜'就是蒙古大汗的《图们汗法典》"[①]。图雅将该部法典译成《六和硕律令》,并在"译者前言"里提到"因该律令首页残缺,无法知晓其制定时间、地点及制定者等。该律令共八十五条,规模、所涉及内容与《猴年大律令》相似。笔者认为该律令是《桦树皮律令》十八部律令中制定时间最早的一部律令,时间大概在十六世纪后半叶"[②]。显然,因首页散失,该《法典》制定的年代、地点和制定者不详,仅剩八十五条,其中第一条至第十二条各有部分条文残缺,以及第四十一条也有部分条文残缺,还有第五十四条内容难以解释等问题存在。至于第五十四条内容难以理解的问题,二木博史未能翻译前半句,后半句译为"取消赛汗会盟以前的一切",纳西罗夫未译出。而图雅首先说明"该条语意不明",认为第五十四条应与第二部律令——《猴年大律令》第七十一条相同,她的依据是"该条前一个条例——第五十三条及《猴年大律令》第七十一条前一个条例——第七十条内容均与婚姻有关。由此可推断,该条及《猴年大律令》第七十一条的内容可能与婚姻有关,但从后半句'sayiqan—učiɣulɣan—ača uridagi—yičrebe'（取消赛汗会盟以前的）来看,该条似乎又与债务有关,无法确定"[③]。

2.《猴年大律令》

奇格依据呼·丕尔烈的推断排列在第十六部法条,称作《猴年大法》,制定的时间为 1620 年,共计九十三条法规,说"法典牵头人是'黄金家族的汗阿

---

① 奇格：《古代蒙古法制史》,辽宁民族出版社,1999 年,第 97 页。
② 李金山主编：《蒙古古代四部法典》,内蒙古教育出版社,2010 年,第 172 页。
③ 奇格：《古代蒙古法制史》,辽宁民族出版社,1999 年,第 106 页。

海'，这位名叫阿海的土谢图汗，约为始称土谢图汗号的额尔亦黑之长子供布多尔济，《王公表传》记载为'供布'，在他的带领下，有各旗的重要首领参加"。而图雅称作《猴年大律令》，并在其[译者前言]中提到："呼·丕尔烈将《猴年大律令》的'猴年'推断为一六二〇年，所以该律令在其抄文中成为第十六部律令。据考证，'猴年'应该为一五九六年，故在本文中列在第二位。该律令制定地点为塔尔尼河，共九十四条"①。也就是说，图雅和奇格二人的研究在制定时间、地点、制定者和部落及法条数都有出入，该《猴年大律令》于1596年在塔尔尼河畔制定的，制定者不详，不是九十三条，而是共九十四条，并在注[1]中提到"汗阿海：指札萨克图汗素巴第"，而不是土谢图汗号的额尔亦黑之长子供布多尔济。图雅在本律令注[10]之后还附了"喀尔喀兀良哈额尔克卫征诺颜之奏折"的译文，奏文大概意思是额尔克卫征诺颜父亲护持黄教有功而被封为达尔罕，"并赐予敕书与印章"、授贝玛岱青和硕齐称号和封为札萨克，以及征讨绰克图台吉之事。

　　3.额列可汗、额尔德尼洪台吉二人颁布的《律令》

　　图雅在[译者前言]中解释说："该律令在呼·丕尔烈抄文中列在第二位，制定时间、地点不清，共十四条。笔者认为，该律令制定年代应该在一五九六年至一六〇三年间（详见本文第二部），故在本文中列在第三位。"同时提供了一条信息，说："额尔德尼洪台吉、额列可汗二人，于五六月间颁布了有关窃贼律令。"②奇格称作《额列可汗、额尔德尼洪台吉法典》，认为这部法典是16世纪末的某年五六月间制定，"据估计，阿巴岱汗继承者额尔亦黑汗执政时，他的车臣汗祖谟啰贝玛和札萨克图汗叔准图岱仍健在，或许是二者之

---

① 李金山主编：《蒙古古代四部法典》，内蒙古教育出版社，2010年，第26页。
② 李金山主编：《蒙古古代四部法典》，内蒙古教育出版社，2010年，第45页。

一"①。该律令全文法条只有第六条未译成汉文,图雅认为"二木博史译为:'揭发罪犯之额力齐索取双倍牲畜',不妥。原文费解,笔者目前尚不能解读"②。

4.《水兔年小律令》

该律令是于1603年在别尔克之阴布拉克水之滨,以昆都伦楚琥尔诺颜(又称图蒙肯赛因诺颜)为首的左翼四和硕范围内大小诺颜会盟制定的小律令,共十四条。

5.《木龙年律令》

1604年9月19日土伯特哈丹巴图尔台吉为首的左右两翼诺颜们会盟制定该律令,共六条,地点不详。

6.《蛇年苏木沁律令》

图雅在[译者前言]中解释说:"呼·丕尔烈将'蛇年'推断为一六一七年,所以该律令在其文中排在第十四位。据考证,'蛇年'应该为一六〇五年,按年代次序列出,该律令应该在第五位为适。"③也就是说,在此说的"蛇年"应该是1605年,这一年在赛因斡齐赖汗寺即额尔德尼召寺前,汗阿海等大小台吉制定和颁布了共计四条有关苏木沁的律令,故称《蛇年苏木沁律令》。所谓苏木沁者,供奉寺院的特殊集团,二木博史认为是一帮供奉寺庙的俗人集团,不只是给寺院交纳赋徭,还肩负向他们俗界的诺颜供给驿马和汤羊等,后来演变成寺庙的沙毕纳儿。

7.铁猪年小法

该律令在呼·丕尔烈抄文中列在第五位,图雅按其指定时间顺序列在第

---

① 奇格:《古代蒙古法制史》,辽宁民族出版社,1999年,第98页。
② 李金山主编:《蒙古古代四部典法》,内蒙古教育出版社,2010年,第45~47页。
③ 李金山主编:《蒙古古代四部典法》,内蒙古教育出版社,2010年,第56页。

七位,制定者不详,时间和地点"铁猪年夏末月,于鄂尔浑河畔开始拟定小律令",即1611年6月制定,共十条。图雅推论说道:"从该律令的制定地点及'小律令'之称可推断,该律令仍是一部在左翼四和硕内制定的小律令。"①

8.水牛年小法

该律令于1613年(水牛年)四和硕诺颜在斡齐赖赛因汗寺共同制定有关努图克律令,共七条。

9.阳木虎年四和硕小律令

该律令于1614年1月8日(阳木虎年正月初八)四和硕诸诺颜在赛因汗寺前制定,共一条。

10.阳木虎年赛罕寺律令

该律令于木虎年(1614年)正月初八日在赛罕寺前制定,参加会盟并制定者有车臣哈屯、昆都伦楚琥尔诺颜等二十余人,是又一部左翼四和硕范围内制定的律令,共十条。该律令在呼·丕尔烈抄文中列在第八位,拟题为"公母虎年赛汗庙法典",并介绍几位参加制定者,认为巴郎台吉是额列克墨尔根汗之子剌玛塔尔台吉之子,但二木博史认为巴郎台吉在制定本律令时还未出生,不会出席此次会盟,纳西罗夫只说了此人是额列克墨尔根汗之孙,但是并没有指名是哪位孙子。

11.木虎年秋律令

该律令于木虎年(1614年)九月初一,在阿勒塔噶特河畔制定的律令,出席会盟者有土谢图汗、昆都伦楚琥尔诺颜等二十四人,以上"诸诺颜共同制定了该律令",共六条。

---

① 李金山主编:《蒙古古代四部法典》,内蒙古教育出版社,2010年,第58页。

12.木虎年小律令

该小律令于木虎年(1614年)首月二十五日在霍塔固尔哈屯、达赖车臣洪台吉二人寺前,由土谢图汗、岱青昆都伦楚琥尔诺颜等为首的喀尔喀左翼四和硕范围内制定的小律令,共五条。

13.火龙年小律令

该小律令于火龙年(1616年)夏五月二十一日在昆都伦楚琥尔诺颜寺庙前,是由四和硕几位大小诺颜议定的,共八条。

14.龙年秋季小律令

该小律令制定于龙年(1616年)秋七月十五日,制定地点是在达赖车臣洪台吉寺庙前,共四条,又是一部在左翼四和硕范围内适用的小律令。

15.(龙年)一部律令

该律令开头写作"又一部律令,十月上旬后制定",依据最后一条规定"征讨无达日嘎之劫贼,则在龙年十月、五日以后"推断应为"火龙年"(1616年),制定地点不详,共七条。

16.法门律令

该法条开头写作"在伊拉古克三绰尔吉前,以土谢图汗为首的四和硕全体台吉为寺院学徒事宜制定了法门律令"。其中,"在伊拉古克三绰尔吉前"应是制定律令的地点,即伊拉古克三绰尔吉寺院前,制定者是以土谢图汗为首的四和硕全体台吉以及土谢图汗指衮布多尔吉,1614年即位,由此推断该律令成文时间应在1614年或其后,针对寺院学徒事宜而定,故称"法门律令",一共有九条。这是一部以土谢图汗为首的左翼四和硕汗、台吉会盟而定的律令。

17.小律令

该律令制定时间、制定者和地点等均不详,只有一条。

18.土兔年大律令

该律令仅剩下首页,其余内容无法得知。从首页记载中可断定,制定时间为1639年,地点为赛音汗寺,从"大律令"之称可断定,这是又一部在喀尔喀七和硕大会盟上制定的大律令,"其内容、规模应该与第一部律令——《六和硕律令》及第二部律令——《猴年大律令》相似"。

二、《白桦法典》的主要内容

从发掘出来的《法典》内容来看,是有关喀尔喀左翼各旗会盟、诺颜们之间的关系、防御敌人、维护社会秩序、刑事法规、民事法规以及规范风俗习惯等的法律规定。

(一)行政法规

有关行政法规方面,涉及诺颜贵族的会盟、鄂托克领地、军事行动、使者额力齐、行政事务等内容,并作了较为详细的规范。

有关会盟规定了诺颜们会盟的约定,迟到或无故不到会者则被认定延误或渎职罪,如果军事会盟时迟到,则是更严重的失职行为,如果某一旗犯错,派两名使者前往相商,或者哪一个旗袒护错者,则受到定罪量刑。

有关鄂托克领地的规定,诺颜不能破坏自己的鄂托克,各鄂托克不能随意迁居,鄂托克的诺颜们不能分割鄂托克而居。规定各旗的属民不得随意越界游牧或逃亡,抓住逃亡者,送回原来的诺颜处,追捕者受不同程度的奖励。各旗诺颜发现逃亡者,有义务追捕,否则被处罚。

有关防范来犯之敌的规定,知道大敌进犯而不报者,迎战中汗本人逃跑,平民逃跑,战斗中救助汗,丢弃不管本汗而归,丢弃战友而归,不得杀俘虏等,均受到定罪量刑处罚。

(二)民事法律规定

各旗间的各类事务,皆有使者前往联络,使者的权利受到法律保护,但使者也不能滥用职权,主要涉及牧民缴纳"乌拉"(驿马、车辆),"舒思"(汤羊、整羊、羊贝子)事。喀尔喀有三种乌拉,即抗敌用乌拉,诊治诺颜疾病用乌拉,调解诺颜之间的矛盾、纠纷用乌拉,这就是所谓的"古儿本兀亦勒gur-banuil"(三件大事)。除此之外还有不少名义的小乌拉,提供乌拉是旗民不可推卸的义务,一定要保证缴纳。还有法律规定之外的乌拉,诺颜们随意摊派的乌拉,摊到的平民必须提供,而诺颜的身份地位不同而缴纳的乌拉、舒思的数量有所不同。

(三)婚姻家庭继承规定

有关婚姻家庭继承规定有一夫一妻、姑娘法定婚龄二十岁、婚姻有证婚人、订婚聘礼、公主陪嫁和保护妇女胎儿权益等,有些是继承了《阿勒坦汗法典》规定的男人揪女人头发、撕破衣服、拉扯妇女被褥等违犯习惯法的行为,都列入了定罪量刑的范围。

(四)治盗法律规定

《白桦法典》与《阿勒坦汗法典》治盗规定一样非常详细,禁止一切偷盗行为,而且定罪量刑也较重,旨在治盗,防止社会混乱局面不断持续。

(五)宗教法规规定

为保护黄教,制定了从汗到平民遵守宗教法规的有关规定,苏木沁除了给世俗封建主提供沉重的各种赋税和服兵役、劳役外,还给寺庙提供乌拉和舒思,不准打骂喇嘛,不是寺庙的使者,不能骑用寺庙的乌拉等。另外,《法典》也给喇嘛阶层制定了相关戒律,如犯戒律、玷辱佛身、偷盗,邀请来的喇嘛和使者的吃住,同时喇嘛、班弟也不准打人等。

(六)环境保护法律规定

法典规定禁止失放荒火,荒火致死人命,以人命案惩处。保护野生动物方面规定,不许杀野骡,杀者犯法。

(七)刑法规定

在刑罚规定中,主要以犯罪罪名和刑罚种类两类为主,其中犯罪罪名以杀人罪、伤害罪等为主,刑罚种类包括死刑、以人顶替、处罚财物和罚畜刑等。

(八)司法审判规定

审判程序上,蒙古的惯例,审案一般情况下参与多名诺颜,不允许诺颜单独办案,若诺颜单独判错案件,受到处罚。《法典》规定定罪需要证人,没有证人,不能处罚,同时要求证人不能作假证,不能诬陷他人,如果提供的证明准确,则做证者受到奖励。参与审判的诺颜们不能逼迫证人,若逼迫证人随官指证,诺颜负其责,若指证错了,则受到处罚。

总览《白桦法典》的主要内容,比较《阿勒坦汗法典》既有继承又有新内容,继承内容有对执行公务者——额力齐的人身保护和提供吃住的规定,保障封建乌拉、舒思的征调,婚姻家庭及妇女儿童合法权益的保护,刑法治盗和罚畜刑处罚等。增加新内容方面,行政法规的会盟、防御来犯之敌、领地范围的划分,民事婚姻家庭的一夫一妻、婚龄、订婚证人、彩礼等,宗教法规戒律、喇嘛特殊身份地位和权利,司法审判的审案、证人等。

三、《白桦法典》中的刑法罪名

《法典》针对当时蒙古社会犯罪行为规定了刑法罪名,《猴年大律令》第一条便明确强调制定法的约束力,即"汗若违背该律令,罚马一千匹、盔甲一百副、驼一百峰。若有属民的孛儿只斤氏违背,仍罚以此例。若无属民的孛儿只斤氏违背,罚三九。塔布能、西格齐纳儿违背,罚盔甲五副、驼五峰、马五十匹。哈剌础人违背,杀其身,籍没其牲畜"[①]。

《猴年大律令》第三十三条规定"勿以掠夺方式索取雅拉。须带额力齐前往有罪者诺颜处。若未经其诺颜许可便索取雅拉,诺颜可收取这些雅拉。若夜间私自强行讨取雅拉债务,讨债者全体以窃贼论。若在白昼私自强行讨取雅拉债务,则取消债务。须至其Jomu处。其Jomu知情却不向有罪者索取雅拉支付赔偿,则罚其Jomu"[②]。

(一)延误、渎职罪

《法典》规定,诺言们严格遵守会盟的约定,迟到或无故不到会者则被认定延误或渎职罪,"迟到三日,罚马十匹、驼一峰",明知故犯,"罚马百匹,驼十峰"。如果军事会盟时迟到,"没收诺颜的铠甲及全鞍马"。如果某一旗犯错,派两名使者前往相商。如果不向使者认错,大家共同前去杀其汗,分其兀鲁思。哪一个旗祖护错者,罚马千匹、铠甲百领、驼百峰、分给前去的各旗

---

① 图雅:《桦树皮律令》文书研究,内蒙古人民出版社,2019年,第70页。
② 图雅:《桦树皮律令》文书研究,内蒙古人民出版社,2019年,第74页。

使者骑乘。

《法典》第四十六条"诺颜若拒绝前来会盟,罚盔甲一副、驼百峰、马一千匹"。而《猴年大律令》第四条规定"汗若拒不前来会盟,罚马一百匹。若塔布能、西格齐纳儿拒不前来会盟,则罚马五十匹、驼五峰"①。

第五十条"若拒绝为传达会盟、打猎及诺颜或其家祭祀等事宜行使者提供驿马,罚马一匹。其他额力齐若肆意乘骑驿马,则罚五"。

《猴年大律令》第九条规定"若某和硕犯了错,各和硕要派两名额力齐前往其处。某和硕若拒不派遣额力齐,则罚该和硕驼一峰、马二匹。有过错之和硕若不认其错,大诺颜们再派一百名额力齐,小诺颜们派五十名额力齐前往其处。……若仍不向大小诺颜们的额力齐认错,大家则要一同前往该和硕治罪。对该和硕的汗人处以流放,籍没其全部属民,各和硕分之。若某和硕与犯有过错之人交好并袒护他,则罚马一千匹、盔甲一百副、驼一百峰。以上各额力齐须乘骑各和硕之马"。

《猴年大律令》第十一条规定"在争端中某和硕有理,该和硕额力齐可在两和硕境内随带一匹马换乘。若从其他和硕索取马匹乘骑,则论为阿拉宕吉,罚乘骑马一匹"。

《猴年大律令》第三条规定"哈剌础人若中断三件大事之额力齐驿马,籍没其牲畜,杀其身。若中断其他额力齐之驿马,则罚马一匹"。

《猴年大律令》第三十九条规定"驿丁若将已配备给某额力齐之驿马私下给他人乘骑,应罚取一头牛"。

《猴年大律令》第四十一条规定"驿丁若将尚未配备给某额力齐之[驿马]私下给他人乘骑,罚取一只羊、三九牲畜"。

---

① 图雅:《桦树皮律令》文书研究,内蒙古人民出版社,2019年,第70~71页。

《猴年大律令》第七十七条规定"要向奉大国之令而行使之额力齐提供驿马"。禁止变更领地。第四十七条"平民不经大诺颜许可便返回营地,作为阿拉宕吉,罚盔甲一副、马四匹、驼一峰"。

《猴年大律令》第五条规定"作为汗阿海左右翼游牧的大小诺颜,若擅自更换其游牧地,罚马五十匹、驼五峰。若塔布能、西格齐纳儿擅自脱离汗游牧,则罚三九"。

《猴年大律令》第四十八条规定"明知插木头择定之地,仍无视而立帐者,罚三九牲畜。不知情而立帐者,罚马一匹"。

军事御敌方面,《法典》第四十八条"一和硕单独出击掳掠敌人,罚驼十峰,马一千匹"。

第四十九条"谁若拒绝向为诺颜之事或禀明敌情而行使者提供驿马,罚牛百头、十个别尔克"。

《猴年大律令》第六条规定"与敌交战,汗若临阵逃遁,罚马一千匹、驼一百峰、盔甲一百副。若孛儿只斤氏逃遁,仍照此例处罚。若塔布能、西格齐纳儿逃遁,亦仍照此例处罚。哈剌础人逃遁,若为披甲士兵,罚其盔甲和四匹乘骑马。若为无盔甲士兵,罚二匹乘骑马"。

《猴年大律令》第七条规定"救出敌中落难之汗人者,将在七和硕内封为达尔罕。遗弃敌中落难之汗人回营者,杀其身,籍没其牲畜"。第六十条"某人若以图什墨德徇私为某人之雅拉说了开脱词而攻击图什墨德,罚一九、驼一峰"。

第六十一条规定"图什墨德若独自做主误断案例,罚以驼为首的五头牲畜";第六十四条规定"被命为额力齐而拒不前往者,罚驼等一九"。《猴年大律令》第七十六条规定"被命为额力齐而拒绝前往者,罚以一峰骆驼为首之一九"。

《法典》第六十五条规定"受大兀鲁思之令行使之额力齐因所骑之马疲惫而需要换马时拒绝给予者,罚一九"。

《猴年大律令》第十四条规定"单独出击外敌之和硕,应照未出击敌人罪相等之'巴'处罚"。

《猴年大律令》第五十三条规定"看见敌之大军来袭,不报警者,杀其人,籍没其牲畜。"

（二）杀人罪

《法典》第十条规定"汗主破坏寺庙,七旗共讨之。平民,破坏寺庙,杀其人,没收全部财产"。"勿杀俘虏,若杀之,罚驼一峰。"《猴年大律令》第十五条规定"巴克什、恰、图克沁、布热沁、乌尔鲁克等人若被杀害,则以五赔偿,其安租照例"。

《猴年大律令》第二十三条规定"杀人者,罚以三百三十为首的安租,并以人或骆驼之任一支付赔偿"。

《猴年大律令》第二十八条规定"因狗吠或狗咬致人死,狗的主人要以一人或一峰骆驼支付赔偿"。

《猴年大律令》第二十九条规定"牛踢人致死,牛的主人要以一人或一峰骆驼支付赔偿"。

《猴年大律令》第三十条规定"因各种过失而致人死,要以一百五十个安租赔偿。若死者为妇人,要索取驼一峰、马一匹。若为乳妈,仍以乳妈赔偿"。

《猴年大律令》第三十一条规定"未婚之女、被拐骗之女人、通奸之女人,杀这等人,论为杀人之安租罪"。

《猴年大律令》第五十四条规定"屠夫杀人,仍以人之安租论"。

《猴年大律令》第八十一条规定"在战阵中故意杀死自己人,与杀人之安租同"。

（三）伤害罪

《法典》第十三条规定"无论何人,若以刃器击打他人,处罚三九。以石头、木头击打他人,处罚一九。以鞭子、拳头鞭打他人,处罚五。若击打额力齐,则罚取三九加二或一头牲畜"。"汉人相互打架",第三十二条"塔布能击打伊色勒人仍照大例处罚。若塔布能子弟,照塔布能例处罚。不是塔布能,则照博尔济吉特氏例处罚"。

《猴年大律令》第八条规定"哈剌础人若嫉恨出手击打汗人,杀其身,籍没其牲畜"。

《猴年大律令》第十二条规定"汗人若彼此动用刃器,罚马一千匹、驼一百峰"。

《猴年大律令》第十九条规定"击打雅门图人,罚三九"。

《猴年大律令》第二十条规定"雅门图人击打伊色勒人,若因政事,无妨,若凌辱击打伊色勒人,则罚一九"。

《猴年大律令》第二十四条规定"毁击人之目,则与人命案之安租同"。

《猴年大律令》第二十五条规定"打落人之牙齿,罚一九。须以牙齿支付赔偿"。

《猴年大律令》第二十六条规定"折伤人之手,未致残,罚三九,若致残,则与毁目之安租等同"。

《猴年大律令》第二十七条规定"若致残无名指、食指,罚三九。若致残其余诸指,罚一九"。

《猴年大律令》第三十二条规定"击打孕妇致流产,照胎儿月数罚取若干九牲畜"。

《猴年大律令》第六十一条规定"伊色勒人动刃器或以刃器击打他人，罚一九。以鞭子、拳头、石头、木头击打，罚五。用木头、鞭子、拳头的任一种击打，罚马一匹"。

（四）侮辱罪

《法典》第十四条规定"斥责侮辱博尔济吉特氏者，罚五。若出手打博尔济吉特氏，其处罚度严于击打伊色勒人"。其他法条还规定"斥责侮辱额力齐"、第二十条规定"平民若以言语攻击斥责汗及夫人，杀其身，籍没其牲畜"。还有"辱骂塔布能……辱骂阿哈或诺颜……辱骂阿勒巴图之妻"等；第五十七条"谁若在两个诺颜间进谗言，须查明是非。其所言若不实，处死之。若属宠爱之数，可用盔甲一副、八匹马赎其身"。

第八十四条"伪称诺颜、哈屯斥责侮辱其身者，罚其牲畜一半"。

第八十五条"哈剌础人彼此向其诺颜进谗言，则以人骆驼为首，罚五九"。

《猴年大律令》第十九条规定"辱骂雅门图人，罚一九并加驼一峰"。

（五）假冒、欺骗罪

《猴年大律令》第三十四条规定"谁若冒称额力齐勒索驿马、汤羊，罚三九"。

（六）逃亡罪

《法典》第十六条规定"若遇从他处投靠某诺颜之逃人，应把逃人交换原处。"第十七条规定"将前往七和硕之逃人交还原处"，得到奖赏。

第五十五条"应拿获在六和硕间流窜之逃人交换其诺颜。拿获者分之逃人牲畜之半。谁若不将逃人拿获交换原处,大家则一同治罪于此人"。

第五十六条"各和硕要向逃往其他和硕之逃人派遣额力齐,若拒绝派遣额力齐,则索取两匹马"。

《猴年大律令》第五十七条规定"发现七和硕间流窜之逃人,分得其一半"。

《猴年大律令》第五十八条规定"发现逃往敌处之逃人,可全部占为己有"。

（七）偷盗罪

《法典》第二十二条规定"西格沁、乌尔鲁克、图克沁、布热沁、达尔罕、沙毕纳儿、太师,若这等人行窃,少罚二九"。

《猴年大律令》第六十条规定"西格沁、乌尔鲁克、图克沁、布热沁、达尔罕、沙毕纳儿、太师,这等人行窃,惩罚度等同。这等人之妻行窃,罚十九。其丈夫行窃,罚八九"。

《法典》第二十三条规定"除外甥从舅表处偷窃外,均以偷窃论"。《猴年大律令》第六十四条规定"除外甥从舅表处偷窃外,均以偷窃论"。

《法典》第二十四条规定"收留他人遗弃之女人及字斡勒,均以偷窃论"。《猴年大律令》第六十五条规定"收留他人遗弃之姑娘、女人及奴仆,均以偷窃论"。

《法典》第二十七条"发现盗赶牲畜者,若认识窃贼,须禀报此消息;若不认识窃贼,则把被偷窃之牲畜全部抓获而来"。《猴年大律令》第六十七条规定"发现偷赶牲畜之人,若认识窃贼,则向诺颜禀明;若不认识窃贼,将被偷窃之牲畜及人全部抓获而来"。

《法典》第五十一条"若窃贼从睦邻盗赶马群,马数达一百匹,被盗和窃贼所属两名诺颜各取应罚牲畜之一半。若盗赶之马匹数量少,则抓获窃贼者取之即应罚牲畜,窃贼应送到被盗者处"。《猴年大律令》第六十八条规定"若窃贼从睦邻盗赶马群,马数达一百匹,被盗和窃贼所属两名诺颜各取应罚牲畜之一半。若盗赶之马匹数量少,则抓获窃贼者取之,窃贼应送到被盗者处"。

《法典》第六十七条"偷窃夹子、皂雕、鹰等网套,罚三九。偷窃鹜、白眉雕、狗头雕,罚五。偷窃鹜、狗头雕等网套,罚九"。

《法典》第七十七条"隐匿行窃之人,罚其诺颜。若Ĵomu kümün隐匿窃贼,则逐出Ĵomu kümün之列,作为阿拉宕吉,罚三九"。

《猴年大律令》第三十五条规定"偷窃公马、公骆驼、罚三九。偷窃母马、母骆驼罚十二九。偷窃种马、种公驼、种公牛、种山羊、种绵羊,论以偷窃公驼、牛、山羊、绵羊之罪例处罚"。

《猴年大律令》第三十六条规定"应把行窃人抓捕交纳,若拒不交出窃贼,作为交换物,须给予一人或驼一峰。王等已知狡猾的窃贼却不行拿获以致脱逃,则要向其十户长按人数罚取若干乘骑马"。

(八)抗税罪

《法典》第二十一条规定"拒绝向诺颜供汤羊,罚三九波达"。第二十八条规定"拒绝向阿巴海诺颜夫人供汤羊,罚一九波达。拒绝向塔布能供汤羊,罚五波达"。

《猴年大律令》第三条规定"哈剌础人若中断三件大事之额力齐驿马,籍没其牲畜,杀其身。若中断其他额力齐之驿马,则罚马一匹"。

（九）遗弃罪

《法典》第三十四条"将同伴弃于敌阵回营者,罚盔甲一副、驼一峰、乘马二匹"。

《猴年大律令》第八十九条规定"拒绝向旅行人提供住宿,罚羊一只"。

（十）婚姻家庭继承规定

有关保护妇女儿童的法律规定,《法典》保护妇女权益的相关规定,如《猴年大律令》第四十七条规定"揪女人头发,罚三九。扯断女人冒缨,罚一九。扯断男人冒缨,罚马一匹"。在蒙古人的观念当中,人的头部和头上戴的帽子等是神圣不可侵犯的东西,若任意触摸或破坏,被认为是对其灵魂的褒渎和人格的不尊敬。殴打女人使之堕胎,怀胎几个月,罚几九。

第五十三条"取消无出首人之婚礼,婚礼须由出首人。将年满二十岁之女,经报知女方诺颜和男方诺颜后,方可许配他人"。《法典》给我们提供了了解蒙古古代婚姻家庭方面的新规定。

《法典》保护妇女的权益。揪女人的头发,罚三九;揪女人的帽缨,罚一九;揪男人的帽缨,罚一马。在蒙古人的观念当中,人的头部和头上戴的帽子等是神圣不可侵犯的东西,若任意触摸或破坏,被认为是对其灵魂的褒渎和人格的不尊敬。殴打女人使之堕胎,怀胎几个月,罚几九。后来的《卫拉特法典》继承了这条内容。拐走他人之妻,如原男人同意其回家,则没事,若不同意,罚二"别儿克"。"别儿克"一词是蒙古法制史上新出现的处罚单位。一别儿克含驼、马、牛、绵羊、山羊五畜。人钻男人的被窝,罚三九。

（十一）纵火罪

《法典》第五十八条"发现纵火者，索取一匹马加五。失火烧毁之阿拉宕吉为五，烧毁之物均须赔偿。若因纵火而致人死亡，则罚以安租"。

《猴年大律令》第七十四条规定"纵火者，罚五。目睹者可获取所罚之物。烧毁何物，均须赔偿"。

《白桦法典》是继《阿勒坛汗法典》的一部承上启下的法典。1640年制定的《卫拉特法典》吸收了很多《白桦法典》的内容。其制定时间较长，大概前后用了60余年。内容比较分散，所以没有像《卫拉特法典》那样具有系统性。从民事法规的角度看，《白桦法典》比以往任何一部法典都有进步，而且详细。但从刑事法规的角度看，它的惩罚过于严苛，有失于蒙古法的"宽泛"精神，如动辄杀头，罚畜以千百计。《阿勒坛汗法典》几乎是废除死刑。在《卫拉特法典》中，除对国家的安全带来严重威胁的罪行外，也没有杀人的条例。

为防止诺颜之间相互杀害，规定，处死杀人者，分其兀鲁思，一半分给受害者家属。

打架斗殴所致的不同伤害，按轻重不同惩罚。误伤致死女人罚一陀一马，若孕妇，加罚一驼一马。牲畜致人死亡，牲畜主人受到以人顶替或罚畜。

15世纪中后期，达延汗结束了蒙古社会长期以来的战乱、割据、内讧的状态，大汗权力的提高是前所未有的，这有利于推动蒙古社会的进步和发展，客观上对16世纪末叶开始的蒙古政治、宗教改革铺平了道路。而达延汗改革也有其消极的一面，内斗不断升级。大汗政权为挽救其旁落的汗权和政治统治，采取了一系列措施。可以说，16世纪末蒙古政治改革的核心是引进黄教，统一思想，制定法典，治理社会，建立一个强有力的统一国家。在这种背景下,从代表蒙古正统的图们汗开始,土默特部阿勒坛汗、喀尔喀封建主们以及卫拉特联盟封建主们制定了法典。《图们汗法典》、《阿勒坛汗法典》、《白桦法典》、旧《察津毕其格》等是这一时期法典的代表作。

四、《白桦法典》中的量刑处罚

综观《法典》的全部内容,刑罚种类包括死刑、"案主"、"阿拉宕吉"、"雅拉"、"别尔克"等内容的罚畜刑等,但仍以罚畜刑为主。

（一）死刑

有关死刑的处罚在《法典》中较少出现,这一点与前面说过的《阿勒坦汗法典》具有相同之处,延续了少杀慎杀的司法裁断思想。综观《法典》的内容,死刑的处罚出现在以下几个条款中。

1.《六和硕律令》有两条

第二十条规定:平民若以言语攻击斥责汗及夫人,杀其身,籍没其牲畜。

第五十七条规定:若谁在两位诺颜间谗言,必须查明是非。如果其所言不真实,则处死之。若属宠爱之数,可用盔甲一副、八匹马赎其身。

2.《猴年大律令》有四条

第一条:哈剌础人违背[该律令],杀其身,籍没其牲畜。

第三条:哈剌础人若中断三件大事之额力齐驿马,籍没其牲畜,杀其身。

第七条:救出敌中落难之汗人者,将在七和硕内封为达尔罕。遗弃敌中落难之汗人回营者,将其杀死,籍没其牲畜。

第五十三条:看见敌之大军来袭,不报警者,杀其人,籍没其牲畜。

3.《蛇年苏木沁律令》有一条

第一条：汗人若侵犯寺庙，七和硕[诺颜]则一同追究此事。哈剌础人若侵犯寺庙，将其杀死，并夺其牲畜。

4.《水兔年小律令》有一条

第九条：赛德若挑拨离间其诺颜，大家则要一同处死其人。

5.《铁猪年小律令》有一条

第四条：要弄清查明在两个诺颜间挑拨离间者所言是否属实。所言不真实，则杀之，并籍没其牲畜。

6.《阳木虎年赛罕寺律令》有一条

第七条：若众人行窃，杀其中两名赛音·珲，并带其他人前去受审。二人行窃的，杀掉年长者。若一人行窃，则把窃贼送到他的诺颜前。不送诺颜处便杀之，则取消罪行。若称窃贼中箭而亡，则应逼其赛德支付所罚之物。

以上规定可以看出，死刑主要对平民以言语攻击斥责汗及夫人、在两个诺颜间挑拨离间、中断使者驿马、遗弃敌中落难的首领、侵犯寺庙、众人行窃等被认为是严重威胁汗庭权威和统治、严重扰乱社会秩序的犯罪行为予以使用。

（二）以牲畜为主的财产刑

《法典》对一些认为是严重的犯罪行为作出了以牲畜为主的财产刑，与前述《阿勒坦汗法典》相比，其严苛程度有所加大。这表明，立法者试图通过最为严厉的财产刑来惩戒和阻却犯罪，维护社会稳定的强烈意图。《法典》中出现的与罚畜刑有关的财产罚包括安租、阿勒宕吉、赔偿、罚别尔克、罚马驼等。

1.安租

安租,又音译为"案主"或"按主",在汉语中无对应词,以家畜为主的财产惩罚,具有赔偿损失和经济补偿作用,一般在杀人、伤害或盗窃等重罪中使用。安租,其较早见于蒙元时期的汉文记载。《黑鞑事略》记载:"其犯寇者,杀之,没其妻子、畜产以入受寇之家。或甲之奴盗乙之物,或盗乙之奴物,皆没甲与奴之妻子、商产,而杀其奴及甲,谓之断案主。"[①]这时说的"案主"是对"犯寇者"(剽掠)的罪的顶级处罚,包括死刑及罚没妻子、畜产。

《白桦法典》中有关"安主"刑的处罚有以下几点:

(1)《六和硕律令》中共有八条,分别是:

第一条:……大毛羊皮……汤羊……作为安租……一只……。

第八条:与敌交战,杀……人,仍处以人之安租……。

第九条:屠夫……人,与杀人之安租同。若宰杀马,与杀死……之安租同。

第四十一条:谁若企图诬陷他人为安租罪而宰杀牲畜,……被处以安租之例。

第五十八条:发现纵火者,索取一匹马加五。……若因纵火而致人死亡,则罚以安租。

第七十条:杀野驴,则以安租论。

第七十三条:三日内宰吃受伤之野驴,则以安租论。

第七十八条:偷盗人口者,仍以人之安租论。

(2)《猴年大律令》中共有十一条,分别是:

第十五条:巴克什、恰、图克沁、布热沁、乌尔鲁克等人若被杀害,则以五

---

① 王国维:《黑鞑事略笺证》,第十六叶正面。

赔偿。其安租照例。[①]

第十七条：汗人若把已婚之阿巴海许配他人，罚五十个安租、五个别尔克。

第十八条：如果汗人想要把哈剌础部落的已经订婚的女子许配给其他人，必须得到这位女子诺颜的同意，才可以将她许配给别人。如果没有得到同意就许配给别人，就应该把这位女子归还给原先订婚的人。如果拒绝归还这位女子，就要支付一百个安租作为赔偿。

第二十三条：杀人者，罚以三百三十为首的安租，并以人或骆驼之任一支付赔偿。

第二十四条：毁坏他人的眼睛，将被视为与故意伤害案件中的赔偿金额相同。

第二十六条：折伤人之手，未致残，罚三九。若致残，则与毁目之安租等同。

第三十条：因各种过失而致人死，要以一百五十个安租赔偿。若死者为妇人，要索取驼一峰、马一匹。若为乳妈，仍以乳妈赔偿。

第三十一条：对于未婚女子、被拐卖的女性以及通奸的女性，如果将她们杀害，将被视为故意杀人罪，并需要支付相应的赔偿。

第五十四条：屠夫杀人，仍以人之安租论。若宰杀马，以马之安租论。

第七十五条：称自己为额力齐，并捏称乘骑之马死掉而把马卖掉者，罚

---

① 巴克什：《三云筹俎考》记载："榜实，是写番字书手。"；图克沁(tuyci)：《十善福经白史》记载："keger-ün yurban yamu-anu tuyein b.rege.in qo.iyu.in kikiri.in yajir.in üjiye.in."（译文：外营五职如图克沁、布热沁、尖兵、旗牌官、向导。)；乌尔鲁克(.rl .g)；《十善福经白史》记载，元代有九名乌尔鲁克，其官位在诸官中排在第五位。据明代史书及档案文书，乌尔鲁克应该是元朝灭亡后盛行的蒙古官号。《梓树皮律令》第二(呼·丕尔烈抄文第十六)部律令——《猴年大律令》中提到当时的七和硕执政大臣们有乌尔鲁克、欢津等不同称号。可知，当时乌尔鲁克只是汗、诺颜手下处理百姓日常诉讼案件的官员。详见李金山主编：《蒙古古代四部法典》，内蒙古教育出版社，2010年，第20页。

被卖掉之马匹的一半安租。

第八十一条:在战阵中故意杀死自己人,与杀人之安租同。

(3)《木龙年律令》中共有三条,分别是:

第一条:击毁人之双目,与杀人之安租同。击毁一目,则罚杀人而须赔偿之安租之半。

第二条:折断人之手,则以击毁人之目例处罚。

第四条:如果杀害哈剌础部落的奴隶,将会被处以杀人刑罚,并需要支付一半的赔偿给哈剌础部落。如果与他的妻子发生性行为,同样会被罚款,赔偿金额为一半的安租。

(4)《木虎年秋律令》中有一条:

第三条:如果一个诺颜娶了另一个已经与他人订婚的诺颜女子,就需要让这位女子离婚,并被罚款十个户口的人和一千个安租。这里没明确说,是何种级别的官吏,但凡有迎娶已聘定之女则被认为是破坏婚俗礼制的严重罪行,要受极重的"安租"刑。

(5)《水牛年小律令》中有一条:

第五条:诺颜若将他人已聘定之女许配他人,须赔偿三百个安租。若将此女给还原聘定之人,则只补偿一百个安租。这与前面规定和治罪意图相同。

(6)《铁猪年小律令》中有一条:

第九条:诺颜若把他人已聘定之女许配给他人,则向娶他人已聘定之女者索取安租,并将该女给还其家。

(7)《(龙年)一部律令》中有一条:

第一条:今后所有犯罪的人都会被处以赔偿的安租。如果事实证明他们是无辜的,就会洗清自己的罪名,不需要赔偿马匹。如果在洗清罪名后仍然要赔偿马匹,那么将被视为阿拉宕吉(也是一种财产刑,比"安租"刑要轻缓一些,下面有详细解释),罚取误断之诺颜驼一峰、马一匹。

(8)《水兔年小律令》中有一条:

第三条:诺颜、塔布能、几位掌权者如拒绝搜查,须赔偿失物之安租。拒绝充当搜查者,则罚马一匹。充当搜查者,可获取一九。

(9)《龙年秋小律令》中有一条:

第一条:行窃之人如果不能缴纳足够的安租,那么就会实施让他的家人和亲属离异的计策。如果以借口拒绝交纳,就会前往他的达日嘎督促,经过三次督促仍不支付,首先会向其达日嘎要求五匹马。之后再向窃贼要求十匹马。如果拒绝交付这些马匹,将被视为五次阿拉宕吉,并罚款十匹马。如果仍然不反省,就会被安排在他所属的诺颜处住五天。需要在白天索取罚取的马匹。

此时的"安租"刑被使用于与敌交战、宰杀牲畜、诬陷他人、杀野生动物、偷盗人口、因纵火而致人死亡等被认为是较为严重的犯罪处罚上。也可被使用于杀人、伤人、过失而致人死、偷盗、婚事等严重的犯罪行为。值得一提的是,伤人眼睛及断人手臂等伤害罪与杀家奴受同等刑罚,这是人的身份地位不平等性在法律上的体现。

2.阿拉宕吉

阿拉宕吉(aldanggi),汉语无对应词,蒙元时期汉译为按打奚、案打奚、按答奚,是一种古老的刑罚,对其词意解释各异。达力扎布指出,"按答奚"正如松川节所言应为蒙古语 aldangqi 的汉语译音。aldangqi 或 aldanggi 是指 aldaqu 或 aldal(过失)进行处罚的刑名,与 aldaltan 相同。alda,aldal 是过失或罪过之意,aldaqu,aldatuyai,alda'ul(aldayul),aldaltan boltuqai 都是指处罚行为,aldangqi,aldaltan 是刑名,亦指断罚的牲畜财物。"按答奚"原意是"过错",汉译为罚、罪过、罪戾,这是汉译表达方式。①

《白桦法典》中阿拉宕吉规定如下:

(1)《六和硕律令》中有五条,分别是:

第四十四条:将教法之心斡齐赖汗引入法界的父亲般的恩师、青卓里克图达瓦齐达尔罕彻辰巴克什[注30],与他争夺驿马及汤羊者,作为阿拉宕吉,以五为首,罚五十头牲畜。若为苏默沁人,可减免。

第四十五条:诺颜若以马瘦弱为由,不经大诺颜许可便返回营地,作为阿拉宕吉,罚驼五峰、马五十匹。

第四十七条:平民不经大诺颜许可便返回营地,作为阿拉宕吉,罚盔甲一副、马四匹、驼一峰。

第五十八条:发现纵火者,索取一匹马加五。失火烧毁之阿拉宕吉为五,烧毁之物均须赔偿。

第七十七条:隐匿行窃之人,罚其诺颜。若jomukümün[官员]隐匿窃贼,则逐出jomukümün[官员]之列,作为阿拉宕吉,罚三九。

(2)《猴年大律令》中共有三条,分别是:

第十一条:在争议中,如果某个和硕理属有理,那么该和硕额力齐可以在两个和硕的地界内携带一匹马用于交换。如果从其他和硕索取马匹用于骑乘,将被视为阿拉宕吉,需要罚款用于骑乘的一匹马。

第九十一条:传达诺颜家死讯或雅拉之事行使之额力齐应向诺颜索取马匹乘骑。其间,为上述两件事而行使之额力齐马匹若疲惫,可向掌权的图什墨勒请示换马乘骑。提出请示而拒绝给予者,所犯之阿拉宕吉仍是给予马匹。

---

① 达力扎布:《〈喀尔喀法规〉汉译及研究》,中央民族大学出版社,2015年,第88页。

第九十三条:掌权的图什墨勒(官吏)若醉酒误断案例,则论为阿拉宕吉,立即免其官职。

(3)《水兔年小律令》中有两条,分别是:

第四条:行窃人之安租需加罚,可加马一匹。若隐匿窃贼,则罚其诺颜;若首楞额隐匿窃贼,则罚首楞额。向他们索取三九阿拉宕吉。

第八条:果图什墨德在审理本和硕的案件时徇私舞弊,本和硕的诺颜将负责处理。如果在审理其他和硕的案件时徇私舞弊,两个和硕的诺颜将分享所罚的阿拉宕吉处罚。

(4)《蛇年苏木沁律令》中有一条:

第三条:诺颜可以向苏木沁索取午餐和晚餐的汤羊。如果苏木沁拒绝提供汤羊,将会被罚款一匹马。苏木沁需要向诺颜提供两匹驿马。不需要向其他额力齐提供驿马。如果其他额力齐向苏木沁索取驿马,将被视为阿拉宕吉。

(5)《木虎年小律令》中有一条:

第二条:若达日嘎故意纵使窃贼逃逸,则撤免其达日嘎官职,并作为阿拉宕吉,罚驼一峰、马四匹。若系首楞额,则罚驼一峰、马二匹。

(6)《(龙年)一部律令》中有两条,分别是:

第一条中记载道:今后所有犯罪的人都将被处以赔偿的安租。如果事实证明他们是无辜的,就会澄清他们的罪名,不需要赔偿马匹。如果在澄清罪名后仍然要求赔偿马匹,将被视为阿拉宕吉,需要赔偿误判的诺颜一头骆驼和一匹马。

第二条中记载道:实际上被罚款要交马匹的人,却虚称自己没有被罚款,将会被罚款十六匹马和两峰骆驼。索取马匹的人在带来之前必须向他们的诺颜告知。他们的诺颜要提供四匹优质马,以交换四匹次质马。如果诺颜阻止索取这些马匹,将从他们处驱赶走一百匹马。在驱赶完这些马匹后,仍然不反省,就按照之前的规定,再从他们处驱赶一百匹马。如果罚款一个阿拉宕吉,应前往他们的达日嘎。如果达日嘎知悉情况却仍然拒绝提供,那么需要在达日嘎处住三天。如果仍然阻止索取这些马匹,将向达日嘎罚款一匹马。

(7)《法门律令》中有一条:

第三条:若丢失驿马、经膳、乳食等,以双倍罚取。若行窃之学徒借故拒不偿还或逃回其家,则论为一九阿拉宕吉。

(8)《阳木虎年赛罕寺律令》中有一条:

第三条:主人或其他人若阻止,作为阿拉宕吉,罚三九加一匹乘骑马。

可见,《白桦法典》中出现的"阿拉宕吉"刑适用于未经大诺颜许可便返回营地、失火烧毁财物畜产、官员隐匿窃贼、官员醉酒误断案例、官员断理案件徇私开脱等违反行政命令和法规,渎职和其他不当行为的处罚。较之"案主"刑对官员渎职等行为的处罚轻缓得多。

3.雅拉

yal-a,音译为雅拉。《白桦法典》的罚畜刑之一。汉语无对应词。雅拉意为官司、诉讼、罚畜或罚物、罪等,现代蒙古语指罪、罪行、罪过等。其动词有治罪、罚、处罚等义。[①]

《白桦法典》中"雅拉"的规定如下:

(1)《六和硕律令》中有两条,分别是:

第五十二条:无论什么样的雅拉和债务,债主都应与债务人的额力齐一同前往债务人的诺颜处居住九天。前五天各自用自己的食物,接下来的四

---

① 达力扎布:《〈喀尔喀法规〉汉译及研究》,中央民族大学出版社,2015年,第78页。

天由欠债者的诺颜提供食物。如果诺颜明知欠债却拒绝支付,将会罚款一峰骆驼和八匹马。债主如果存在错误,却向他人索要债务,应当按照索取的数量将物品归还给被索取者。

第六十条:某人若以图什墨德徇私为某人之雅拉说了开脱词而攻击图什墨德,罚一九、驼一峰。

(2)《猴年大律令》中共有三条,分别是:

第三十三条:不要以掠夺的方式索取雅拉。必须携带额力齐前往有罪者的诺颜(部落、氏族等)处。如果未经其诺颜同意就索取雅拉,诺颜可以收取这些雅拉。如果在夜间私自强行讨取雅拉债务,所有讨债者都会被视为窃贼。如果在白天私自强行讨取雅拉债务,债务将被取消。

第六十九条:无论什么雅拉和债务,债主应该与额力齐一同前往欠债者诺颜处居住九天。五天吃自己的食物,剩余四日由欠债者诺颜提供食物。诺颜明知所属人欠债却拒绝支付,则罚驼一峰、马八匹。若超额索取,罚九匹乘骑马。谁若阻止债主索取债物,须照数给还其物。债主实有过错,却向他人索取债务,应把索取之物照数还给被索取者。

第九十一条:传达诺颜家死讯或雅拉之事行使之额力齐应向诺颜索取马匹乘骑。其间,为上述两件事而行使之额力齐马匹若疲惫,可向掌权的图什墨勒请示换马乘骑。提出请示而拒绝给予者,所犯之阿拉宕吉仍是给予马匹。

这里,前两条中的“雅拉”与第五十二条中的意思相同。第九十一条的“雅拉”第六十条中的意思相同。

(3)《额列克汗、额尔德尼洪台吉二人颁布的律令》中有一条:

第一条:若被确定有罪,但自称无罪,且拒绝支付赔偿的情况下,前去索取雅拉或债务的人将在有罪者的诺颜处居住十天。前五天自己提供食物。

接下来的五天,有罪者的诺颜需要提供牛肉。如果期限已到仍然不支付赔偿,将向有罪者的诺颜索取一峰骆驼和八匹马。

(4)《阳木虎年赛罕寺律令》中记载着两条,分别是:

第一条:对于这些诺颜和台吉,如果他们拒绝支付其属民的雅拉,前去索取雅拉的人需要在其诺颜处居住十天。前五天提供自己的食物,接下来的五天向诺颜乞求牛肉。如果诺颜拒绝提供,可以采取强制手段获取牛肉。

第二条:如果诺颜夺取牛,索取雅拉的人应当当日索取该诺颜的法定"白畜群"、私属人口、马夫及八匹马、一峰骆驼。

(5)《火龙年小律令》中共有三条,分别是:

第四条:如果抓捕并将从外地逃来的四个和硕的阿勒巴图归还,将会被处以三十九的罚款,并需要赔偿挥霍的牛的数量。必须按照实际数量进行赔偿。如果抓捕的人杀死了被俘获的人,抓捕者需要支付一半的雅拉作为赔偿。杀人者将承担全部罪责。将杀人者送回其主人处,并索取所有被处罚的物品。

第七条:四和硕内如有债务未偿还者、雅拉,则汗派漏力齐前去断理取之。

第八条:若债务、雅拉之商议系汗本人,应由两位洪台吉出面断理,面断理。

"雅拉"基本是以下两层意思交替使用:一是索取罚畜,应指因罪产生的罚畜赔偿的索取过程;二是具有罪责、罪案、断案的意思。

4.别尔克

Beaker,音译为别尔克,有关罚畜刑的处罚单位。有关"别尔克"究竟包括哪些牲畜,研究者的看法并不一致,奇格认为"别尔克"一词来源于古今蒙古族儿童玩耍戏具——铅马儿,是以牛、马、骆驼、绵羊、山羊五畜组成的法律惩罚名称。①二木博史认为"别尔克"指家畜换算单位,绵羊、山羊、马、骆驼各一头。图雅认为"别尔克"指牛、马、驼、羊四畜。②应该说,"别尔克"本身并不是固定不变的概念,它会随着不同朝代立法者使用组合的不同而有所不同。

《白桦法典》中"别尔克"的规定如下:

(1)《六和硕律令》中有一条:

第四十九条:谁若拒绝向为诺颜之事或禀明敌情而行使者提供驿马,罚牛百头、十个别尔克。

(2)《猴年大律令》中有一条,分别是:

第十七条:如果有汗人将已婚的阿巴海许配给其他人,将会被罚款五十个安租和五个别尔克。如果这位阿巴海已经许配但尚未成婚,汗人需要归还订婚方所赠送的牲畜。

第五十五条:任何人如果拐跑他人的妻子,如果被拐跑的妻子被拐跑者收养,不需要支付赔偿。如果被拐跑的妻子没有被收养,那么被拐跑者需要向拐走他人妻子的人索取两个别尔克作为赔偿。

"别尔克"作为罚畜刑的一个处罚单位,往往以其他处罚方式组合使用,这样加重了犯罪者的财产惩戒力度,以期达到威慑犯罪而维护社会安定的目的。

5.其他特殊行为的刑罚

一方面,《法典》延续了以"九"为基数的传统罚畜刑,《法典》中多次出现了"罚一九""罚三九牲畜""罚五""罚马一匹"等从组合到单数的罚畜刑,其处罚原理和方法与前面讲过的《阿勒坦汗法典》具有承继性,在此不再详述。

---

① 奇格:《古代蒙古法制史》,辽宁民族出版社,1999年,第106页。

② 李金山主编:《蒙古古代四部法典》,内蒙古教育出版社,2010年,第24页。

另一方面,《法典》中出现了对被认为是最严重的犯罪进行了加重处罚的情况,对某些行为的处罚也颇具特点,具有自己的特殊时代特征和文化内涵,值得研究。

(1)对某些犯罪行为要加重处罚。对一些身份地位高贵的人辱骂和击打往往会加重处罚。例如:《六和硕律令》第十三条:无论何人,若以刃器击打他人,罚三九。若击打额力齐[使者],则罚取三九加二或一头牲畜;《猴年大律令》第十九条:击打雅门图人,罚三九。辱骂雅门图人,罚一九并加驼一峰。

(2)有关饮用水行为的处罚;水资源历来是蒙古社会繁衍生息的重要保障,从蒙古国建国时的大扎撒到该《法典》无一例外对饮用水及保护水源等作出了严格的规定。例如,《六和硕律令》第八十条:抢某人已占之水,与人争吵者,罚马一匹;第八十一条:让自己牲畜饮完水后不给他人用水,罚马一匹。拒不给带马嚼子的马饮水者,罚羊一只;第八十二条:除自己乘骑之马饮水外,以欺骗手段饮其他马匹者,罚一只羊;第八十三条:谁若弄脏水,罚马、牛各一。目睹出首人可获取一头牛。

(3)有关动物致人死伤或财产受损的处罚:《法典》对狗咬致人死、牛踢人致死、马踩死牲畜等作出了相应的处罚。《猴年大律令》第二十八条:因狗吠或狗咬致人死,狗的主人要以一人或一峰骆驼支付赔偿;第二十九条:牛踢人致死,牛的主人要以一人或一峰骆驼支付赔偿;第三十八条:马踩死牲畜,罚一九。这里,"狗咬致人死、牛踢人致死"处以"一人或一峰骆驼"支付赔偿,与前述《阿勒坦汗法典》的做法相同,如果选择赔偿"一峰骆驼"显得处罚很轻。至于"马踩死牲畜"里的牲畜具体是什么?《法典》对此并未明确说明,则以一九进行罚畜显得过重,反映出《法典》在重罪重判、轻罪轻判、罚当其罪方面的漏洞很多。

（4）保护野生动物方面的处罚：在藏传佛教的持续影响和渗透下，不杀生的理念在《法典》中有所体现。《猴年大律令》第六十二条规定：在修佛之路途杀害蛇、蛤蟆、鸭子、麻雀、大雁、狗等，罚一匹马。

五、有关司法审判制度

（一）起诉及传唤

诉讼双方要约定日期一同前来，而约定时日后一方或双方不来参见诉讼，可传唤三次。若仍不前来，则派额力齐前去其处却拒不前来者，罚马一匹。（《六和硕律令》第六十六条和《猴年大律令》第七十九条）

这种"传唤三次，若仍不前来，罚马一匹"的规定，在之后出台的律令中作出了调整，主要是对约定时间不前来参加诉讼者采取了加重处罚措施，保证其法庭及时开庭，判决能够得到执行。《法门律令》规定："两名犯罪人应前往受审而一方拒不前往，可候三日，仍不反省，则前对此仍不反省，则四和硕四名额力齐前去其处索取四匹马，对此仍不反省，则派八名额力齐前去索取八匹马。"[1]

（二）审判及执行

（1）审判由诉讼双方的官员共同审理，"凡一切有案在身之人，须与额力齐一同前往案件另一方诺颜处。若不与额力齐一同前往，则不予以断理"[2]。

（2）判官不得徇私舞弊，否则受罚。对此，《水兔年小律令》第八条规定：

---

① 该律令制定时间、地点、不明，图雅认为，该律令成文时间应该在1614年或其后。参见李金山主编：《蒙古古代四部法典》，内蒙古教育出版社，2010年，第81页。

② 《猴年大律令》第九十条，参见李金山主编：《蒙古古代四部法典》，内蒙古教育出版社，2010年，第33页。

"若图什墨德(判官)在断理本和硕案件时徇私开脱,则本和硕诺颜做主处置。若在断理其他和硕案件时徇私开脱,则两和硕诺颜分享所罚之阿拉宕吉。"①

《猴年大律令》第二十一条也规定:"诺颜或赛德若在断案时徇私为罪人开脱,罚驼一峰、一五。"②另外,不能醉酒后断案,如造成冤假错案,"则论为阿拉宕吉,立即免其官职"③。

(3)案犯分首从,证明无罪需要证人。案犯拒不认罪,需要证人予以证明其没有犯罪,"狡猾矢口否认其罪之窃贼,其过失须逼其首楞额证明"④。如果因为犯罪,主犯不能证明自身清白,"罚三九。以窃贼之人数,罚取若干匹乘骑马"⑤。被盗者与盗窃犯不能私下和解,违者"将窃贼之妻为罚畜交换物取之,额力齐则……执其妻交与被盗者。作为酬劳额力齐可获取一个波达(畜)"⑥。

第四节 《卫拉特法典》及其犯罪治理

1640年9月,喀尔喀、卫拉特各部封建主们为共同会商应对解决尖锐复

---

① 李金山主编:《蒙古古代四部法典》,内蒙古教育出版社,2010年,第51页。
② 李金山主编:《蒙古古代四部法典》,内蒙古教育出版社,2010年,第28页。
③ 《猴年大律令》第九十三条。参见李金山主编:《蒙古古代四部法典》,内蒙古教育出版社,2010年,第34页。
④ 《(龙年)一部律令》第六条。参见李金山主编:《蒙古古代四部法典》,内蒙古教育出版社,2010年,第80页。
⑤ 《额列克汗、额尔德尼洪台吉二人颁布的律令》第十条。参见李金山主编:《蒙古古代四部法典》,内蒙古教育出版社,2010年,第46页。
⑥ 《龙年秋小律令》第二条。参见李金山主编:《蒙古古代四部法典》,内蒙古教育出版社,2010年,第77页。

杂的对内对外问题而在塔尔巴哈台举行会盟后颁行了《大法典》（"亦克察济"），俗称《卫拉特法典》（以下简称《法典》）。《法典》内容体系丰富而完整，各部统一了一致对外抗敌侵略和对内厉行法治维护社会稳定的指导思想。《法典》大体上延续了《大扎撒》法律、《阿勒坦汗法典》、《白桦法典》等中的有益经验和有效做法，并为适应新的形势和解决新的矛盾而共同制定和施行的。作为该《法典》的必要补充和组成部分，还有《噶尔丹洪台吉敕令》和《顿罗布喇什补则》，这就形成了特色鲜明、适用性强、内容完备的蒙古法制体系。在这样一种法制体系下，其罪名规定更加准确合理、量刑处罚更加公正有效、司法制度更加稳定运行，在有效治罪和维护社会稳定方面达到了前所未有的高度。

一、《卫拉特法典》相关问题

（一）《法典》的名称及组成

此次颁行的《法典》及其后来修改补充的律文敕令组成了一个具有较强约束力和执行力的法制体系，对严厉打击偷抢劫掠等严重犯罪，维护一方社会安定团结起到了重要的作用。

1.《卫拉特法典》

1640年9月的会盟以札萨克图汗为首的七鄂托克喀尔喀诺颜、巴图尔珲台吉与额齐尔图台吉为首的卫拉特诺颜们以及蒙藏黄教僧侣参加。从目前得到的文本来看，与会者们共同讨论了一些比较棘手的问题，如抵御外敌侵略和巩固政权、各部之间的逃亡、杀掠偷抢等严重的问题，因此制定了该《法典》。关于《法典》的名称，一般称《卫拉特法典》或《蒙古-卫拉特法典》。一方面，这次会盟及出台本《法典》是在卫拉特的塔尔巴哈台地区，这是当时准噶尔蒙古的政治中心。况且,这部《法典》颁行后在本地区得到了较好地遵循和维护。故称《卫拉特法典》;另一方面,本次会盟和该《法典》的颁行是由喀尔喀蒙古和卫拉特蒙古等东西蒙古封建主及代表们共同完成的。法典蒙古文抄本前言中有"都沁杜尔本二部诺颜制定了大法典"的记载。"都沁"泛指"都沁图们蒙古",即"四十万蒙古"——喀尔喀蒙古。"杜尔本"指卫拉特蒙古,即"杜尔本卫拉特"——四卫拉特。①说明,该《法典》是由代表大漠南北的东蒙古和四卫拉特封建主及其代表们共同议定的。故又称《蒙古-卫拉特法典》。

最早发现的托忒文版《法典》并没有分条款,后来研究者们把《法典》分成若干项和若干条供研究分析。帕拉斯德文版将其分为一百三十条;列昂托维奇俄将文本分为一百五十条;戈尔通斯基俄文本分为一百二十一条;道润梯步校注本将其分为一百二十条;奇格、宝音乌力吉、额尔德木图遵循了基本的道润梯步条款。道润梯步把法典的内容分成二十七项,奇格分成二十六项,宝音乌力吉等分成三十四项等。②本书研究重点以额尔德木图汉译的《蒙古-卫拉特法典》展开有关论述。《法典》的具体内容及有关定罪量刑在下面的研究中详细论述,在此不再展开。

2.《噶尔丹洪台吉敕令》

《噶尔丹洪台吉敕令》共有两项(以下简称《敕令1》和《敕令2》),是在原有《卫拉特法典》的基础上,为适应新的挑战、急于解决一系列棘手的问题而修订完成的。

约于1676年前后颁布了《敕令1》,共十条。《敕令1》规定:各鄂托克的首

---

① 此外《法典》也有其他名称,如《蒙古-卫拉特法典》《喀尔喀-卫拉特法典》、新《察津毕其格》《1640年法典或铁龙年大法》《卡尔梅克法典》《蒙古-卫拉特律》等,仁者见仁,都有其特定的由来和依据。详见那仁朝格图:《13—19世纪蒙古法制沿革史研究》,辽宁民族出版社,2015年。

② 那仁朝格图:《13—19世纪蒙古法制沿革史研究》,辽宁民族出版社,2015年。

领及得木齐要收集已失散的部众,有令而不收集要受罚;鄂托克首领及得木齐要不加区分地积极扶助贫困者,有责要受罚;不得逃亡,有责要罚首领及其他相关人;十户首领要及时通报偷盗案件,有责要罚首领及其他相关人;与盗贼搏斗,抢回牲畜者,要分情况奖励;原告诉讼要带证人,如告三次而被告仍不予到庭的,被告无论对错都要受罚;札儿忽赤不能在札尔忽①外私自断案,札鲁忽赤不上交乌日古格②的德吉③,罚其双份德吉。札儿忽赤断错案三次,要撤其职。

1678年又颁布了《敕令2》,延续了《敕令1》的法制思想,说因过去诉讼没有统一的法律规范,审断中错判者很多,特制定此敕令施行。内容包括:断案要自主审断,如不能明断,吃贿赂,出大错,没收其财物,抓其人,撤其职;与厄鲁特蒙古人结婚的回族人,如愿意离婚,给予审断离婚。为了离婚而把错误加在厄鲁特人身上的话,则不能随其意愿而批准离婚,要维持原来的婚姻不变。此事由伊克札儿忽审断。④诉讼时不要行贿。如有人行贿,看见的人要其人及其财物。如有人秘密行贿,则要罚双倍。回族人之间的案件由回族札儿忽赤负责审断。巴图尔洪台吉时期马年以前的债务予以免除,这之后的债务,需要在有证人的情况下可以索要。反之,也予以免除。

3.《敦罗布喇什补则》

《敦罗布喇什补则》(以下简称《补则》)原文由托忒文书写,托忒文抄本藏于苏联科学院东方研究所藏《卫拉特法典》抄本之中,其制定年代大约在1741年7月31日之后至1758年2月20日之前的十余年间。⑤自1640年《卫

---

① 指法庭或指定的裁判地点。
② 蒙古语,原意为诺颜的庭帐,此处指类似法庭的审判地点。
③ 蒙古语,原意为食品的第一份,第一口,这里指要上交的法庭费用
④ 蒙古语:意为"大诉讼",意指中央法庭,大法庭。
⑤ 马汝珩、马大正:《飘落异域的民族》,中国社会科学出版社,1991年,第150页。

拉特法典》颁行后,鄂尔勒克父子将其副本带回伏尔加河下游,作为土尔扈特蒙古部共同遵循的法律,"一直供奉在该部首领牙帐里"①。然而该部在伏尔加河下游已经留居百余年,其政权组织、社会结构、风俗习惯、宗教信仰等都发生了深刻的变化,需要对法典进行修改和补充。《卡尔梅克诸汗简史》指出:"原来由40部和4部团结制定的大法典,对卫拉特蒙古的生存很使用,但卡尔梅克离别卫拉特年长日久,风俗习惯变了,染上原来没有的种种恶习,需要新的法规补充。"②《补则》内容涉及抵御外敌入侵、宗教信仰、教育、讼诉、偷盗等政治经济文化教育诉讼审判等多领域。

在抵御外敌入侵方面。所有人不按时迎敌均受罚,有军事约定而不来,罚双倍。战前撤退的,与以上惩处法相同。掠掳战利品者,没收战利品,同时罚马。

关于讼诉方面的内容比较多。札儿忽赤断案时不能偏袒任何一方,违者可公开羞辱之,犯三次,撤其职。对偷盗者不能进行庇护,违者可公开羞辱之,犯三次者严惩。诉讼要收取牲畜。如无罪,返还所收牲畜。诉讼中,如叫被告人三次不来,算原告胜诉。

关于偷盗事。官吏、喇嘛、权贵们包庇偷盗者受罚。隐藏偷盗者责打十五下,罚一驼。如畜主与盗者相商,私下索赔了事,受罚。偷盗财物超过一百元(戈比),罚取阿寅勒因阿合③的法庭费用与偷盗者的数目相同。对一百元以下的偷盗,偷多少罚多少。对偷盗罪犯的主犯要罚双倍。对偷盗、抢劫者,没收其全部偷抢之财物后,罚其全部乘马。

关于乌拉、使者事。使者,不得随意讨要食物和马匹,否则受罚。总体

---

① 马汝珩、马大正:《飘落异域的民族》,中国社会科学出版社,1991年,第150~151页。

② 佚名:《卡尔梅克诸汗简史》,诺尔布汉译稿,转引自《飘落异域的民族》,第144页。

③ 阿寅勒因阿合,蒙古语音译,意为村落的管事。

上办职官三件大事①的使者,要途中换乘马匹。如供给马匹,每匹马要三十元。如骑死马匹,赔偿顶立。

除此之外,《补则》还涉及了有关债务、证人、抢劫、丢失马匹、逃亡、救助牲畜、走失的牲畜的处理、禁打牲畜等诸多内容。这部分内容在有关犯罪治理的刑事处罚时进行详述。

(二)《法典》的文本研究

在国外,首推德国学者帕拉斯。1768年至1774年,他受俄国女皇叶卡捷琳娜委托,赴俄国对当时居住于伏尔加河的土尔扈特人的历史、社会习俗、法律等进行了考察研究。在此期间内,他在卡尔梅克首次发现了托忒文的抄本。整理与研究后,1776年由德国约翰格奥尔格弗莱舍出版社出版的《蒙古民族历史资料集》(德文版第一卷,第194—218页)刊登了该《法典》,为以后的研究者们提供了宝贵而真实的史料来源。1776年,《法典》最早的俄译本以《蒙古和卡尔梅克族法规译文》的标题刊登在《莫斯科大学俄罗斯自由协会试作丛刊》第三卷上。1828年,第二版刊登在《北方档案》第2期和第3期上,以及刊登在同年出版的《祖国之子》第一册和第二册上。德文版和俄译本《法典》的问世引起了相关领域专家学者的广泛兴趣和重视。

1880年,俄国学戈尔通斯基的俄译本《1640年蒙古卫拉特法典,附噶尔丹珲台吉的补充敕令和在卡尔梅克汗敦杜克达什时代为伏尔加河的卡尔梅克民族制定的法规》在圣彼得堡出版。戈尔通斯基对《敦罗布喇什补则》的研究,对了解游牧于伏尔加河下游的土尔扈特蒙古部的政权结构、社会阶级构成、经济制度、法律制度等提供了第一手资料。著名的俄国专家梁赞诺夫

---

① 三件大事即政教大事、抗击外敌大事、大诺颜和合屯治重病大事。

斯基有《蒙古民族习惯法研究》《蒙古习惯法研究》《蒙古法基本原理》等著作,是深入研究《法典》的重要文献。

日本学者田山茂根据帕拉斯的德文译文将《蒙古-卫拉特法典》和《敦杜克台什的补充法规》译成日语,并加以注释,附录于1954年出版的《清代蒙古社会制度》一书中。这是对上述法典和补充条款的第一次完整介绍。

在国内,1956年内蒙古师范学院整理了《卫拉特史资料(托忒文)》,以油印本的形式发行,其中就有《蒙古-卫拉特法典》和敦杜克达什法规的残本。潘世宪几经挫折终于在1984年将田山茂的书译成中文。此中译本虽有些错漏之处,但在国内研究法典起到了很好的带头作用。额尔德尼把托忒文本法典以《卫拉特大札撒》的标题刊登在新疆《汗腾格里》杂志1981年4期上,这是一个研究阶段的标志。之后,墨日根巴特尔把内蒙古社会科学院馆藏托忒文本转写成旧蒙古文。

1985年,道润梯步校对以上两个学者和迪雷科夫撰写本等三种文本,以《卫拉特法典》的名义校注出版。目前,研究所引用较多的就是这一本。2000年,宝音乌力吉、包格以道润梯步校注本和内蒙古社会科学院藏托忒文《卫拉特法典》为参考,再次校注并出版了《蒙古-卫拉特法典》。2010年,额尔德木图将法典译成汉文,在李金山主编的《蒙古古代四部法典》中出版发行。此外,奇格、达力扎布、马汝珩、马大正、那仁朝格图等学者也有研究和成果,课题研究将其充分尊重和借鉴。

(三)《法典》的主要内容

一是维护政权及安全。维护边境及社会安全是头等大事,处罚规定也极为繁重。凡是违背国法,杀戮或蹂躏民众者,蒙古与卫拉特将合力讨伐,没收其一切财产。在边境掳掠部落人众者,罚百副铠甲、一百峰骆驼、一千匹马。有外敌入侵,必须立即通报。不通报者将永远流放其子子孙孙,斩杀其人,夺其一切。得到通报而不前来救援者依前例。外敌来犯时,从大诺颜到塔布能、执政的四类诺颜逃命者分别受罚。

二是惩治逃亡事。逃亡之人无论何事何故,应返尽返,否则受罚。除火蛇年(1617年)到土龙年(1628年)间的逃亡者留在现驻地外,其他一律由蒙古和卫拉特二部之间互遣。违者,每人口处罚二十匹马、二峰骆驼,另将其遣送原籍。无论潜逃者逃往何处,都将被没收一半财产和牲畜,并被遣返到原籍,将没收的一半财产交还原主。接收并隐匿逃亡者的诺颜等,将会受到处罚,罚款一百副铠甲、一百头骆驼、一千匹马。

三是维护等级特权。对大小诺颜及其办事官吏不得有打骂行为,否则受罚。断供大小诺颜的舒思(汤羊)受罚。凡是打骂大诺颜者,没收其财产;骂中等官职的诺颜、塔布能则处罚一九牲畜,打则处罚五九牲畜;骂诸小诺颜、塔布能则处罚五畜,轻打处罚二九牲畜,重打则处罚三九牲畜。所有诺颜、塔布能、赛德、小诺颜、德木齐、西古楞格等为护法而打人,无事,打人后致死亦无罪;如果审判大诺颜的案件,处以九十九头牲畜的罚款;审判有官职的诺颜或者塔布囊的舒思,罚款一百九十九;审判小诺颜、小塔布囊的舒思,罚款一匹马,但如果贪污行为增多,将罚款一匹马给小诺颜、小塔布囊。

四是道德行为规范。任何人如大打自己的老师、父母,罚三九;中打,罚二九;小打,罚一九。儿媳大打公婆,罚三九;中打,罚二九;小打,罚一九。并处:大打,鞭笞三十;中打,鞭笞二十;轻打,鞭笞十。如父亲教育儿子、妻子而责打,无事。但如错打,大打者罚一九;中打,罚一五;小打,罚马一匹。公婆如打儿媳,大打罚二九,中打罚一九,小打罚一五。

五是严惩命案。分故意杀人、过失杀人、戏要致死等情况分别治罪。凡是目击儿子杀害父母的情况,必须将嫌疑人送往诺颜处;送往的人可以获得别尔克为首的九种牲畜作为报酬;案犯的全部财产将被没收归公。如果是父亲杀死儿子,那么他的全部财产将被没收。杀死男奴处罚五九牲畜;杀死女奴处罚三九牲畜。杀害被弃之妻处罚五九牲畜;妻子谋害与丈夫通奸之女按杀妻罪论处,并割其耳朵配给他人。如因戏耍而致死人,处罚一别尔克;二人戏耍致死其中一人,处罚一九牲畜;戏耍致死而隐匿者,处罚三九牲畜。疯子杀人,罚其家财之半或者罚畜五九,要据其家境而定。但死者因一路上做坏事害人而被杀,无事。

六惩治偷盗、斗殴。对偷盗驼、马、牛、羊等牲畜、军械如头盔、铠甲、腕甲、火枪、扎枪、剑、箭、箭袋,各种质地的衣服、首饰、马鞍、马绊等骑乘用具,视情节分别治罪。斗殴,根据其使用工具的不同,致对方伤害的轻重等,作出不同的惩罚。如规定,以利剑大劈、大搅、大砍,罚五九。中劈、中搅、中砍,罚三九。小劈、小搅、小砍,罚一九。用利器而未致人受伤,处罚一匹马;用利器威吓,没收利器;被人制止,处罚使用利器者一匹马。以木、石大打,罚一别尔克加一九。中打,罚一匹马、一只绵羊。小打,罚一头三岁母牛和他的随身物品。以拳、鞭大打,罚一五。中打,罚一匹马、一只绵羊。小打,罚一头三岁公牛。

七是鼓励救助人或牲畜。对人或牲畜救助者,视其不同情况受奖。规定,如能治活上吊的人、生病的人、新生儿,原本答应给什么就要给什么。如不曾答应,给一匹马;远途或打猎时丢失马匹,帮助其送回家者,要一匹马。儿童骑马马惊脱蹬时,救助者要一匹马。救助被狼赶跑的羊群,要活羊和死羊,救出十只以下要五只箭。被狼咬死的羊,不能吃,违者,罚三岁母牛。救出泥潭中的骆驼,要一头三岁母牛;救出马,要一只绵羊;救出牛,要五支箭;救出羊,要二支箭。

八是惩治违法狩猎。延续了过去对违法狩猎行为的惩治力度。如规定,在各个诺颜所属的禁猎区内,破坏宿营地或者驱赶野兽惊扰,将会受到罚款以骆驼为首的一九牲畜;如果无意破坏禁猎等情况,可以免除处罚。在狩猎时,如果误伤马匹致其死亡,需要赔偿相等数量的马匹;如果乘马者不愿意收取死马肉,需要赔偿一匹同等品质的健康马。散弩致死什么牲畜,以同等牲畜顶替。如是明弩,无事。破坏狩猎序列者,罚马五匹;擅自离开序列三射程者,罚没其乘马;擅自离开序列二射程者,处罚绵羊一只;擅自离开序列一射程者,处罚五支箭。隐藏被射箭击中的猎物,将会被处以五头牲畜的罚款;隐藏受伤的猎物,将被没收其所骑的马匹;如果不归还拾起的箭镞,将被没收其所骑的马匹作为罚款。

　　九是治理婚姻家庭事务。对彩礼与婚龄、解除婚约与破坏婚姻、收养子女等作出了规定。有官职的诺颜、塔布能之女的聘礼牲畜数为三十别尔克、一百五十匹马、四百只绵羊;小诺颜、塔布能定亲,聘礼牲畜数为十五别尔克、五十匹马、一百只绵羊。女方随礼之引者,依据男方所送聘礼酌定,具体聘礼数目由双方家庭协商确定。都钦德木齐之女聘礼和陪送牲畜数为五峰骆驼、二十五头牛、四十只绵羊;陪嫁为长袍十件,短袍二十件,马鞍、大皮袄、棉坎肩各一件,马二匹。女方年满十四岁始可定亲。十四岁以下的女方父母如若许聘并强索聘礼,男方应向德木齐、收楞格通报暂缓。女方年满二十岁但尚未婚嫁,可以通知男方家长三次。如果男方家长不予理睬,女方可以向诺颜报告,并有权选择另行嫁娶。如果女方未向诺颜报告就擅自另行嫁娶,将会被视为违反规定。女方父母要退回聘礼。养子可自愿独自回生父身边,不做赔偿;已婚男子则必须赔偿其娶妻及生养子女等费用。养女由养父母做主。如果生身父母强行将养子带走,对于年满九岁的养子,生身父母需要赔偿一百九十九种牲畜,如果抚养条件不足,需要赔偿一半;对于年满十五岁的养子,不得离开养父母家。

规范司法审判程序。原告与被告诉讼,被告反诉原告有罪,停止诉讼程序。女奴不能做证人(但如拿来骨和肉,可以做证人)。对诉讼案件做证者,从罚没的牲畜中获得一九牲畜奖励。原被告同时不到庭者,审判不得进行;原告状告被告三次,被告不予到庭,则由公差前去罚其马。

其余还有使者、乌拉事、财产及债务事、收容逃亡事、走失牲畜事、牲畜伤害事等在此不再一一列举,在下面的定罪量刑部分再行研究和论述。

二、《卫拉特法典》中的刑法罪名

《法典》延续了过去法律制度中的成功经验和有益做法,在此基础上针对当时的犯罪治理及维护社会稳定的需要,作出了极为详尽而烦琐的刑法罪名及处罚规定。该法典与前述《阿勒坦汗法典》《白桦法典》在定罪量刑方面既有一定的承继性,又有所补充和修改。鉴于此,本书在有关定罪量刑方面依然采取前述部分的研究方法,对法典的有关刑名及治罪内容进行分析和论证。

(一)故意杀人罪

《法典》杀人罪的范围涉及故意杀人、奴仆杀人、丈夫杀妻及妻杀人、因报复纵火而致死等多种情况。

1.因抢掠而杀人

《法典》正文第一条就对"破坏此政权,杀掠、抢劫大爱马克、大兀鲁斯"者作出严惩。"破坏此政权"是危及政权及统治安全,违背人伦国法之行为。大爱马克,是汗贵族等上层集团的组织。大兀鲁斯,是喀尔喀和卫拉特两部的人众。这种杀掠、抢劫行为本身显然具有最危险的严重后果,对此"擒斩其身,没收其全部财产"。

2.父子间的杀人行为

对儿子杀自己的父母亲及父亲杀儿子分别治罪。《法典》第二十九条:儿子杀自己的父母亲,谁看见都要抓捕送交诺颜,并以一别尔克为首罚一九,除杀人者其身外,其他财产分与众人。如父亲杀了儿子,除其本人外,没收其全部财产。

3.杀死男女奴

研究者对《法典》第三十条的理解和解释并不一致。齐格认为这一条的意思是"人如杀了自己的男奴隶,罚五九"[①]。而宝音乌力吉说这是"人奴"的意思,就是"男奴"[②]。对比原文及其有关校注来看,宝音乌力吉的解释似乎更准确一些。当时因为女奴没有身份地位,就是被杀死了其处罚也会很轻,"杀死男奴处罚五九牲畜;杀死女奴处罚三九牲畜"[③]。

4.丈夫杀妻及妻杀人

同样的杀人后果,但因为其社会地位的差别处罚则完全不同。这一条款是为"治奸"而制定的专条。《法典》第三十一条规定:"[丈夫]杀死被遗弃之妻处罚五九牲畜;[妻子]杀死与丈夫通奸之女,按杀妻罪论处,并割其耳朵给他人;女人、牲畜二选一。"[④]这里有"割其耳朵给他人"的侮辱刑规定,以前不曾见过。

---

① 奇格:《古代蒙古法制史》,辽宁民族出版社,1999年,第123页。

② 宝音乌力吉、包格校注:《蒙古-卫拉特法典》(蒙古文),内蒙古人民出版社,2000年,第79页。

③ 宝音乌力吉、包格校注:《蒙古-卫拉特法典》(蒙古文),内蒙古人民出版社,2000年,第78~79页。

④ 原文规定并不清楚,道润梯步对此有校注和解释。

5.因报复纵火杀人

因要打击报复而纵火致人死亡者,视其受害人情况而分别治罪。《法典》第六十一条规定:如杀赛因库蒙,要[向敌人]进攻[一样]而杀之。如杀敦达库蒙,罚三十别尔克、三百头牲畜。如杀阿达克库蒙,罚十五别尔克。可见对犯罪者的处罚之重,同样能够看出因其身份地位之不同,对受害者的赔偿也存在很大的不同,同罪不同罚,这种情况在《法典》里比较常见。

(二)过失致人死亡罪

《法典》除了有上述"杀人者"的规定外,其余有死亡后果的行为属于因各种主观过失或无意识状态下的犯罪行为,量刑要比故意杀人罪轻,包括斗殴致死、失火致死等、动物袭击致死、戏耍致死等。

1.战时误杀自己人

《法典》第五十七条规定:"战斗中误杀自己人,如有证人能够证明确属误杀,罚一九。如不是误杀,罚三九。""如不是误杀"是不是指故意杀人,对此没有明确规定,这在定罪量刑上难以认定和处罚,随意性很大。

2.狩猎失误杀人

这里的"失误"是指,打猎时,人与猎物一起被射串射死等意外情况。这是被害人与猎物重叠或猎人因天气等客观原因误杀的情况,对此,《法典》第五十八条规定:"猎手失误杀人,按杀人罪之半,罚一九。"

3.以明弩或暗弩伤人致死

弩,是一种装有臂的弓,主要由弩臂、弩弓、弓弦和弩机等部分组成,具有战争和狩猎两用性质。明弩就是带有明显警示标志的狩猎工具。暗弩则隐蔽性强,不易被人发现和躲避。《法典》第八十二条对此有了区别规定:"以明弩伤人致死,以一别尔克顶立,如未死,无事,以暗弩伤人致死论,罚三九;

愉下暗弩而致人命,罚五九。"[1]在处罚上,暗弩伤人致死要比明弩伤人致死重。

4.因戏耍而致死

因戏耍而致死的,分多人和二人和是否隐匿等情况分别治罪。《法典》第七十七条规定:多人因戏耍而致死人,死多少人赔多少乘马。成人罚一别尔克;两人戏耍致死其中一人,罚一九。致死人而隐匿,罚三九。这里对致死而隐瞒的情况作出了加重处罚的规定。

5.因偏袒而致死

两人约架或斗殴中,如果有人拉偏架而致人死亡的要承担相应的责任。《法典》第七十一条:二人斗殴,有偏袒致人死亡者,赔偿以别尔克为首的一九牲畜,并罚没所有偏袒者的乘马。在两人斗殴中,拉偏架致人死亡的,行为人对这一后果也具有一定的责任,应该属于一种帮助犯。

(三)伤害(致死)罪

这里包括疯人伤人致死、牲畜伤害致死、疯狗咬人致伤致死等情况,还有根据犯罪工具及受伤部位、受害人的身份地位等情况分别治罪。

1.疯人伤人致死

这种精神病人因其没有承担刑事责任的智力及行为能力,法律对其处以较轻处罚,尤其是受害人有过错的,可免罚。这种无行为能力人的致死行为不易归结到故意或过失致人死亡罪里,罪行认定上它应该属于伤害致死行为系列为宜。《法典》第五十一条规定:疯人杀人,处罚比常人处罚之一半,

---

① Beaker,音译为别尔克,有关罚畜刑的处罚单位。有关"别尔克"究竟包括哪些牲畜,研究者的看法并不一致,奇格认为"别尔克"一词来源于古今蒙古族儿童玩耍戏具——铅马儿,是以牛、马、骆驼、绵羊、山羊五畜组成的法律惩罚名称。二木博史认为"别尔克"指家畜换算单位,绵羊、山羊、马、骆驼各一头。图雅认为"别尔克"指牛、马、驼、羊四畜。

要据其病情而定。而[死者因]做坏事害人而被杀,无事。①

2.疯狗咬人致死

疯狗咬人致死的情况下,其主人作为管理人视其身份地位承担相应的责任。《法典》第五十条规定:如疯狗咬人致死,赛因[库蒙]罚一九,敦达[库蒙]七头,毛[库蒙]罚一五。②这与当代动物咬人致伤致死的,其主人作为管理人要承担侵权损害赔偿责任是相同的道理,属于民事侵权损害赔偿的范畴。

3.牲畜致死人

《法典》第五十条规定:"有主的牲畜在山沟致死人",这种情况一般是指,有人看守的畜群在无处躲避的山沟处导致有人受伤和死亡的情况。对此的处罚是"赛因[库蒙]以一别尔克为首罚一九,敦达[库蒙]罚一五,毛[库蒙]罚一别尔克"。如果是无主牲畜,则"要其中一头牲畜"③。

《法典》对牲畜致死人进一步做出了规定。第五十三条规定:走失的公驼、公牛、公马致死人,不赔偿。散畜致死人,与山沟里无主畜致死人一样处理。乘马致死人,与有主牲畜致死人一样处理。

4.以利剑伤人

这是对犯罪工具的明确规定,视其打击程度分别治罪。《法典》第七十二条规定:以利剑大劈、大搅、大砍,罚五九;中劈、中搅、中欧,罚三九;小劈、小搅、小砍,罚一九。如未致人受伤,罚一马。如有人夺其利剑,可要其剑。如

---

① 宝音乌力吉、包格校注:《蒙古-卫拉特法典》(蒙古文),内蒙古人民出版社,2000年,第118~119页。

② 这与前述情况一样,"赛因库蒙"直接翻译是"好人"的意思,实际上是"上等人"的意思,主要由诺颜等贵族阶层组成。"顿达库蒙"即"中等人""平民"。"毛(阿达克)库蒙"即"下等人"。那仁朝格图:《13—19世纪蒙古法制沿革史研究》,辽宁民族出版社,2015年,第205页。

③ 奇格:《古代蒙古法制史》,辽宁民族出版社,1999年,第128页。

制服其人,要一匹马。①这种犯罪工具的详细规定在《阿勒坦汗法典》也多次出现过。

5.用木棍、石块、拳头、鞭子伤人

这与第七十二条规定一样,依其使用的工具(凶器),分别治罪。《法典》第七十三条规定:以木、石大打,罚一别尔克加一九;中打,罚一匹马、一只绵羊;小打,罚一头三岁母牛或同价物品。以拳、鞭,大打,罚一五;中打,罚一匹马、一只羊;小打,罚一头三岁公牛。②这里认为,用木棍、石块打,比用拳头、鞭子其伤害性要大得多,处罚也会比较重。

6.戏耍中致人受伤

《法典》第七十八条规定:在戏耍中损伤眼睛、牙齿、手脚,已经治愈则不予处罚。致残的,则赔偿五头牲畜。这是基于致残会使人失去劳动能力的考虑,具有赔偿和惩罚的作用。

7.打猎致人受伤

除打猎致人死亡外,《法典》对打猎致人受伤的情况,依其受伤的部位作出了不同的处罚。《法典》第五十八条规定:打猎致其人的六器官损伤,罚一别尔克加五九。损伤大拇指和食指,罚二九加一五牲畜;损伤中指,罚一九。损伤无名指,罚一五。损伤小指,罚牲畜。致人受伤又治愈得,罚一别尔克加一九。少量出血的,罚一五。损坏衣服的,罚一匹马。这里的规定较为详

---

① 宝音乌力吉、包格校注:《蒙古-卫拉特法典》(蒙古文),内蒙古人民出版社,2000年,第162页。

② 宝音乌力吉、包格校注:《蒙古-卫拉特法典》(蒙古文),内蒙古人民出版社,2000年,第163~164页。

尽,只不过对上述"六器官"的理解尚存争议,但可以排除手掌及其五指。①因为一个条款中不太可能重复对同一个人体组织或器官的保护。

(四)逃亡罪

禁止所有人在所统辖地区外流动和居住,因为这些边境地区的流民往往会实施烧杀抢掠等严重的犯罪行为,扰乱人心、破坏社会安定,必须予以严惩。

1.遣送逃亡者

除火蛇年(1617年)到土龙年(1628年)间的逃亡者留在现驻地外,所有归属喀尔喀的,一律由喀尔喀管辖;归属卫拉特的,一律由卫拉特管辖。违者,每人口处罚二十匹马、二峰骆驼,另将其遣送原籍。《法典》第四十九条规定:有逃亡者,着令遣归原籍;有诺颜出资助其成家立业者,罚没所得财产之一半。

2.治罪逃亡者

《法典》第六条规定:逃亡者无论投奔何处,一律将其财产牲畜没收一半,并遣返原籍交还原主;出现命案,按大法处置。杀死或偷窃牲畜,处罚八九牲畜。证人获得一九牲畜。诺颜等接收隐匿逃亡者,处罚一百副铠甲、一百峰骆驼、一千匹马。双方各得一份。

《敕令1》第十条也规定:谁交换已划分了的鄂托克,全爱马克罚其人和首领各一九牲畜。经首领同意离开爱马克换居的人,仍要罚一九。谁从鄂托克、爱马克心怀不满而逃离,要抓回爱马克,罚首领一匹马,其他人有几户

---

① 这里说的"六器官"具体是指什么? 尚有研究上的争议。道润梯步指出,一般说人体五脏,这里多了一个? 是否指手脚?;齐格说,眼、耳、鼻、舌、身,另一器官很可能指皮肤触觉器官。宝音乌力吉认为,"六器官"应该是指,双眼、牙齿、手、脚及手指头等。宝音乌力吉、包格校注:《蒙古-卫拉特法典》(蒙古文),内蒙古人民出版社,2000年,第134页。

罚几只绵羊。

3.不得资助窝藏逃亡者

《法典》第七十九条规定：给逃亡者提供乘马、干粮，处罚七九牲畜；窝藏逃亡者财产牲畜，处罚三九牲畜。第一百零二条规定：隐匿赃物或贼寇，依法处置。处置时如无证人，须有爱马克首领做证。

4.不得杀逃亡者

《法典》第九十七条规定：擅自杀害从外地寻名而来的逃亡者，罚五九。如送给其主人，有几个箭袋要几匹马。如抓捕外逃的逃亡者，除其人外，其财产、牲畜对半分。

（五）侮辱（辱骂）罪

侮辱（辱骂）罪的规定明显有保护诺颜喇嘛等贵族阶层的倾向性，用法律的形式保护了少数特权群体的利益。

1.辱骂喇嘛治罪

《法典》第十四条规定：骂绰儿济处罚九九牲畜；骂诺颜的巴克什喇嘛处罚五九牲畜；骂格隆处罚三九牲畜，殴打则处罚五九牲畜；攻讦班第或尼姑处罚五头牲畜，动手打则处罚九头牲畜；骂斡巴西或居家查布根赤，处罚马一匹。动手打则视其程度酌情处置。[①]

2.萨满行巫诅咒治罪

由于推行的藏传佛教，故禁止萨满教的一切活动，更不得行巫诅咒相关人士。《法典》第一百一十条规定：萨满行巫诅咒赛因[库蒙]，罚一五。诅咒毛[库蒙]，罚马二匹。以黄鸟、阿兰雀、狗等[行咒]，罚马一匹。以阿拉克山

---

① 绰儿济，主持寺庙事务的喇嘛称号。格隆，受大戒的喇嘛。班第，还未受戒的小喇嘛。查布根赤，受戒的女尼。乌巴西，受五戒在家的男居士。

之蛇、其他种类之蛇[行凶],罚箭二支。如无箭,罚刀。①这里不知什么原因并没有提到对"顿达库蒙"即"中等人""平民"的行凶事宜。如果比对以上两种人的处罚来看,处罚应该在一五牲畜和罚马二匹之间。

3.打骂大小诺颜治罪

对大小诺颜的辱骂被认为是一种不能容忍的严重犯罪行为,予以严惩。《法典》第十七条规定:打骂大诺颜,没收其财产;骂中等官职的诺颜、塔布能则处罚一九牲畜,动手打则处罚五九牲畜;骂诸小诺颜、塔布能则处罚五畜,动手打则处罚二九牲畜,重打则处罚三九牲畜;骂西古楞格则处罚马羊,重打则处罚一九牲畜,轻打则处罚五畜。

4.侵犯人身及近身物品治罪

揪断他人帽缨或发辫、触损其胡须、啐人脸面、向人撒土等行为都会受到不同程度的处罚,这是用法律手段纠治侮辱他人人格侵犯他人尊严的侵权行为,具有威吓犯罪和规范行为的双重作用。《法典》第七十四条规定:撕破他人衣物,处罚二岁马一匹;揪扯他人帽缨或头发,处罚五头牲畜;触损他人胡须,处罚羊或马;同时啐人脸面、向人撒土、鞭打他人马头、撩掀他人衣襟、惊扰诺颜乘马等,只要有其两个以上行为,处罚马一五、羊二只,至少罚羊一只。②

(六)救助牲畜财产

这里包括失误导致牲畜死亡等使私人的财产牲畜受损失的情况,《法典》视不同情况予以治罪和保护。牲畜是当时众人赖以生存的最重要财产,

---

① 宝音乌力吉、包格校注:《蒙古-卫拉特法典》(蒙古文),内蒙古人民出版社,2000年,第167页。

② 宝音乌力吉、包格校注:《蒙古-卫拉特法典》(蒙古文),内蒙古人民出版社,2000年,第233页。

不管主观故意还是过失,只要发生牲畜死亡的事情,对此予以严格追责。

1.从荒火、水灾中救助牲畜及财产

这种救助的对象特别多,从人命到铠甲等无所不包。迁徙者在原驻牧地留有火苗隐患,对及时灭火处置者给一只羊。在水火中救出人要给一五牲畜。在水火中为救人而死亡的人,获得以别尔克为首的一九牲畜。因救人于水火而乘骑死亡的,以一别尔克赔偿。在水火中救出奴隶、头盔、铠甲这三种,各要一匹马。如果救出一名甲士及其铠甲,需要支付一匹马和一只羊。如果救出帐篷及其内的物品,需要支付一匹马和一头牛,将其分开食用。从草原的火灾中救出牲畜,如果群数较多,需要支付两头牲畜;如果群数较少,需要支付一头。具体数量应根据不同的季节来决定。[1]这里同样是救人于水火之中,依当时的法律救人与救"奴隶"而获得的奖励是不同的,反映出当时法律的不平等性和公开的等级特权思想。

2.跑失牲畜的归属

在当时的环境和条件下,跑失或走丢牲畜是不可避免的事,《法典》依其习惯和过去的经验对此做出了规范和调整。跑失的牲畜,通告三天后方可骑乘使用;不予通告,未到三天而骑乘使用者,处罚三岁母牛一头。若有印记扔骑乘使用者,罚一九。若对其剪鬃尾的,罚一五。若是通告后使用的,无事。抓到离群牲畜要交给收楞格。如不交给,罚双马。如藏匿,罚一九。如把离群畜给远方的人,以偷盗罪惩处。如给近处之人,罚三九。在野外得到离群死畜而不通知大家吃掉,罚七头牲畜。[2]

---

① 宝音乌力吉、包格校注:《蒙古-卫拉特法典》(蒙古文),内蒙古人民出版社,2000年,第138页。

② 宝音乌力吉、包格校注:《蒙古-卫拉特法典》(蒙古文),内蒙古人民出版社,2000年,第153页。

3.从狼的袭击中或泥潭中救助牲畜

应该说,这两种情况都属于游牧社会常见的灾害损失,对其必须鼓励全体成员一起救助,预防和减少损失,保持经济社会的稳定。羊群受狼袭击时,驱赶野狼者,各要一只活羊和死羊。救出十只以下羊,要五支箭。如果吃了狼咬死的羊,罚三岁母牛一头。从泥淖中救出骆驼,要一头三岁母牛。救出马,要一只羊。救出牛,要五只箭。救出羊,要二支箭。①救出头数决定获得多少奖励,如不救助则受罚。从泥潭中救出的牲畜价值也不同,从大到小依次是骆驼、马、牛、羊,获得的奖励也不同,这里没有提到五畜中的山羊。这与当时艰苦干旱的生存条件和牲畜本身是否有多用途有关。

4.因失误致死牲畜

这里可以分两种情况:一是在狩猎过程中,如果因为误伤导致马匹死亡,需要赔偿相同品质的马匹作为补偿。如果骑马者不愿意接受死马的皮肉,那么需要赔偿一匹良好的马作为补偿。②二是狩猎时如果未提前通告,致死什么牲畜,以同等牲畜赔偿。如果提前通告,无责。散弩致死什么牲畜,以同等牲畜顶替。如是明弩,无事。③

5.因戏耍而致死牲畜

因戏耍而牲畜致死,赔偿相等牲畜,并罚要其乘马。不承认戏耍所致,通过审断决定是否处罚(第九十二条)。疯狗咬死牲畜的,从主人五头牲畜

---

① 宝音乌力吉、包格校注:《蒙古-卫拉特法典》(蒙古文),内蒙古人民出版社,2000年,第187~188页。

② 宝音乌力吉、包格校注:《蒙古-卫拉特法典》(蒙古文),内蒙古人民出版社,2000年,第135页。

③ 宝音乌力吉、包格校注:《蒙古-卫拉特法典》(蒙古文),内蒙古人民出版社,2000年,第186页。

中罚要一头。①

（七）偷盗罪

偷盗行为因其所偷盗的对象不同,其处罚也有所不同。《法典》对军事、生产、生活及五种牲畜的偷盗案件都作了处罚规定。

1.偷窃铠甲、头盔等治罪

这种军事物资的处罚往往比偷窃普通物资要严重的多。偷窃铠甲处罚十九牲畜,偷窃甲袖处罚三九牲畜,偷窃短襟铠甲处罚三九牲畜,偷窃头盔处罚一九牲畜,偷窃枪支处罚一九牲畜。②

2.偷窃刀剑长矛等治罪

依其军事用途和价值分别予以治罪。偷窃优质刀剑将会受到一九牲畜的罚款,普通刀剑将会受到五头牲畜的罚款;偷窃优质长矛将会受到三匹马的罚款,普通长矛将会受到一匹马的罚款;偷窃优质弓箭将会受到一九牲畜的罚款,中等质量的弓箭将会受到一九牲畜的罚款,一般弓箭将会受到一只山羊的罚款。③这比前述第四十四条的处罚要轻,说明在当时的战争状态下,这些物资比上述铠甲、头盔等物资其战略价值相对低,制作成本也比较低廉。

3.偷盗骆驼、马等治罪

依其当时认为的重要性程度,分别治罪。偷盗骆驼,处罚十五个九牲

---

① 宝音乌力吉、包格校注:《蒙古–卫拉特法典》(蒙古文),内蒙古人民出版社,2000年,第115页。

② 宝音乌力吉、包格校注:《蒙古–卫拉特法典》(蒙古文),内蒙古人民出版社,2000年,第103页。

③ 宝音乌力吉、包格校注:《蒙古–卫拉特法典》(蒙古文),内蒙古人民出版社,2000年,第104~105页。

畜；偷盗骟马与公马，处罚十九牲畜；偷盗母马，处罚八九牲畜；偷盗犍牛、二岁马、绵羊，处罚六九牲畜。以上处罚包括骆驼在内的九畜。①

4.偷盗绸缎衣服等分别治罪

偷盗绸缎衣服，貂皮大衣，虎、豹、水獭皮大衣，地毯，绸缎垫子，骚鼠皮大衣，处罚五九牲畜；偷盗狼、狐狸、沙狐、脆生、水獭等兽类皮做的大衣以及野猫皮大衣，处罚三九牲畜；偷盗优质大衣，虎豹、豭鲁、香牛水獭皮，脆生、水獭、绸缎大衣等，处罚一九牲畜；偷盗狼、猞猁、脆生、水獭、棉布大衣，中等大衣等，处罚七头牲畜；偷盗貂、狐狸、银鼠、沙狐、野猫、狸猫、骚鼠等皮，区分其大小，大皮处罚三岁母畜，小皮处罚绵羊；偷盗落入套夹的野兽，处罚同上。②

5.偷盗银鞍、辔鞴等分别治罪

偷盗上等银鞍、辔鞴与偷盗貂皮大衣同罪；偷盗中等银鞍、辔鞴与偷盗狼皮、猞猁皮大衣同罪；偷盗锤子、砧子、钳子，处罚一九牲畜；视其偷盗物质量，酌情增减处罚数额。③

6.偷盗诸生活用品分别治罪

火镰、刀子、弓箭、钢锉、縻绳、马绊子、辔子、戴眉子、脖套、帽盔、靴子、裤子、剪子、锯子、铁镫子、木鞍子、蓑披、披蓬、毡鞴子、坠儿、布匹、长衫、带子、倭缎布、薄萨、甲胄匣、锛子、斧子、好锹、谷物类食品、袋装羊肉以及旧衣物、坎肩、其热额、有印记的绵羊、镊子、戒指、鸟网、渔网、夹子等，砍断偷盗

---

① 宝音乌力吉、包格校注：《蒙古-卫拉特法典》(蒙古文)，内蒙古人民出版社，2000年，第141页。

② 宝音乌力吉、包格校注：《蒙古-卫拉特法典》(蒙古文)，内蒙古人民出版社，2000年，第175~176页。

③ 宝音乌力吉、包格校注：《蒙古-卫拉特法典》(蒙古文)，内蒙古人民出版社，2000年，第181页。

者的手指,或者处罚五头牲畜和二头大畜加三只绵羊。[①]盗窃马缰绳、套马杆套绳、骆驼缰绳、针、锥子、梳子、顶针、线、筋线、扣子、碗、勺子、盘子、水桶、皮囊,以及旧帽子、靴袜、肚带、脱毛皮、绵羊皮、尖箭、弓弦、弹弦等这类个人随身的零星物品,如果质量较好,将会受到一只羔绵羊的罚款;如果质量一般,将会受到一只羔山羊的罚款。这些被偷生活用品无所不包,可见法律规定的翔实烦琐程度。[②]不过,"砍断偷盗者的手指"的刑罚未免过于残酷和非人道,但可以以罚畜刑抵罪。

三、《卫拉特法典》的量刑处罚

有关死刑的规定并不多见,多是以罚畜刑为主的财产刑,还有少量的割耳朵等酷刑。

(一)死刑

这里有必要先分析一下《法典》第一条的规定,研究者对此的解释和理解并不一致。对于"无论何人破坏此政权,胆敢杀掠、抢劫大爱玛克、大兀鲁思"行为,喀尔喀和卫拉特两部联合起来会有怎样的刑罚? 齐格的解释是"擒斩其身,没收其全部财产"[③],认为会被施以死刑。额尔德木图对此有不同的解释,译成"着将其一人流放,没收其一切财产"[④]。达力扎布认为"只释

---

① 宝音乌力吉、包格校注:《蒙古-卫拉特法典》(蒙古文),内蒙古人民出版社,2000年,第218~219页。

② 宝音乌力吉、包格校注:《蒙古-卫拉特法典》(蒙古文),内蒙古人民出版社,2000年,第223页。

③ 奇格:《古代蒙古法制史》,辽宁民族出版社,1999年,第116页。

④ 额尔德木图译《蒙古-卫拉特法典》第88页。载李金山主编:《古代蒙古四部法典》,内蒙古教育出版社,2010年,第88页。

放其本人,将其属民[财产]全部籍没"①。宝音乌力吉也是认为"只放其一人"（ᠨᠢᠭᠡᠨ ᠤ ᠬᠦᠮᠦᠨ ᠢᠶᠡᠷ ᠢᠨᠦ ᠲᠠᠯᠪᠢᠨ᠎ᠠ᠎）②如果仅从目前得到的有关各种蒙汉译本的资料来看,应该可以将其解释成"释放其一人"比较准确一些。当然,这需要进一步研究。毕竟这种杀掠抢劫行为会严重威胁到政权的安全及社会的稳定,不太可能只处以释放其本人,没收其全部财产的处罚。

《法典》第九条对战场上情势危急时刻不救援者进行了死刑的规定。宝音乌力吉校注本:[战场上]救援诺颜者,免除和硕赋税（ᠳᠠᠷᠬᠠᠨ ᠠᠯᠪᠠ ᠶᠢᠨ）。如丢弃诺颜者,处死或籍没全部财产牲畜。③

《法典》第十条有关"看见和听到来了大敌而不报"者的处罚涉及了死刑。看见和听到敌人来袭而不通报会严重威胁到整个爱马克、兀鲁思的安危,必须全体成员团结一致联合起来才能抵御外敌入侵,才能守住一方的社会安定和经济发展。这种严重的犯罪行为,本人会被处以死刑,并将驱逐其子子孙孙。④

（二）身体刑

这里包括鞭打、割耳朵、割手指等条款,后两者为极为残酷和不人道的刑罚,反映出立法者用酷刑来阻却犯罪,维护统治政权,保证社会稳定的极

---

① 达力扎布:《〈卫拉特法典〉研究》,人民出版社,2021年,第67页。

② 宝音乌力吉、包格校注:《蒙古–卫拉特法典》（蒙古文）,内蒙古人民出版社,2000年,第16~17页。

③ "ᠳᠠᠷᠬᠠᠨ"音译为"达尔罕"一种荣誉职务,这里指享受各种免税优待。

④ 达力扎布译:闻知和眼见大敌前来侵袭而不报告者,追究其本人直至子孙皆处死。达力扎布:《〈卫拉特法典〉研究》,人民出版社,2021年,第89页;宝音乌力吉校注本: ᠪᠦᠳᠦᠭᠡᠷ ᠢᠶᠡᠨ ᠬᠡᠮᠡᠨ ᠪᠤᠯᠭᠠᠬᠤ。宝音乌力吉、包格校注:《蒙古–卫拉特法典》（蒙古文）,内蒙古人民出版社,2000年,第42页。齐格译:看见或听到来了大敌而不报,流放其子孙,斩杀其人。奇格:《古代蒙古法制史》,辽宁民族出版社,1999年,第117页。

端思想。

1.鞭刑

冒充使者骗骑乌拉或抽吃首斯,处罚一九牲畜,或鞭笞五下,处罚五畜。每个诈骗者,罚五畜。这里说的乌拉首斯为音译说法,是指驿站使者执行公务中所需的乘骑和汤羊,等同于现在的公务交通及伙食费用,对其处罚是"一九牲畜,或鞭笞五下",往往因为无牲畜可执行其刑罚,则以鞭刑替代。

严禁家庭成员之间的殴打行为,尤其是地位低下的女性责骂公婆等行为。公婆责打儿媳,罚畜。儿媳责打公婆则不仅罚畜,又处以鞭刑。儿媳大打公婆,罚三九;中打,罚二九;小打,罚一九;同时,儿媳大打公婆,责打三十下;中打,责打二十下;小打,责打十下(第二十二条)。

另外,《顿罗布喇什补则》中也有对盗窃犯处以鞭刑的规定。对盗窃犯"重笞五十,带脚枷一个月,并于双颊烙以印记;再犯,同样处之;三犯,将其卖至库班和克里木"。谁隐藏盗窃犯则"责打十五下,罚交法庭三岁公驼一峰"。如果失主与盗窃犯相商,私下索赔了事,"把畜主在大众中责打二十五下,并剥夺其索赔的牲畜"①。

2.割耳朵

这是一种带有耻辱性质的酷刑,较少使用。《法典》当中只有一条规定,是一种公开的同罪不同罚的等级特权思想的表现。如果丈夫杀死被离异之妻,处罚五九牲畜。反之,离异之妻杀死与其丈夫有不正当关系的女子,则以杀妻论,或者割其耳朵送给他人或被杀女子的丈夫,被害女子的家属,女犯或牲畜可选其一。这里的关键是如果以杀妻论罪,则应罚畜,之后是用"并"还是"或""割其耳朵"。如果是"并割其耳朵",是对这样杀人行为的加

---

① 奇格:《古代蒙古法制史》,辽宁民族出版社,1999年,第147~148页。

重处罚;如果是"或割其耳朵"是一种选择性刑罚,可以理解为断事官可以在罚畜和"割其耳朵"之间选其一。根据道润梯步、达力扎布、宝音乌力吉等学者的研究和解释,应该属于后一种情况。①

3.割手指

萧大亨的《北虏风俗》有这一刑罚的较早记载:"即盗一马之尾,法犹截一指也。……如隐昧不白其事,事发,仍剜其目,断其手,何其惨也。"②以这种最为残酷严苛的刑罚试图阻止犯罪,维护社会安定。《法典》对被偷物品的规定极为详尽,这种情况在前述《阿勒坦汗法典》和《白桦法典》也出现过。因为在当时生产生活物资极为匮乏,例如各类斧子、火镰、刀子、剪子、锯子、铁镫子、钢锉、夹子等铁具显得珍贵而不可或缺。谷物类食品本身就特别稀缺,很难得到。甚至连羊肉以及旧衣物、坎肩等也很有用。更不用说贵重的绸缎、布匹、戒指等的稀缺性和难得的象征。此外,从法律规定的排列关系来看,是处以"砍断偷盗者的手指,或者处罚五头牲畜二头大畜加三只绵羊"的惩处。这是一种并列选项,也可以选择对应的罚畜刑。

(三)财产刑

《法典》中的财产刑不仅有一九到九九的罚畜刑,还出现了人、畜、财产等多种组合,以适应犯罪本身的复杂性和有效治罪,维护社会稳定的现实需要。

1.铠甲、牲畜、骆驼、马匹组合

这是整个《法典》中除了死刑以外的最为严厉的刑罚处罚,其所犯的罪

---

① 宝音乌力吉校注本第81页;道润梯步校注本第64页;达力扎布:《〈卫拉特法典〉研究》,人民出版社,2021年,第237页。

② 萧大亨、阿莎拉图:《北虏风俗》,内蒙古人民出版社,1979年,第239~240页。载《明代蒙古汉籍史料汇编(第二辑)》。

行是战时临阵脱逃行为。外敌来犯时,大诺颜临阵逃命则处罚一百副铠甲、一百峰骆驼、五十户属民、一千匹马;岱青、楚琥尔等诺颜逃命则处罚五十副铠甲、五十峰骆驼、二十五户属民、五百匹马;小诺颜逃命则处罚十副铠甲、十峰骆驼、十户属民、一百匹马。塔布能、执政的四类诺颜逃命则处罚五副铠甲、五峰骆驼、五户属民、五十匹马。此类组合财产刑,其官职越高责任越大则处罚越重。

2.铠甲、骆驼、马匹组合

这是整个《法典》中除了上述组合外的第二个严厉的财产刑处罚,其所犯的罪行涉及不及时通报外敌来袭的消息、杀掠寺庙喇嘛、诺颜隐匿逃亡犯等行为。

有外敌入侵,必须立即通报。得到通报而不前来救援的邻近部落之大诺颜处罚一百副铠甲、一百峰骆驼、一千匹马;小诺颜处罚十副铠甲、十峰骆驼、一百匹马。

藏传佛教传入蒙古后成为主流的宗教,其寺庙及喇嘛等也有了较高的特权地位。杀掠、抢劫寺庙喇嘛所属爱玛克,罚铠甲百领、驼百峰、马千匹,如果是一个人犯罪则按大法处理。

3.罚九数牲畜

以九数为单位的罚畜刑也出现了新的规定,认为是比较严重的犯罪行为,以九数为单位,但超过了传统法律意义上的九九八十一头数的罚畜刑。这里三九至一九的罚畜刑比较多,八九罚畜、七九牲畜只有一条。足见在整个法律制度的执行过程中,以轻缓的罚畜刑为主,以此达到缓和社会关系,维持社会的安定团结。

(1)九九以上罚畜

骆驼作为五畜当中的最具价值的牲畜,它的耐干旱、易生存的特性很好地适应了草原的艰苦环境。其他依次是马、牛、羊等。铠甲也是最为重要的御敌兵器,有关治罪也比较重。

十五九罚畜。偷盗骆驼,处罚十五个九牲畜。

十九罚畜。偷窃铠甲处罚十九牲畜。偷盗骟马与公马,处罚十九牲畜。

(2)九九至一九罚畜

九九罚畜。一切人等必须为办理三件紧要事务者提供驿马:政教要务、诺颜哈屯患病和大敌侵袭的紧急讯息之使者,必须得到提供驿马的帮助。拒绝提供者处罚九九牲畜。无故中断诸大诺颜的首斯(汤羊)处罚九九牲畜;另外,骂绰儿济处罚九九牲畜。①

八九罚畜。偷盗骒马,处罚八九牲畜。

七九牲畜。给逃亡者提供乘马、干粮,处罚七九牲畜。

六九罚畜。偷牛、二岁马、羊三种牲畜,处罚六九牲畜。他人火灶里插木棍,诺颜人家,赔偿六九牲畜。

五九罚畜。骂诺颜巴克什(老师)喇嘛处罚五九牲畜。打格隆处罚五九牲畜。

打中等官职的诺颜、塔布能则处罚五九牲畜。杀死男奴处罚五九牲畜。谋害弃妻处罚五九牲畜。用利器刺、砍、击伤人者,重伤处罚五九牲畜。擅自杀害逃亡者,处罚五九牲畜。

三九牲畜。骂格隆处罚三九牲畜。重打诸小诺颜、塔布能则处罚三九牲畜。

重打老师及父母者,处罚三九牲畜。儿媳重打公婆者处罚三九牲畜。偷窃甲袖处罚三九牲畜,偷窃短襟铠甲处罚三九牲畜。偷窃上好弓带、十支

---

① 绰儿济:具有高级身份的喇嘛。

箭处罚三九牲畜。

抓到离群牲畜私自转送邻人,处罚三九牲畜。用利器刺、砍、击伤人者,中伤处罚三九牲畜。二人戏致人死亡而隐匿不报,处罚三九牲畜。窝藏逃亡者财产牲畜,处罚三九牲畜。

二九牲畜。动手打诸小诺颜、塔布能则处罚二九牲畜。中打老师父母者处罚二九牲畜。儿媳中打公婆者处罚二九牲畜。杀死女奴处罚三九牲畜。

一九牲畜。骂中等官职的诺颜、塔布能则处罚一九牲畜。重打西古楞格则处罚一九牲畜。动手打使者处罚一九牲畜。冒充使者骗骑乌拉首斯处罚一九牲畜。

在诸诺颜所属禁猎区内破坏宿营地、驱惊野兽的处罚以骆驼为首的一九牲畜。偷窃头盔处罚一九牲畜。偷窃枪支处罚一九牲畜。偷窃中等弓处罚一九牲畜。战斗中误杀同伴,证明属实则赔偿一九牲畜。狩猎中误伤中指折断则赔偿一九牲畜。擅自夜间去逼债,处罚债主一九牲畜。捡到离群牲畜,私下做标记,处罚一九牲畜。用利器刺、砍、击导致轻伤处罚一九牲畜。揪断妇女帽缨或头发,处罚一九牲畜。二人戏要致死其一则处罚一九牲畜。偷盗锤子、砧子、钳子,处罚一九牲畜。将偷盗的牲畜粪便或骨头扔到别人营地,赔偿营地主人一九牲畜。公差不执行公务,处罚一九牲畜。

(3)罚九数以下牲畜

九数以下罚牲畜有九畜、七畜、五畜,及单数的骆驼、马、牛、马、绵羊等。罚五畜中包括两头大畜(马、驼)加三只绵羊。

罚九畜。中断诸诺颜及诸塔布能首斯的处罚九畜。公公中打儿媳处罚九畜。

罚七畜。与无婚约关系女方私奔者,如是赛因库蒙之女,赔偿七畜。捡到死畜,不通告而占为已有,处罚七畜。偷盗狼、猞猁、脆生、水獭、棉布大衣,中等大衣等,处罚七头牲畜。

罚五畜。拽使者下马者处罚五畜。公公小打儿媳处罚五畜。与无婚约关系女方私奔者,如是顿达库蒙之女,赔偿五畜。牧场山沟中死人,如拥有者是顿达库蒙赔偿五头牲畜。狩猎中误伤致无名指折断则赔偿五头牲畜。狩猎中误伤致流少量鲜血,赔偿五头牲畜。私下对离群牲畜修剪鬃尾,处罚五头牲畜。已婚男女私通,处罚男方五头牲畜。用拳头或马鞭重打他人,则处罚五头牲畜。揪断他人帽缨或头发,处罚五头牲畜。引诱、玩弄已婚或未婚妇女,在其脸部或其他部位咬函牙散等,处罚五头牲畜。因戏耍致眼睛、牙齿、手脚损伤,已经治愈则不予处罚,致残则赔偿五头牲畜。讹占失群牲畜为已有,处罚五头牲畜。隐匿中箭的野兽,处罚五头牲畜。火镰、刀子等处罚五头牲畜。偷中等质量盗锅、火撑子,处罚五头牲畜。

罚四畜。已婚男女私通,处罚女方四头牲畜。

罚三畜。狩猎中误伤致小指折断则赔偿三头牲畜。

罚驼。执政的四类诺颜逃命则处罚五峰骆驼。与无婚约关系女方私奔者,如是毛(阿达克)库蒙之女,赔偿一峰骆驼。

罚马。戴战盔者逃命,处罚三匹马。穿铠甲士兵逃命,处罚二匹马。普通百姓逃命,处罚一匹马。骂乌巴什或居家查布根赤,处罚一匹马。谩骂无辜,指名侮辱戏耍其人父母者,处罚一匹马。使者抢骑其马而动手打公差则处罚一匹马。中断诺颜及诸塔布能的首斯处罚一匹马。假借诺颜之名征首斯自己享用则处罚一匹马。衣物受损则赔偿一匹马。狩猎时马匹被误伤致死,乘马者不忍收取死马皮肉则赔偿良马一匹。强奸女奴处罚一匹马。用利器而未致人受伤,处罚一匹马。用利器欲伤人而被人制止,处罚一匹马。撕坏他人衣物,处罚二岁马一匹。用拳头或马鞭中打他人,则处罚马或绵羊牲畜。救活上吊者和临产者,受益人要给一匹马。破坏狩猎序列者,罚款五匹马。隐藏受伤的野兽,将罚没其所骑的马匹。不归还拾起的箭镞,将罚没其所骑的马匹。杀死带有标记的猎鹰,需要以一匹乘骑的马作为赔偿。罚马和绵羊组合。啐人脸面、向人撒土、鞭打他人马头、撩掀他人衣襟、惊扰诸颜乘马,处罚马一匹、绵羊二只。有两种行为者,处罚马和绵羊各一匹。

罚牛(三岁母牛)。冒充使者骑其他爱玛克之马,罚三岁母牛。额力齐未经主人允许而骑其马者,过宿(一日以上)则罚三岁母牛。乘马疲劳,不提供乘马者处罚三岁母牛。用木棍或石器小打,处罚三岁母牛或相等财物。用拳头或马鞭小打他人,处罚三岁母牛。偷盗貂、狐狸、银鼠、沙狐、野猫、狸猫、骚鼠等皮,系大皮则处罚三岁母牛。偷盗优质银鞍、辔鞦,处罚三岁母牛。救活陷泥骆驼,要三岁母畜。捡拾暴晒不及十天死畜者,处罚三岁母牛。除挤用离开驼羔的母驼、与小驹分离的母马以及刚产子之母畜之奶外,意挤用别人母畜之奶者,罚三岁母牛一头。偷质量一般的盗锅、火撑子,赔偿三岁母牛。

罚羊。额力齐未经主人允许而骑其马者,当日(一日)则罚一只绵羊。用木棍或石器中打,处罚马或绵羊。触损他人胡须,处罚绵羊或马。偷盗貂、狐狸、银鼠、沙狐、野猫、狸猫、骚鼠等皮,系小皮则处罚绵羊一只。救活陷泥马要绵羊一只。擅自离开序列二射程者,处罚绵羊一只。抢救乘马摔伤的少年,获得绵羊奖励。

罚带羔绵羊或带羔山羊。盗窃马缰绳、套马杆套绳、骆驼缰绳、针、锥子、梳子、顶针、线、筋线、扣子、碗、勺子、盘子、水桶、皮囊,以及旧帽子、靴袜、肚带、脱毛皮、绵羊皮、尖箭、弓弦、弹弦等这类个人随身的零星物品,如果质量较好,将会受到一只羔绵羊的罚款;如果质量一般,将会受到一只羔山羊的罚款。

（4）以别尔克为单位的罚畜

别尔克是古代蒙古罚畜的一个组合。①一别尔克具体包括哪些牲畜？有不同解释。总体上，一别尔克应该包括山羊、绵羊、马、骆驼（或牛）等各一头。②

《法典》第二条："在边境抢掠少量爱马克人众者，罚甲百副、骆驼百峰、马千匹马。将所抢掠的一切归还原主，令其赔偿损失的人、畜和财物。若［杀死］有官之人赔偿［命价］五个［别尔克］，死无官之人，赔偿一个别尔克。"③有官职人和无官职人的赔偿差别比较大，反映出《法典》对有官职人的倾斜和维护。

《法典》第十二条：凡有抢掠阿寅勒（村屯）和赶走马匹时，有人抢回马群者，获得牲畜之一半；抢回马群过程中，如有被杀者，必须得到相应赔偿（命价）；如"未能拦截下［马匹和财物］而死人，则从［被抢劫之人的］兄弟取一别尔克偿其命。"④这里分为抢回马群已成和未成等两种情况，如成则分其一半的牲畜，如未成又死人的，得一别尔克。至于为何是被抢劫之人的兄弟给这个"别尔克"呢？宝音乌力吉对此的解释是，因为牲畜已经被人抢走了，没有赔偿能力，只得由其兄弟代偿，似乎有道理。⑤

《法典》第五十二条：牧场山沟中死人，如拥有者是毛（阿达克）库蒙，赔

---

① 达力扎布指出，目前缺乏有关别尔克具体内容的确切记载，不过从《卫拉特法典》判罚来看似为山羊、绵羊、马、骆驼等四种牲畜，其中应有两头大牲畜。达力扎布：《〈卫拉特法典〉研究》，人民出版社，2021年，第128页。

② 金山认为，山羊、绵羊、马是各地方都固定使用的，牛或驼因地区不同而有所不同。金山、包斯琴：《清代蒙古地方法规研究》，辽宁民族出版社，2018年，第229页。

③ 达力扎布：《〈卫拉特法典〉研究》，人民出版社，2021年，第228页。

④ 达力扎布：《〈卫拉特法典〉研究》，人民出版社，2021年，第233页。

⑤ 宝音乌力吉、包格校注：《蒙古–卫拉特法典》（蒙古文），内蒙古人民出版社，2000年，第47页。

偿一别尔克。①畜群无主或无放牧者,畜群中抓一头牲畜抵偿。这是基本按照当时的阶层划分而定的,没有合理依据和公平性可言。

多人戏要致死,若是成年人则处罚一别尔克。

（四）其他几种特殊的刑罚

1."取其妻"

《法典》第五十四条:凡与敌作战中冲锋陷阵杀死敌人者"可取其妻"。宝音乌力吉解释说,这是指敌方被杀之人的妻子。从法典的立意及其有关文本解释来看,这一点似乎是正确的。②

2.短衣一件

任何人都有义务为使者提供必要的食宿便利。但如果是独居且无子女的女子不提供住宿者,要短衣一件。宝音乌力吉解释说,因其家境贫寒如同其他牧户一样罚畜的话会过重,只得罚短衣一件。具有某种羞辱之意。③

3.罚箭（或刀）

何人破坏围猎规矩,离一射程之地出发射猎,罚五支箭。除山蛇外,用其他蛇作殉葬,处罚二支箭或刀。

---

①　"赛因库蒙"直接翻译是"上等人"的意思,主要由诺颜等贵族阶层组成。"顿达库蒙"即"顿达库蒙"。"毛(阿达克)库蒙"即"下等人"。

②　宝音乌力吉、包格校注:《蒙古–卫拉特法典》(蒙古文),内蒙古人民出版社,2000年,第47页。此外,道润梯步也有此类解释。

③　宝音乌力吉、包格校注:《蒙古–卫拉特法典》(蒙古文),内蒙古人民出版社,2000年,第47页。

四、有关司法审判制度

(一)司法机构和官员

这时期的卫拉特蒙古社会大体由丘尔干会议、乌日古格、扎尔忽,以及各部诺颜的牙账等构筑了较为完备的司法审判体系,能够分级审判和垂直监督。①

丘尔干会议由卫拉特各部贵族权贵参加,协调内政关系、商定对外战事等最高事务,是当时的最高权力机构,也是审理重大案件的最高审判机构,丘尔干会议不定期召开,所以其本身并不是一个常设的审判机构。由于乌日古格是诺颜的常设办公机构,而诺颜是行政兼理司法事务,因而乌日古格时常充当卫拉特蒙古地方的最高级审判机构,审理大量的刑、民事案件。这里说的扎尔忽大体上形成了中央到地方的能够垂直管辖和司法监督的体系,调处了大量的民、刑事案件。蒙元时期已经出现并不断发挥作用的断事官,即扎尔忽赤在这一时期继续发挥了重要作用。在卫拉特各部的政权机构中,扎尔忽赤担任图什墨尔理事的副手,同时负责处理所有刑事和盗窃案件。扎尔忽赤管理着雅尔忽赤(法庭办事人员)、图萨拉克齐(协理、协助者)、收楞额(征税官,兼作协助扎尔忽赤处理法律纠纷)和额勒赤(使者)等

---

① 丘尔干为蒙古语,会议、会盟之意,又音译楚勒干、楚拉干、出拉汉或查胡拉干,类似于古代蒙古社会忽里勒台制度,泛指会盟,也指一般的集会议事。丘拉干还兼有法庭的职能,这种情况一直延续到清朝时期。参见《蒙古学百科全书》编委会编:《蒙古学百科全书·法学卷》,内蒙古人民出版社,2007年,第413页。在《顿罗布喇什补则》第二十三条中出现了某级审判机构为乌日古格的记载。大乌日古格是指汗诺颜的大帐或殿帐,经常充当最高法庭的角色。参见那仁朝格图:《13—19世纪蒙古法制沿革史研究》,辽宁民族出版社,2015年,第245页。这里说的扎尔忽有裁判处、法庭之意,有尼伦扎尔忽(中央法庭)、也客扎尔忽(大法庭)、扎尔忽之分。参见那仁朝格图:《13—19世纪蒙古法制沿革史研究》,辽宁民族出版社,2015年,第247页。

司法小官的工作。就这样,由分工负责、各有职责的司法人员构成初具规模,使得承担裁判事务的法庭得以顺利运转,利于基层社会纠纷的及时、合理解决。

(二)审判程序

《法典》对审判作了较为详尽的规定。

1.互控有罪的案件,被告反诉的,要终止此案的审理,但如反诉有证人,可以审断

互控有罪的案件若无证人做证有可能使裁断者陷入不能判明是非的境地,只得"废止此案"。游牧社会的诉讼纠纷具有不易保存证据之特性,让原被告双方提供证据证人也是出于查明案件是非的考量。

2."女奴"不能做证,但"如拿来骨和肉"可以做证

"女奴"不能做证,从其身份等级和社会地位上较容易得到解释,但为何"如拿来骨和肉"就可以做证? 这里说的"骨和肉"是作为盗窃案涉及的证物出现的,女奴拿去提交给法庭并不是将女奴作为证人的意思,而只是出于将涉案的"骨和肉"作为物证审理的需要。①

3.如做证属实,证人则"在所罚牲畜中吃(得到)一九",并根据财物的多少给予奖赏

游牧社会中牲畜即为最重要的生产生活来源,以牲畜作为赏罚之标尺颇具威慑力,有利于遏制侵犯财产权益和破坏社会秩序的案件持续发生。最后,两人诉讼必须同时到庭,否则不予审理。被告如不到庭则"罚其乘马",可谓是一种较为有效的制裁手段。另外,该《法典》中还出现了对偷盗

---

① 宝音乌力吉、包格校注:《蒙古-卫拉特法典》(蒙古文),内蒙古人民出版社,2000年,第209页。

案觅踪三审断的规定。觅踪时与塞因格日赤一起追查到底,以罚处理。[①]即使没有塞因格日赤,也继续追查。

4.找到偷盗者住户之踪,要令其牧户长处理

如牧户长不处理,找到偷盗者之家以法惩处。牧户长到鄂托克赛特处报告。[②]鄂托克赛特到诺颜面前报告。在游牧社会偷盗牲畜类案件最为频发,对其基层社会带来了极大的不安定性。这种觅踪三审断法实则是对偷窃者的严惩和威慑,力图产生阻却犯罪之效果。

司法审判制度无非是"隐蔽在法律理论和法律实践中的一系列政治、社会和经济生活的不断重现或'地方志'。用同一种方式来说,法律以各种形式依赖于有关历史的主张,所以它既界定又依赖一系列复杂的地方志和区域理解"[③]。有关司法审判制度是对当时犯罪者、对违法者、对扰乱秩序者的一种依法评判过程,是法律立旨在司法审判中价值观的重现。无论哪国何种司法审判制度不外乎是对犯罪者的惩处、对违法者的谴责和对扰乱秩序者的预防。

---

① 塞因格日赤,蒙古语,汉译指上等证人、公正证人之意。据那仁朝格图《13—19世纪蒙古法制沿革史研究》考证,封建等级划分较为严格和分明。就庶民阶层而言,也分为塞音昆(蒙古语,塞因为好、上等之意,昆为音译kun,人的意思,塞音昆汉译为上等人,下同)、敦达昆(中等人)、阿达克昆(下等人)、哈喇昆(一般人)、恩衮昆(平民)等。参见那仁朝格图《13—19世纪蒙古法制沿革史研究》,辽宁民族出版社,2015年,第243页。

② 赛特(sayid)蒙古语意为善人、正人。明代蒙古对非成吉思汗黄金家族出身的封建主的通称,掌握万户、鄂托克、爱马克等实权。参见薄音湖主编:《蒙古史词典》,内蒙古大学出版社,2010年,第517页。

③ [德]李斯特:《政治经济学的国民体系》,陈万煦译,商务印书馆,1961年,第165页。

第四章
清代蒙古犯罪治理的法律制度

清代在中央设有理藩院统辖蒙古事务,再通过盟旗体制管理蒙古地方事务,形成了比较有效的从中央到地方的各种政治及法律制度。在立法层面经历了从国初分散颁令到《蒙古律书》《蒙古律例》的陆续颁行,再到《理藩院则例》全面推行的渐进过程,在犯罪罪名、量刑设置、司法审判等方面都形成了较为切实可行的法律制度。

第一节　清代蒙古犯罪治理概述

一、理藩院沿革及其职能

(一)理藩院的沿革

满清入关前,在原来六部中的蒙古承政的基础上,专门设立了专掌蒙古事务的机构——蒙古衙门。崇德三年(1638年)六月,蒙古衙门更定为理藩院,设承政一员,左右参政各一员,副理事官八员,启心郎一员。顺治五年

(1648)二月,理藩院增设汉院判一员,汉知事一员,汉副使一员。顺治十六年(1659)理藩院归礼部所属,依礼部官职行事。

顺治十八年(1661),六部之外,设理藩院,置尚书、左右侍郎,董其黜陟、赏罚、朝会、往来之事。其属四清吏司,曰录勋,曰宾客,曰柔远,曰理刑;各设郎中、员外郎、主事,又设司务、汉院判、知事、副使。[①]其增设裁减,具载吏部。至此,理藩院的独立设置大体形成,以后就是不断调试或增减官额的问题。康熙初期,变为尚书一员,左右侍郎各一员。康熙二十八年(1689),理藩院添满洲、汉军汉字堂主事一员,翻译汉字,满洲笔帖式,每旗各一员,汉军笔帖式,每翼各二员。康熙三十八年(1699),对其人员裁撤。康熙四十年(1701),理藩院柔远司划分为柔远前司和后司。[②]这时期,理藩院包括尚书满洲一员,左右侍郎各一员及其他人员在内共计115员。

雍正七年(1730),雍正帝谕示八旗游牧地方,甚属紧要,理藩院设置了巡按游牧御史。乾隆二十二年(1757),清朝统治者再次调整了理藩院司属机构,改录勋司为典属司,宾客司为王会司,柔远后司为旗籍司,柔远前司仍为柔远司。乾隆二十六年(1761),鉴于管理回部事宜,并旗籍、柔远为一司,增设徕远司专管回部事务。次年,鉴于原来柔远、旗籍二司所办事宜有所不同,恐怕错漏频出,将旗籍、柔远仍分为二司。至此,理藩院所属六司机构最后完备。

光绪三十二年(1906)清政府宣布"预备立宪",开始"厘定官制",理藩院改名理藩部。基于怀柔政策的延续,仍然保留先前所设立的六司,同时所设立的司务厅、当月处、银库、饭银处、喇嘛印务处等机构也依旧制运作。光绪

---

① (清)伊桑阿:《钦定大清会典》(康熙朝)(卷142),杨一凡、宋北平编,关志国、刘宸缨校,凤凰出版社,2016年。

② (清)伊桑阿:《钦定大清会典》(康熙朝)(卷3),杨一凡、宋北平编,关志国、刘宸缨校,凤凰出版社,2016年。

三十三年(1907),对理藩部官制进行了革新,新设了调查、编纂两局,并附入领办处。辛亥革命爆发后,理藩部改设为民国政府的蒙藏委员会,专管民族事务。

至此,历经频繁改制,理藩院作为专管民族事务的中央机构,在不同时期扮演了不同的角色,适时调处各民族关系,发挥了保证边疆安全与稳定的关键作用。

(二)理藩院的职能

理藩院作为统领清朝民族事务的国家机构,在当时的社会历史条件下发挥着极为重要的作用。

首先,担任军政要职,平定叛乱事宜。当噶尔丹发动叛乱之时,理藩院尚书阿喇尼为议政大臣,在多伦会盟及平定噶尔丹叛乱中发挥了重要角色。此外,在清代,理藩院大臣有的是内阁学士,有的在议政处行走,有的参与军机处工作,还有的直接兼任地方大员,统掌一方军政事务,为清王朝军国要务。雍正时期理藩院侍郎众佛保被授为内阁学士。乾隆时期理藩院尚书纳延泰先为军机大臣,理藩院尚书索琳任库伦办事大臣,理藩院侍郎庆桂为伊犁参赞大臣。[1]

理藩院在平定相关叛乱,维护国家统一,保证边疆安全方面发挥了极为重要的作用。理藩院官员组织蒙古各部,决定各旗出动兵员事宜,选拔统兵将领,参与平定叛乱之事。在平定察哈尔布尔尼之乱时,理藩院官员奔赴漠南蒙古各部各旗,调集兵力围剿,并率领军队防守地方。平定噶尔丹之乱中更是发挥了重要作用。理藩院大臣统率漠南蒙古四十九旗及察哈尔兵员,同时还会同兵部,负责建置作战需要的临时哨站。[2]平定阿睦尔撒纳之乱

---

① 赵云田:《清代理藩院初探》,《中央民族学院学报》,1982年第1期。

② (清)温达等奉敕撰:《御制亲征平定朔漠方略》(卷6),台北成文出版社,1971年。

时,理藩院侍郎玉保被命名为参赞大臣,尚书纳延泰被派往北路军营,留驻乌里雅苏台,处理相关事宜。①

其次,管理宗教事宜。宗教事务事关重大,民族、安全、信仰、习惯等都有所涉及,关涉民族地区安全稳定。清朝通过理藩院对蒙古地区的宗教采取了拉拢上层人士,选定宗教人选,册封有关名号,登记造册等有效措施。理藩院登记造册有关蒙古喇嘛呼毕勒罕。②理藩院掌雍和宫金奔巴瓶掣签。监制内外扎萨克等所奉呼图克图人选及继任者。③喇嘛承袭国师、禅师、都纲等事,均归理藩院承办,并会同礼部,办理请给敕印等事。理藩院还奏请朝廷寺庙名号和寺庙工程。

再次,管理会盟、驿站、户丁事宜。理藩院的尚书、左右侍郎和各有关司分工明确,各司其职,形成了较为完整的会盟、驿站、户丁管理制度。如,尚书、左右侍郎,掌蒙古各部及回部之政令;督催所稽查全院文移、注销等事;当月处监守堂司印信,收受各衙门来文等;稽查内馆、外馆,负责内、外馆稽查诸事;俄罗斯馆管理俄国来华在京的商人、传教士、学生等事宜。

此外,理藩院在乌里雅苏台、科布多、西宁、西藏、库伦和蒙古地区各驿站,还有大量派出机构或人员,掌管税收、驿站、蒙古汉民交涉和贸易、掌印等事。④

最后,审理复核有关刑事案件。凡死罪由各旗札萨克审明报核理藩院,

---

① 赵云田:《清代理藩院初探》,《中央民族学院学报》,1982年第1期。

② 呼毕勒罕,较高级别的宗教称号。《钦定大清会典》规定:"凡喇嘛有行者,能以神识转生于世,曰呼毕勒罕。"

③ 乾隆五十七年平定喀尔喀后,清统治者在西藏大昭寺和北京雍和宫先后设金奔巴瓶。凡达赖喇嘛、班禅额尔德尼、哲卜尊丹巴呼图克图及中国西藏、蒙古各处已出数辈之呼图克图大喇嘛圆寂后,将报出之呼毕勒罕人名字生辰,缮签入大昭寺金奔巴瓶内,令喇嘛等哗经,驻藏大臣监看,掣出一人以为呼毕勒罕。

④ 赵云田:《清代清理边境的枢纽——理藩院》,新疆人民出版社,1995年,第15~16页。

由理藩院会同三法司定拟具奏。其应当收监等待秋后处决的,刑部秋审时,会满九卿议奏。减等者,金发邻近盟长,给效力台吉为奴。驻有理藩院司官的地方,"司官会扎萨克而听之",内属蒙古各部,"将军、都统、大臣各率其属而听之",和地方人民有关案件,"地方官会听之。"①顺治八年(1651年)题准:外藩蒙古人有要诉讼的,到各管旗王、贝勒等处进行申告,如果审理无法结案的,命令会同会审旗分之王贝勒等进行审理,仍然无法结案,则王等遣送赴院。如未在王等处申告,越次赴院者,一概发回。②理藩院作为蒙古刑案的终审机关,不得越级诉讼,主要负责对重大刑事案件的复核及改判。

二、盟旗制度及其职能

(一)各旗分设及其职能

天命九年(1624)至乾隆三十六年(1771)在平定征服蒙古各部的漫长过程中,基于满清八旗制度的组织原则,在蒙古原有社会制度的基础上逐步建立起了盟旗制度。清朝取消了蒙古原有部落的划分,改编为旗。少数按照原来的部落改编为一旗,多数被划分为若干个旗,以至十余个旗。旗既是军事、行政合一的单位,也是清朝赐给旗内各级蒙古封建主的世袭领地。

早在天命、天聪年间,清朝就已经将归顺的蒙古各部落编入满洲八旗之中,天命七年(1622)设立了"兀鲁特蒙古一旗",把科尔沁部落和内藩的喀尔喀五部落编进该旗当中,由科尔沁部明安台吉统一管辖。崇德元年(1636),清朝对蒙古地区正式设置了旗编佐,规定每个旗设立札萨克1员,由原来的

---

① (清)伊桑阿:《钦定大清会典》(康熙朝)(卷68),杨一凡、宋北平编,关志国、刘宸缨校,凤凰出版社,2016年。

② (清)伊桑阿:《钦定大清会典》(康熙朝)(卷68),杨一凡、宋北平编,关志国、刘宸缨校,凤凰出版社,2016年。

部落长担任。康熙二十五年(1686),由清朝颁授印信,管理旗务,且为世袭制不更替、不废除。旗里还设2到4名的协理台吉帮助札萨克管理旗中事务。下属有管旗章京、副章京、参领、佐领、骁骑校等职官。[①]这些旗务人员的设置是与各个旗的大小规模有关。一般是由一百五十个人组成一个佐领,由五十个人组成一个马甲,每十户设立一个十家长。凡是台吉贵族的每旗各自设立一名族长,处理本族的各种事务。

为了更好地统治,清朝将蒙古地区分为内属蒙古和外藩蒙古,同时又将外藩蒙古分为内札萨克和外扎萨克两种。内蒙古所属二十四部为内札萨克;喀尔喀四部、厄鲁特四部、辉特阿拉善厄鲁特、额济纳土尔扈特、青海蒙古为外札萨克。内属蒙古不设札萨克,旗上也没有盟的设置,直接由清廷将军、都统和大臣等统辖。内属蒙古各旗的官职不允许世袭,在旗内设置总管、副总管等职,直接隶属于理藩院。内属蒙古有察哈尔八旗、归化城土默特、巴尔虎部、黑龙江打牲部落、厄鲁特部、扎哈沁部、唐努乌梁海部、明阿特部、阿尔泰乌梁海部、阿尔泰诺尔乌梁海部、西藏大木蒙古部等。[②]这些旗划分归为伊犁将军、塔尔巴哈台参赞大臣、绥远城将军、黑龙江将军、热河都统、科布多参赞大臣、定边左副将军、驻藏大臣等官员按照属地就近的原则进行统治。

除此之外,清朝还有蒙古八旗和喇嘛旗这两种特殊的旗分。蒙古八旗是在蒙古牛录的基础上逐渐发展而成的旗分,其编制与八旗满洲相同,是清代满蒙汉三种八旗之一。蒙古编牛录大约开始在天命六年(1621),后来经过几番改动,天聪九年(1635)皇太极把归降附属后金的蒙古降众与原来满洲八旗下的蒙古部落单独编为蒙古八旗。蒙古八旗中的每一旗都设有一名

---

①　乾隆朝内府抄本《理藩院则例》,赵云田点校,中国藏学出版社,2006年,第16页。

②　乾隆朝内府抄本《理藩院则例》,赵云田点校,中国藏学出版社,2006年,第17页。

都统,两名副都统,还有参领、佐领。各旗还设有都统衙署,分别处理各类事务。都统和副都统掌八旗之政令,宣布教养,稽查户口,序其官爵。[①]

喇嘛旗是清廷以更好地统治蒙古而在喇嘛教信众比较集中的地区或具有重要影响力的喇嘛首领所在地成立的旗分。喇嘛旗任命最高级别喇嘛为该旗札萨克,掌管行政、司法和税收等权限。喇嘛旗则由盟长进行监督,由理藩院进行统辖。清代蒙古设有 7 个札萨克喇嘛旗,分别为:内蒙古的锡埒图库仑札萨克喇嘛旗;喀尔喀地区的土谢图汗部哲布尊丹巴呼图克图旗,受库伦办事大臣节制;赛因诺言汗部的札雅班第达呼图克图旗;青素珠克图诺们汗旗;额尔德尼班第达呼图克图旗;札萨克图汗部的那鲁班禅呼图克图旗;青海蒙古的察汉诺们汗旗。[②]

（二）盟的设置及其职能

为了不让旗札萨克享有独立的权力,制定了会盟制度,在旗之上设立盟,合并若干个旗。有的盟在原有部落的基础上建立,有的盟包括多个部落,也有少部分旗不设盟,而直接受将军、大臣等管理。凡是盟都设立一名盟长,一名副盟长,盟长和副盟长,都属于同一盟的札萨克内,由理藩院逐项写出请旨派任道府以上外官。命令汇总治理其旗务。康熙十三年定,每年春季,札萨克王、贝勒、贝子、公、台吉等,各将旗下台吉兵丁会集一处,令其修理器械,听盟长检验考察集训演练。盟长各子给予印信,凡是重大的旗务,都由盟长会同札萨克办理。盟内各旗,每年十月一班和十二月一班,各

---

① 乾隆朝内府抄本《理藩院则例》,赵云田点校,中国藏学出版社,2006年,第21页。

② 凡喇嘛,道行至高者曰胡图克图,转世者曰胡毕尔汗。其秩之贵者,曰国师,曰禅师,次曰札萨克大喇喇嘛、闲散喇嘛。札萨克喇嘛以上给印,余给札付。其徒有德木齐、格思规、格隆、班第之差。陕、甘、洮、岷诸寺住持番僧,曰都纲,曰僧纲,曰僧正,各给札付。乾隆朝内府抄本《理藩院则例》,赵云田点校,中国藏学出版社,2006年,第283页。

差一人至盟长处值班。各旗所属三年会盟一次,主要职责是凡会盟简稽军实,巡阅边防,清理刑名,编审丁册。会盟不到者,王等罚马二十匹,札萨克贝勒、贝子、公等十五匹,台吉、塔布囊等十匹,以充公用。逾期者,王以下各按日罚马。[①]

会盟的地点是由清政府指定,一般是在方便各旗集会的适宜地点,一旦确定,就以该地名当作盟的名称。如《理藩院则例》对内札萨克六盟各定其所会之地:一是哲里木盟地,在科尔沁右翼中旗境内;二是卓索图盟地,在土默特右翼旗境内;三是昭乌达盟地,在翁牛特左翼旗境内;四是锡林郭勒盟地,在阿巴噶左翼、阿巴哈纳尔左翼两旗境内;五是乌兰察布盟地,在四子部落旗境内;六是伊克昭盟地,在鄂尔多斯左翼中旗、右翼后旗、右翼前旗三旗交界当中。

有关会盟之礼也有严格的规定。盟会之仪,钦差大臣贵制书至蒙古边境,守边人侦探驰告,札萨克等于五里外下马,序立于道右,跪候制书过,各乘马随行,钦差大臣在左,札萨克等在右。至盟所,于正中设香案,钦差大臣奉制书设于案,退立于左。札萨克行一跪三叩礼毕,跪,钦差大臣奉制书授笔帖式宣读毕,钦差大臣奉制书设于案,札萨克等复行一跪三叩礼。钦差大臣奉制书授札萨克等,札萨克等跪受,授属官,行三叩礼毕,付守藏者。札萨克等与钦差大臣各行两跪两拜礼毕,钦差大臣居左,札萨克等居右,列坐。以比丁口,平狱讼。

盟不是清朝蒙古的最高行政机构,盟长也仅是会盟的召集人,不可以直接干预各旗的内部事务,也没有权力擅自发布政令,仅对各旗的札萨克有着监督作用,并且还充任旗札萨克与清政府之间的联络人。蒙古的盟旗不是

---

① 乾隆朝内府抄本《理藩院则例》,赵云田点校,中国藏学出版社,2006年,第29页。

独立自主的政治制度,而是直接受中央政权的统辖和节制,履行清政府交付的职责,没有权力独立处理本盟旗的各项事务。在盟旗之上,理藩院有一切重大军政事务的最高裁决权,对于地方性的重大事件,则上报有关地区的将军、都统和大臣会办。

三、清代蒙古治罪法制概览

清代蒙古法制由最初分散颁令到《蒙古律书》的颁行、《蒙古律例》的续订直至最终《理藩院则例》的修成,经历了漫长而曲折的过程,反映出清廷对蒙古地区的统治由松散的军事优抚到严格的中央集权的政策过程。这里仅就清代蒙古法制形成过程及发展脉络进行梳理。

(一)满清入关前后的有关律令

有关严明法制对安邦定国的重要性,努尔哈赤指出"若谓为国之道何以为坚,则事贵乎诚,法令贵乎严密完备"[1]。皇太极也继承了这一思想,强调必须"国家立法,不遗贵戚"。清朝蒙古法制始于对外征战中的有关禁令和作战指令。天聪二年(1628),与蒙古科尔沁、喀喇沁、敖汉、奈曼、扎鲁特等部会合征讨察哈尔部林丹汗时严令有关蒙古部"必按我国所定罪行受罚"[2]。

面对蒙古部破坏军令滥杀投降者的情况规定"今后来降之人,若贝勒明知而杀者,罚民十户,贝勒不知而小民妄行劫杀者,罚民十户,抵死,妻子为

---

① 中国第一历史档案馆,中国社会科学院历史研究所译注:《满文老档》(太祖卷3),癸丑年十二月,中华书局,1990年。

② 中国第一历史档案馆,中国社会科学院历史研究所译注:《满文老档》(太祖卷3,)癸丑年十二月,中华书局,1990年。

奴"①。天聪三年(1629)三月二日,遣国舅阿什达尔汉同尼堪等赍敕谕归顺各部落蒙古诸贝勒,申定军令。强调战时违反军纪者的严惩,敕曰:"我兵若征察哈尔,凡管旗固山事务诸贝勒,年七十岁以下,十三岁以上,俱从征,违者罚马百匹、驼十只。迟三日不至约会之地者,罚马十匹。我兵入(察哈尔境内),以至出,有不至者罚马百匹、驼十只。若往征明国,每旗大贝勒各一员、台吉各二员,以精兵百人从征,违者大固山罚马千匹、驼百只。迟三日不至约会之地者,罚马十匹。我兵入,以至出,有不至者,罚马千匹、驼百只。"②这种军令沿用了过去蒙古法制的战时禁令规定,对违者严惩意味着将归附满清的蒙古部开始纳入统一的法制体系当中。

天聪五年(1631年)四月,皇太极钦定科尔沁等蒙古诸部阵亡或病故官员的袭职例。③这是清廷优抚和拉拢蒙古各部政策的体现。同年七月,开设六部,其中有蒙古承政和二名参政,专掌蒙古事务。天聪七年(1633年)七月癸酉,皇太极颁钦定法律于科尔沁各部。但这项专对科尔沁部的法令内容不详。天聪八年(1634年)正月,皇太极制定刑律七条,内容涉及抢(夺)妻、奸淫及统一军需品规格等,有关处罚沿用了过去的罚畜刑。凡夺他人之妻"罚(贝勒)马五十匹,驼五只。其纳妇之人,罚七九之数,给与原夫"。"奸有夫之妇,拐投别贝勒下者,男妇俱论死,取(其)妻子牲畜,尽给原夫。如贝勒不执送[者/通奸男妇],罚马五十匹,驼五只。"④应该说,这是目前为止较为具体的有关治罪条文,是清廷对蒙古部进一步控制和制约的标志。

---

① 《清太宗实录》(影印版),中华书局,1986年,第65~66页。

② 《清太宗实录》(卷5),天聪三年三月丁巳。该敕文载于李保文影印的《十七世纪蒙古文文书档案(1600—1650)》一书第47~49页。

③ 《清太宗实录》(影印版),中华书局,1986年,第123~140页。

④ 《清太宗实录》(影印版),中华书局,1986年,第344~362页。

（二）《蒙古律例》的修订

按照《清圣祖实录》的记载，崇德八年（1643年），清朝对蒙古各部落颁布了一部法典，叫作《蒙古律书》。但当时原文并没有流传下来。康熙六年（1667年）增加订制了蒙古律书刻本，现在收藏在中国第一历史档案馆内秘书院蒙古文档案之中。其蒙古文题名汉文翻译为《康熙六年增订旧札撒书》或是《康熙六年增订旧律书》，一共收入律例一百一十三条，整本书共有四九页，九十八面，木刻本，该律书增入了顺治朝至康熙五年（1666年）的有关蒙古地区的定例，所以内容比较丰富，但编辑无章法，仍保留蒙古固有法的基本体例。这是目前所能见到的最早且比较完整的文本，弥足珍贵，史料价值极高。康熙三十三年（1694年）又一次修订了蒙古律例，归纳整理了自天聪至康熙三十三年关于蒙古的敕谕。这部蒙古律书的前一百一十三条与康熙六年（1667年）大概一样，其中有七条进行了删减合并，有一些条例增加了其他内容，来补充旧时条例的缺漏。其他部分是康熙六年以后重新制订的条例，总数增加到了一百五十二条。

乾隆五十四年（1789年）对蒙古律例实行了系统的校订，还统一发行了满、蒙、汉三种文字版本。按照史书的记载，这一次修订的蒙古律例统共十二卷，209条。该汉文本收藏在日本东京大学东洋文化研究所和台北历史语言研究所傅斯年图书馆之中，该蒙古文抄本和满文稿抄本收藏在法国巴黎图书馆之中国。嘉庆十九年（1814年）时最后一次修订蒙古律例，其汉文刊刻本是迄今发现最晚刊行的蒙古律例，在嘉庆二十年十二月初七的奏折中说"将旧例二百九条逐一校阅。内有二十条系远年案例，近事不能援引，拟删。其余一百八十九条内，修改一百七十八条，修并二条外，并将阖院自顺治年以来，应遵照之稿案,译妥汉文,逐件复核,增纂五百二十六条。通共七百十三条"①。

这一次在乾隆五十四年(1789年)重新修订的蒙古律例共十二卷,二百零九条,又增加了数个条文,使其更加完整。其刊本如今收藏在中央民族大学图书馆之中,一函两册。各卷名称及其所含条目有以下:第一卷,官衔,二十四条;第二卷,户口差徭,二十三条;第三卷,朝贡,九条;第四卷,会盟行军,十三条;第五卷,边境卡哨,十七条;第六卷,贼盗,三十五条;第七卷,人命,十条;第八卷,首告,五条;第九卷,捕亡,二十条;第十卷,杂犯,十八条;第十一卷,喇嘛例,六条;第十二卷,断狱,二十九条,一共二百零九条。还有增订蒙古则例十六条和蒙古条例七条,共二十三条,总计二百三十二条。②

官衔门规定,蒙古王、公、台吉、塔布囊、额驸及其子孙等职衔、承袭、品秩、仪制、恤赏等内容。律例规范外藩蒙古王、公、台吉、管旗章京等封建贵族的顶戴、服色、坐褥、坐次和袭爵、袭职的办法及皇帝出入迎送、迎接敕谕、迎接钦差大臣侍卫规格等事项。

户口徭役门规定了外藩蒙古地区户口管理、基层组织建制、差役徭役、婚姻继承等内容。还对蒙古地区的灾害赈济、宗教事务管理、畜群管理、人口禁卖等内容进行了规定。

朝贡门规定了外藩蒙古王公的年礼庆贺、年礼来朝、朝贺定限、九白之贡、进贡注意事项、程式、规格和班次等内容。

会盟行军门是对会盟时间、会盟纪律、行军纪律、王公败阵而逃、军器管理等方面的规定。

边境哨卡门对侵入地界、贸易往来、偷捕猎物、买卖军器、坐哨人职责等作了规定。

① 乾隆朝内府抄本《理藩院则例》,赵云田点校,中国藏学出版社,2006年,第283页。
② 《蒙古律例》,那仁朝格图点校,成崇德审校,辽宁民族出版社,2020年,第83页。

盗贼门规定了抢劫、抢夺、偷窃和对贼罪的处理等内容。分官员平人抢劫杀伤人、官员平人抢劫而未杀人、官员平人偷窃牲畜等物拒捕伤人、抢夺斩犯、劫窃杀人等分别治罪。

人命门对杀人、伤人之罪作了规定。对因戏过失杀人、过失杀人、夫故杀妻、奴杀家主、迎杀来投逃人、王等将家奴射砍割去耳鼻等情况分别治罪。

首告门规定了诉讼的限制条件和诉讼的程序等内容。凡本人具控、蒙古王等以下民人以上争讼将王等所审事件复控出首隐瞒人丁、蒙古等妄行越诉证告等分别治罪。

捕亡门对捕获逃人、隐匿逃人、拿获逃人、隐匿贼人、逃脱斩犯等作了规定。

分王等隐匿杀来投逃人者、隐匿内地逃人、王等商谋隐匿贼人不行举出、明出贼人不给拿来、拿获贼人解该旗收管就近令地方官监禁会审、徒罪以上人犯解送该地方官暂令监禁等分别治罪。

杂犯门规定了违用禁物、诽谤王等、发冢犯奸、诱卖人口等内容。分王等擅动有刃之物、不容行人住宿致被冻死、惧留行人所骑之马、病人卧人家内、看守疯人、发冢、蒙古等互相诱卖、诱卖内地之人、奸平等人之妻、王等奸平人之妻、平人奸福晋等分别治罪。

断狱门规定了罚罪牲畜的数目、罚罪案件的发誓、王公犯罪的议处、死罪人犯的审决和收赎、没收盗贼的产畜和妻子、相验蒙古命案等内容。

一方面，《蒙古律例》治罪内容涉及治奸、盗窃、挟仇、窝赃、人命案、斗殴致伤、嬉戏过失杀人、纵火、擅动兵器、毁谤、詈骂、逃人、隐匿窃贼、偷猎等，是对过去蒙古法制的沿用和适时修改，以适应蒙古各部归顺清廷后稳定政权及社会安定。①

另一方面,《蒙古律例》对某些犯罪行为的处罚作出了与以往蒙古法制不同的新规定,以应对蒙古地区犯罪破坏和维护多民族中央集权国家的需要。如规定"若夫故杀妻,则还处绞"。"平人与哈吞(系蒙古语,王公贵族之妻)通奸,奸夫凌迟,哈吞处斩""凡偷窃人口或四项牲畜25者,若为一人,处绞;若为二人,将一人处绞;若为三人,将二人处绞;纠众伙窃,择绞二人,余者各鞭一百并各罚牲畜三九。"②表明,这部律书已经具有了"参汉酌金"和"渐就中国之制"的立法特点。

(三)《理藩院则例》的编修

《蒙古律例》实施多年未能纂修,遇到刑民案等具体能引用的较少,不能满足新的多民族统一国家的管理需要,于是,在旧例基础上出台新例提上了议事日程。嘉庆十六年(1811年)按照六部各衙门做法,正式开馆纂修《理藩院则例》。一方面,对旧例二百零九条逐一审阅,经删减后有一百七十九八条,修并二条。另一方面,利用理藩院所存档案资料"译妥汉文,逐件复核,增纂526条"。这样,新增纂的《理藩院则例》(以下简称《则例》)"通共713条"③。到嘉庆二十三年(1818年),汉、蒙、满三种刊本相继问世,每种都有六十七卷,分为通例上、下两卷,总目上、下两卷,正文按旗分、品秩、设官、俸禄、婚制、军制、驿站、司法、喇嘛事例等具体内容分别编排。

道光七年(1827年)对《理藩院则例》有关语句含混、难以掌握条款边修边纂,修得条例一千四百五十四条,并以以上三种文字刊行。之后,继续修

① 达力扎布:《康熙三十五年〈蒙古律例〉研究》,《民族史研究》(第5辑),民族出版社,2004年。
② 四项牲畜:即马、骆驼、牛、羊。参见中国第一历史档案馆编:康熙六年《蒙古律书》,历史档案,2002年第4期。
③ 理藩院则例(光绪本),杨选第,金峰校注,内蒙古文化出版社,1998年,第28页。

改、修并及增纂工作,到道光二十三年(1843年)再次刊刻完成。其结构为,原奏一卷,官衔一卷,总目上、下二卷,通例上、下二卷,旗分等六十三门为六十三卷,满蒙汉三体,总计二十卷。[①]后至光绪十六年(1890年)曾几度增纂和续修《理藩院则例》三种字文本。这次对道光朝稿案进行分类编辑,修改、增纂、续纂一百三十余条,增"捐输"一卷,其他分卷与道光本同,合计七十卷。于光绪十八年(1892年),以三种文字同时刊刻颁行。

光绪三十四年(1908年)六月,《理藩院则例》改名为《理藩部则例》,这是有清一代这一法律制度的最后时刻。这样,仅汉文本《理藩院则例》就有乾隆二十一年内府抄本、嘉庆二十二年本、道光七年本、道光十七年本、光绪十八年本和光绪三十四本等多种。其中,乾隆二十一年内府抄本属稿案本,未刊行,在中国第一历史档案馆有藏本,道光、光绪朝汉文本在北京、内蒙古等地图书馆均有藏本,后人研究,大都以这些版本为据。[②]

《理藩院则例》总目计分六十四卷:卷一即"旗分",以下为品秩、袭职(上、下)、职守、设官、擢授、奖惩、比丁、地亩、食储、征赋、俸银俸缎、廪饩(上、下)、朝觐、贡输、宴赉(上、下)、扈从事例(上、中、下)、仪制、印信、婚礼、赐祭、旌表、优恤、军政、会哨、邮政、边禁、人命、抢劫、偷窃(上、下)、发塚、犯奸、强买强卖、首告、审断、罪罚、入誓、疏脱、捕亡、监禁、递解、留养、收赎、遇赦、违禁、限期、杂犯事例(一到五)、西藏通制(上、下)、俄罗斯事例,以上各一卷,最后第六十四卷为"捐输"。

本书以乾隆内府抄本《理藩院则例》中的"盗贼""人命""抢劫"等治罪条款进行展开论述。

"人命"门是有关杀人罪和伤人(致死)罪的处罚规定,涉及的罪行特别

---

① 《理藩院则例》(光绪本),杨选第、金峰校注,内蒙古文化出版社,1998年,第43页。
② 杨选第:《论清朝对蒙古地区的立法》,《内蒙古师大学报》,2000年第5期。

多,其刑罚种类也具有多样性。包括斗殴致伤人目、折人手足、伤孕妇致堕胎、殴损人牙齿者、夫故杀妻、王公等射砍家奴割截耳鼻者、王等以刃刺杀所属人及家奴、奴仆弑家主、因戏误伤人致死、官民人等与妻斗殴误伤致死、故杀他旗之人、迎杀投到之逃人等多种情况,其刑罚包括最严重的凌迟到罚畜刑等不等。

"盗贼"门是有关偷盗犯罪的规定。遗失牲畜行人勿得擅取,取者以盗论。窝隐盗贼者,分别治罪。有伙劫喀尔喀马匹等物者、喀尔喀人伙劫内地者,分别治罪。凡是蒙古偷盗他人马驼牛羊四项牲畜的,如果是一个人偷盗的,不分主仆都判处绞刑。凡是偷盗金银器皿以及布匹和衣服食物的,都按照原本数量赔偿,所偷盗的物件价值达到二岁牛的罚三九,达到羊价的罚一九,没有达到牛价的罚一九,没有达到羊价的罚惨牛一只。偷盗猪狗的罚牲畜五,偷盗鸡鹅鸭的罚惨牛一只,还需要赔偿所盗的物件。乾隆七年定:之后的八旗游牧察哈尔蒙古偷盗牲畜以及触犯其他罪名的,都按照蒙古律例,若蒙古律例没有记载,再按照刑部律例处理。

"犯奸"门是有关惩罚奸淫、通奸等犯罪规定。顺治十三年议准:王等奸人妻者罚九九,贝勒、贝子、公等罚七九,台吉、官员、庶人等罚五九,均给予本夫。以他人之妻为妾者罚三九。与主母私通者奸夫凌迟,奸妇斩决,将奸夫妻子没为家奴服役。

"发冢"门是关于挖掘他人及祖先坟冢方面的规定。发掘王、贝勒、贝子、公等墓者,为首一人拟斩监候,妻子家产籍没,余人各鞭一百,罚三九。发掘台吉、塔布囊墓者,为首一人拟绞监候,余人各鞭一百,罚二九。发掘官员墓者,为首一人鞭一百,罚三九,余人各鞭一百,罚一九。发掘庶人墓者,为首一人鞭一百,罚一九,余人各鞭八十,罚一九。所籍没家产,所罚牲畜,皆给墓主。

"略卖略买"门是关于惩罚买卖人口的规定。凡是蒙古人将内地男人妇女子女诱骗贩卖,或者作为妻妾奴婢的,无论高低贵贱无论已经卖成还是没有卖成,如果被诱骗的人不知情,将主犯判处绞刑收监听候发落,从犯鞭一百,罚牲畜三九,被诱骗的人不被连坐。如果被诱的人知情,主犯鞭一百,罚牲畜三九,从犯以及被诱骗的人都鞭一百。蒙古人诱骗良人为妻妾子孙奴仆,贩卖与人者,不论已卖未卖,皆鞭一百,罚三九。被诱之人知情,鞭一百。

"失火"门是故意放火或意外失火有关的规定。挟仇放火致毙人者,系官拟绞,庶人拟斩,均监候,除妻子外,均籍没,畜产给予事主。致伤牲畜者,系官革职,庶人鞭一百,除妻子之外,畜产均给予事主。因为熏野兽窟穴导致失火的罚一九,给见证的人;火势蔓延导致烧死人的罚三九,给死者家中。其他失火的罚牲畜五,给见证的人;火势蔓延导致烧死人的罚一九,给死者家中。火势蔓延导致烧死牲畜的,按照原来的数量赔偿。

"杂犯"门是有关其他门中所不能包含的或遗漏的一些犯罪行为。其中有诽谤官长、奉差之人被窃将卡伦章京治罪、匪类发遣河南山东、病人传染、不容行人住宿、射杀牲畜、走失牲畜移至邻封、私雕假印、斗殴揪落帽缨、失火延烧档案军器等内容。该门的征罪种类繁多,量刑也不同。

以上相关法律制度中罪名及量刑会在以下专节中展开论述,在此不再详述。

第二节　《蒙古律例》及其犯罪治理

《蒙古律例》中的刑法罪名涉及抢劫杀人、抢夺、盗窃四项牲畜及家畜、故意杀人、过失杀人、诽谤、放(失)火、盗掘坟墓、奸淫等,对其予以绞、斩监候、鞭刑、抄没产畜、罚畜等轻重不同的刑罚。在司法审判制度方面规定了首告、捕亡等条款,规范了有关刑案的查明和审理。本书以嘉庆十九年刊印增订的《蒙古律例》为参考对有关问题展开研究和论述。[①]

一、《蒙古律例》中的刑法罪名

《蒙古律例》中的刑法罪名按照其所属门类及犯罪性质,可分为杀人罪、盗窃罪、抢劫罪、诽谤罪、侵犯财产罪等。

(一)杀人罪

杀人罪、伤害罪,按其《蒙古律例》"人命"门及其他有关内容中的罪行归纳,包括故意杀人、过失杀人、故意伤害(致死)等剥夺人命或严重伤害人体的犯罪行为。

1.王等故意杀人

凡管旗的王、贝勒等,仇杀、谋杀他旗的人,依其级别和责任分别罚畜。若是平民杀人,依其是否首从及加功而分别治罪,最重者可斩监候或绞监候。

本条规定与《大清律例·刑律》"人命"门相关规定类似,但仍有出入。在《蒙古律例》中,对于从犯而不加功的,仅是罚没相关财产和将妻子、子女发配邻近盟为奴隶;而在《大清律例》中,对于从犯不加功的,杖一百流三千里。[②]

显然,《大清律例》中相关规定比《蒙古律例》稍显严苛。不过从当时的

---

① 《蒙古律例》,那仁朝格图点校、成崇德审校,辽宁民族出版社,2020年。
② 《大清律例》(卷24),刑律·贼盗上,张荣铮、刘勇强、金燃初点校,天津古籍出版社出版,1993年,第370页。

社会现实情况来看,在蒙古地区对于不加功从犯施行流放显然也并不现实。在清代蒙古地区实行封禁制,所有民人只能在规定地区活动,不得擅自离开所属旗。因此,即使对罪犯处以流放,其流放距离也不可能如此远。

2.王等以刃物刺杀属下及家奴

王等用刃物利器刺杀、砍杀、故杀、仇杀、醉后杀其属下家奴的,分别罚畜。王等在殴打下属及家奴过失致人死亡,或者将致人死亡的缘由自首交代的,以证明与被杀之人没有仇怨的,妻子、子女仍留原籍。

本条规定与在康熙年六年《蒙古律书》中第七十五条大体相近,都规定了在使用刃物利器杀害下属及家奴时应承担的责任和赔偿的数额。与《大清律例》所不同的是,在本条内容增加了对于受害人家人的安排。规定了保留原籍的条件。

3.斗殴杀人

凡是在斗殴时杀对方或使对方受伤并在斗殴后的五十日内死亡的,殴打他人者处以绞监候。

本条与在《大清律例》中相关规定大体一致,都规定了通过殴斗杀人的定为绞监候,且未对方式进行具体规定。值得注意的是,在本条中对"保辜"制度进行了规定。"保辜"早在《唐律疏议·斗讼》就有详细的规定:"议曰:凡是殴人,皆立辜限。手足殴人,伤与不伤,限十日;若以他物殴伤者限二十日。'以刃',刃谓金铁,无大小之限,'及汤火伤人',谓灼烂皮肤,限三十日;若折骨跌体及破骨,无问手足、他物,皆限五十日……限内死者,各依杀人论;其在限外及虽在限内,以他故死者,各依本殴伤法。"①《大清律例·刑律》"斗殴"门也规定"保养也,辜罪也,保辜谓殴伤人未至死,当官立限以保之,

---

① 《唐律疏议》(卷22)《斗讼》,岳纯之点校,古籍出版社,2013年,第333~334页。

保人之伤正所以保己之罪也"①。

4. 凡因戏过失杀人者，罚给三九牲畜

在《蒙古律例》当中对于戏杀的规定仅承担赎死或罚一九牲畜并抵赔的后果，加害人实际上并没有受到人身刑的惩罚。

戏杀较早见于汉简《二年律令·贼律》中："贼杀人、斗而杀人，弃市。过失及戏而杀人，赎死；伤人，除。"而《唐律疏议》中对戏杀做了更为详尽的解释，第一次将戏杀纳入了七杀体系中，"谓以力共戏，至死和同者。疏议曰：虽则以力共戏，终须至死和同，不相嗔恨而致死者。"而《大清律例》中对此更进一步规定："凡因戏[以堪杀人之事为戏如比较拳棒之类]而杀伤人及因斗殴而误杀伤旁人者各以斗杀伤论[死者并绞伤者验轻重坐罪]其，谋杀故杀人而误杀旁人者以故杀论[死者处斩不言伤仍以斗殴论]。"②

5. 过失杀人，分别治罪

凡官民等误伤致死的，如果有证人、证物或自己承认事实的，不需要设誓，罚三九牲畜给付受害人家属。反之，令其在旗内选择设誓之人，如果设誓，罚其三九牲畜；如果不设誓。对其绞监候。因过失导致他人眼目失明的，罚三九牲畜；使他人肢体损伤的，罚一九牲畜；误伤未造成残废而康复者，罚马一匹。

值得一提的是，这里有了设誓的规定，并且在本条中，还规定了行为人确有故意的嫌疑时，需要择人设誓，若有设誓，按照过失杀伤人定罪，若无设誓人，按照殴斗致死罪处罚。

6. 夫故杀妻

丈夫若是与妻子因吵闹殴打而致死的，罚三九牲畜。但若妻子有违法

① 《大清律例》(同治九年)(卷26)，"刑律·人命"，程颐点校，法律出版社，2022年，第362页。
② 《大清律例》(同治九年)(卷26)，"刑律·人命"，程颐点校，法律出版社，2022年，第350页。

行为而故不告而擅杀者,罚三九牲畜。如果使用利器射杀、砍杀、刺杀或用木棍殴打致死的,依照故意杀人处以绞监候。这里的违法行为,依照《大清律例》有关规定,应该是包括殴打辱骂丈夫的祖父母等行为。

这一规定与《大清律例》有出入,"凡斗杀等案,及殴妻致死之犯,奉旨准其留养承祀者,将该犯枷号两个月责四十板;斗杀等案,追银二十两给死者家属养赡"。"凡妻妾因殴骂夫之祖父母父母而夫[不告官]擅杀死者杖一百[祖父母父母亲告乃坐]若夫殴骂妻妾因而自尽身死者勿论[若祖父母父母已亡或妻有他罪不至死而夫擅杀仍绞]。"①

再有,"凡妻妾殴夫者(但殴即坐)杖一百,……至折伤以上,各加凡斗伤三等;至笃疾者,绞;死者,斩;故杀者,凌迟处死"②。可见,妻子殴打甚至致死后果的严重性,这也是男女地位不平等在法律上的表现。

7.奴杀家主凌迟处死

这种酷刑对奴杀家主等所谓"十恶"犯罪使用,从整个《蒙古律例》的有关规定来看仅此一条,可见当时社会对这种行为的绝对威吓和严酷刑罚。《清史稿·刑法志》载:"凌迟,用之十恶中不道以上诸重罪,号为极刑。枭首,则强盗居多。戮尸,所以待恶逆及强盗应枭诸犯之监故者。凡此诸刑,类皆承用明律,略有通变,行之二百馀年。"③

8.迎杀来投逃人分别治罪

为官者对逃亡者更有监管之责,不得滥杀。凡官员杀来投逃人,为首者绞;平民者,为首的斩监候,并罚畜。本条与乾隆六年《律例》的规定相似。本条在官员刑责方面相较于原条例较重,从原先的仅需进行财产的赔付到

---

①　《大清律例》(同治九年)(卷26),"刑律·人命",程颐点校,法律出版社,2022年,第336页。

②　《大清律例》(同治九年)(卷26),"刑律·人命",程颐点校,法律出版社,2022年,第372页。

③　(清)赵尔巽等:《清史稿》(卷43)"刑法志",中华书局,2021年。

获取实刑。而在常人部分,承担的刑责没有太大变化。

根据"王等故杀他旗之人"条之规定来看,平民杀害他旗之人的,初步定为"斩监候"。可见,本条中所指的"来逃"解释为"从他旗逃来的旗民"更为合适。

9.王等砍射家奴并割其耳鼻分别治罪

如果家奴因砍、射并割掉耳鼻的行为死亡的,按照故意杀人、仇杀人条例定罪。

显然这种伤害行为本身带有侮辱性质,一般情况下仅以罚畜刑结案。本条与"王等以金刃刺杀属下人及家奴"中行为相似,都是对"主杀奴"这一行为的规定,但在性质上有所区分。如本条之行为,虽有砍、射、割耳鼻的行为,但难说"主"有杀害奴仆的故意。而在"王等以金刃刺杀属下人及家奴"的行为中,构成犯罪的条件就是"主"存在杀害奴仆的主观故意,属于故意杀人。因此,在刑罚上虽都规定了罚畜刑,但因主人没有杀害奴仆的故意,却因过失行为导致了死亡的后果,仅需承担财产上的刑罚。

10.斗殴损伤眼目折伤肢体分别治罪

斗殴使他人双眼俱瞎、手脚损伤导致疾病、残废的,罚三九牲畜;没有得病最终痊愈的,罚一九牲畜;导致堕胎流产的,罚一九牲畜。使用手、脚、鞭杆殴打人的,罚五个牲畜,彼此互相殴打的不追究。斗殴打断牙齿的,罚一九牲畜。揪掉他人发辫、帽缨的罚五个牲畜。本条与乾隆六年《蒙古律书》规定相似。

《大清律例》规定:折人筋眇人两目堕人胎及刃伤人者杖八十徒二年;折跌人肢体及瞎人一目者杖一百徒三年;瞎人两目折人两肢损人二事以上并

杖一百流三千里仍将犯人财产一半断付被伤笃疾之人养赡。①可见,在清代蒙古地区,斗殴致人受伤的,更多的处以罚畜刑;而在内地,则更多的是以笞刑、杖刑、徒刑等作为惩罚。

（二）抢劫罪

按其《蒙古律例》"盗贼"门中所用犯罪手段及所劫对象的不同,有关抢劫罪的规定展开论述如下:

1.官民抢劫杀伤人分别治罪

官员或平民,单独或伙同他人因抢劫财物而杀人的,不分首从犯一律处斩并枭首示众。因抢劫伤人取财的,不分首从犯一律处斩,犯人的妻子、子女、财产、牲畜一律抄没交给受害人。因抢劫伤人而未取财的,首犯为斩监候,抄没财产、三九牲畜交给受害人,其妻子交由该旗官府收管,待秋审后减等放出,该犯妻子一并发配到河南、山东等地的驿站充当苦役。

在《大清律例》中,对于从犯不加功的,杖一百流三千里。显然,这一规定比《蒙古律例》规定严苛。不过清代蒙古地区实行封禁制度,所有人不能跨区活动,不得擅自离开所属管辖地区。因此,即使对罪犯进行流放,更远的流放距离也不太现实。

2.官民抢劫而未杀人分别治罪

如系一人犯罪,连同其妻子、儿女和财产牲畜征发到河南、山东交于驿站充当苦差。如果为二三甚至团伙抢劫的,将谋划之人为绞监候,抄没其产畜给受害人,其妻子、子女都交由该旗官府收管,待犯人秋审后减等治罪时一并征发到河南、山东等地的驿站充当苦役;从犯连同其妻子、财产并发到

---

① 《大清律例》（同治九年）（卷27）,"刑律·斗殴",程颐点校,法律出版社,2022年,第360页。

河南山东交于驿站充当苦差。

这规定与《大清律》中关于强盗的规定较轻,并没有依照《大清律》对主犯从犯皆斩,仅规定了主犯绞监候,从犯流放。看似对犯罪者的惩罚力度有所减弱。但笔者认为,在清代蒙古地区,因抢劫而杀人的社会影响过于恶劣,清朝政府对当地的治理影响过大。因此在仅实行了抢劫行为,且未对受害人造成生命上的损害时,为了防止罪犯因杀人未杀人处刑区别不够明显而导致犯罪行为的"升级",相对较轻的规定更有必要。

3.抢夺斩犯

凡有抢夺行为拟定死罪,不分首从,全都拟定为斩监候;因若抢夺没有被定为死罪的,主犯罚三九牲畜;从犯罚一九牲畜。抢夺与其前述抢劫行为存在区别,抢夺具有突然袭击而夺取他人财物的主观故意,而抢劫具有暴力夺得他人财物的主观故意,后者对人财二者更具危险性,主观恶性更深,其处罚也比前者重。

本条与《大清律例》中的规定相似,针对强夺犯,不论主从都定为斩刑。不过与《大清律例》不同的是,在《蒙古律例》当中,对于强夺犯,量刑较之《大清律》稍轻,没达到"不分首从皆斩"、而是"皆拟斩监候"。因此,即使在抢劫、抢夺犯罪中被定为死罪的人,仍有较大的可能免于死刑。这是因为在《蒙古律例》当中,看中人犯对事主的赔偿,不仅本条如此,在整个《蒙古律例》中都可以看到这种赔偿优于处罚的立法思想。

4.抢窃杀人

这里的"抢窃"可能是指既偷又抢,偷不成就去抢的意思,如果按重罪吸收轻罪的道理来讲,这种行为应该属于抢劫罪的加重处罚情形。凡在抢劫、盗窃骆驼、马、牛、羊等牲畜中杀人的,拟定罪为斩立决并枭首示众。

骆驼等牲畜对于蒙古地区来说,其事关生存,因此盗抢这些牲畜时,实际上等同于直接剥夺百姓生存的权利。因此,百姓对于盗抢牲畜的反应比较激烈,而盗抢之人因此而杀人,其后果必然比一般物品的盗抢更为严重,所以在《蒙古律例》当中对骆驼等游牧必备牲畜的保护更为重视,故单列此条入律。

(三)盗窃罪

盗窃罪分偷窃四类牲畜、偷盗财物、偷盗猪狗鸡鹅、王等隐匿盗贼等情况分别治罪。与前述《卫拉特法典》等有所不同,《蒙古律例》对盗窃猪狗鸡鹅等家畜也采取了罚畜刑,表明清代蒙古生产生活方式的改变和同等保护各类家畜财产的立法思想。

1.蒙古地方盗窃牲畜者视其牲畜之数分别首从治罪

对盗窃牲畜的犯罪行为依其数量量刑,分三十匹以上、三十至二十匹、二十至十匹、十至六匹、五至四匹、二匹、羊一只等,与牛、驼、马匹价值不同的,把四只羊当作牛、驼、马一只计算。这种细分比较有利于定罪量刑,但盗窃三十匹以上者,拟绞监候。另外,厄鲁特土尔扈特杜尔伯特和硕特辉特乌梁海人等偷窃牲畜不分首从依前例治罪。

2.偷窃四类牲畜计算所偷牲畜数目分别拟绞拟遣

蒙古地区民众偷窃四类牲畜的数量在十匹以上的,主犯初步定为绞刑,在同知衙门监禁待秋审执行;偷窃数量在六匹至九匹的,主犯则征发到云贵两广这类有毒烟瘴气的地方;偷窃数量在三匹至五匹的,征发到湖广福建江西江南等地区;偷窃数量在一两匹的,征发到山东河南等地交给驿站做苦差。如果内地民众在蒙古地区偷窃四类牲畜九匹以下的,也按照本条定罪。作为从犯的,仍按照律例鞭一百罚三九牲畜给付事主。

在《蒙古律例》中认为,蒙古地方没有房屋墙垣,并且骆驼、牛、马、羊这四类牲畜是蒙古地区民众度日所必需,因此针对这四类牲畜的偷盗定罪比内地更为严重。但是在制定相关条款时,对于偷盗数量较少的人犯,仅规定了绞监禁,待数年后仍会减刑,《蒙古律例》内并未作区分轻重对待。这类偷盗四类牲畜的人,往往是惯偷,若减刑放出仍留在蒙古地区势必还会再次偷盗,这对于有所产业的蒙古民众来说绝无裨益。因此,今后对于偷盗四类牲畜的人犯,若偷窃的数量较多且确属屡教不改的,付诸执行;若偷窃的数量较少且并非惯犯的仍按照偷窃数量的多少酌情征发到距离远近不同的内地。这样对于蒙古地区来说,既可以肃清地方,也可以让行盗贼之事的人知道犯罪的后果。

3.台吉为盗议罪

凡是台吉等行为不端(甚至)偷盗犯罪的,立即革去台吉品级贬为平常民众,管束他的马匹牲畜给付被偷盗的人;撤销其管辖的地区人民给近支的兄弟,将(管理)该(台吉)的札萨克依照疏忽未(对台吉)行管束的规定议定其罪给予处分。(若)札萨克旗下行为不端的台吉坚持作恶死不悔改又作出不端行为的,(管理)该(台吉)的札萨克等则(将台吉)作为奴仆折磨驱役使唤;能够对不端行为悔改的,三年后(管理)该(台吉)的札萨克说明情况书面上报所属部转奏发还原台吉品级。

清代《八旗通志》也记录了对于八旗兵丁、官员中"嗜酒沈湎以致面貌改常轻生破产肆行妄为者",要求八旗都统对于丙丁、官员中嗜酒、品行不端的,给定一到两年的整改期限,若给定期限到达后仍不知悔改的,在属地里的闲散人员中寻找可用之人顶替其职,嗜酒兵丁即行革退。如果这样还不知悔改的,那么对管理(这些人员)的关于严刑治罪,再发文要求"外省将军副都统城守尉等"严加约束。

可见,在蒙古地区和内地,对于族人的管理,蒙古和满清都采用相似的方式,即对族内行为不端甚至盗窃犯罪的族人,直接设立悔改期限,在期限内若能改正的,或留给还原品级;对于拒不悔改的,会问责主管官员。

4.王等隐匿盗贼

不论是否管旗的王、贝勒、贝子、国公、台吉、塔布囊等隐匿强盗偷窃(犯人)的,全部罚俸禄一年;没有俸禄的台吉、塔布囊等,罚五九牲畜;如果不承认(存在)隐匿强盗偷窃(犯人)的,让他的伯父、叔父立下誓言;没有伯父、叔父的,让他的伯父、叔父的儿子立誓。

5.偷盗财物分别治罪

偷盗金银、貂鼠海龙等毛皮、布匹、布帛、偷盗吃食米谷等的,全部按照(所偷盗的)数量追缴赔偿。如果(所偷盗的物品)作价后价值两岁牛的价格的,罚三九牲畜;如果其(所偷盗的物品)价值一只羊的价格的,罚一九牲畜;如果偷盗财物的价值还不到一只羊的价格,罚三岁牛一头。

6.偷盗猪狗鸡鹅分别治罪

凡偷盗猪、狗的,罚牛、马、骆驼、山羊、绵羊这五种牲畜;偷盗鹅、鸭、鸡的,按照一头三岁牛的价值赔偿。这里没有明确偷盗猪狗鸡鹅的具体数量,不过罚上述五畜显然处罚过重,不是一种罪刑等值的法律规定。

(四)逃亡罪

《蒙古律例》对有关蒙古地区逃亡行为作出了严格的处罚,试图极力防止发生此类事情的发生。

1.出卡哨逃往外国者分别治罪

凡出卡哨逃往外国之人执械拒追者,不分首从,皆立斩。若不拒追,即被擒获,为首者立斩,其余者,立绞。若伤人逃逸,捕获解到者,俱立斩。没有伤人逃跑的,捕捕拿获绑来的,按照不拒追而被拿获的逃跑的人定罪。如果逃跑且没有伤害其他人的,自同者,鞭一百,给其本主。

2.捕获逃人者,罚逃人之主两岁牛

村落中有行走逃跑的人而被捕获的,由逃跑人的主人付给拿获的人两岁牛一头。将逃跑的人,鞭一百。如果隐匿逃跑的人的,将罚隐匿人一九牲畜,给逃跑人的主人。十家长隐匿逃人的,罚一九牲畜,付给逃跑人主人的十家长。

3.王等隐匿杀来投逃人者

已经管或是还没有管旗的王、贝勒、贝子、公、台吉、塔布囊等,如果把杀来投逃的人隐匿的,各罚俸一年;无俸台吉、塔布囊等,罚五九牲畜;以杀死出首之人,王等,罚马十匹;贝勒、贝子、公等,罚马七匹;台吉、塔布囊等,罚马五匹,给出首者遣往伊愿往之处,若不承认,令其伯叔发誓。

4.隐匿内地逃人

若隐匿内地逃人者,官革职,鞭一百,罚三九牲畜,俱给拿获之人。该札萨克等不察出,或经部院察出,或别人首出者,该札萨克王、贝勒、贝子、公、台吉等,各自罚俸禄一年;管旗的章京、副章京、参领等,各自惩罚三九牲畜;佐领、魏骑校都革职,罚三九牲畜;领催、十家长等打一百鞭。出首之人,若系家奴,作马另户;若平人,由隐匿之人罚给三九牲畜。

(五)其他犯罪

《蒙古律例》还对诽谤王等、放火、失火、盗掘坟墓、买卖人口、奸淫犯罪等行为作出了处罚规定。

1.诽谤王等治罪

这里的"诽谤"是对当时官员阶层的一种毁坏名声、辱骂官威的一种犯罪行为,视其程度,级别越高处罚越重。平民诽谤已经管或是没有管旗的王等的,罚三九牲畜;诽谤贝勒、贝子、公等,罚二九牲畜;诽谤台吉、塔布囊等,罚一九牲畜。如果背地里谁受到夸奖者的,审核如实,也按照此例。辱骂首领大臣的,罚一九牲畜;辱骂副章京的,罚七牲畜;辱骂参领的,罚五牲畜;辱骂佐领的,罚三牲畜,所处罚牲畜都给被骂之人。

值得一提的是,《大清律例》中对类似辱骂官员等行为也作出了较为详细的规定,其处罚也是比较重。例如,凡毁骂公侯驸马伯及京省文职三品以上武职二品以上官者杖一百枷号一个月发落。不仅,禁止毁骂上述官员等,奴婢骂家长更是要严惩。凡奴婢骂家长者绞[监候]骂家长之期亲及外祖父母者,杖八十徒二年;大功,杖八十;小功,杖七十;缌麻,杖六十;若雇工人骂家长者,杖八十徒二年,骂家长期亲及外祖父母,杖一百;大功,杖六十。小功,笞五十等。还规定了骂尊长、骂祖父母父母、妻妾骂夫妻亲尊长等多种规定。①

2.放火、失火罪

放火或失火都被认为是一种严重的犯罪行为,因为这会导致最为残酷的牲畜及财产损失,后果严重者处以绞或斩监候。凡官员、平民,因仇害放火致死人者,放火之人系官员,绞,平人,斩监候。除其妻子外,抄没产畜,给付事主。致死牲畜者,官员,革职,除妻子外,抄没产畜,给付事主;平人,鞭一百,除妻子外,抄没产畜,给付事主。

《蒙古律例》中规定了熏兽穴失火的条文。一般情况下,为了除掉狼或鼠患,或者是为了打猎熏兽穴而失火,这同样具有草原火灾和严重的人畜及财产受损的风险,对此予以严惩。熏兽穴而失火,如有人见,则见之者,给一九牲畜;若延烧以致牲畜死者,罚令赔补;致人死者,罚三九牲畜。

---

① 《大清律例》(同治九年)(卷29),"刑律·骂詈",程颐点校,法律出版社,2022年,第384页。

3.盗掘坟墓罪

这种行为本身既触犯人伦禁忌,又试图谋取不义之财,故被严刑禁止。官员、平民,刨开发掘王、贝勒、贝子、公及其妻之坟冢的,主犯中一人判处斩刑立即执行,抄没其妻子、产畜;为从者,鞭一百,罚三九牲畜。将正法之贼人妻子、产畜,一并给付坟主。刨发台吉、塔布囊等坟墓者,为首一人,绞监候,为从者,鞭一百,罚二九牲畜,给付坟主。刨发官员坟墓者,为首一人,鞭一百,罚三九牲畜;其余鞭一百,罚一九牲畜,俱给付坟主。刨发平人坟墓者,为首一人,鞭一百,罚一九牲畜;其余鞭八十,罚一九牲畜,俱给付坟主。若有欲修筑坟墓者,准其修筑,若伊等欲从蒙古例葬埋,各听其主便。

4.奸淫罪

这包括官员与平民之间的强奸、和奸、调戏等犯罪行为,其处罚也比较重。平民奸平民之妻者,取其妻,罚五九牲畜,将奸妇交本夫杀之。若不杀,将所罚牲畜给予贝勒。调戏其余妇人者,罚三九牲畜。王等强奸平民之妻的,罚九九牲畜;贝勒、贝子、公等,罚七九牲畜;台吉、塔布囊等,罚五九牲畜,将所处罚的牲畜付给奸妇的丈夫。平民与福晋和奸者,奸夫凌迟,福晋斩,奸夫妻子为奴。

5.买卖人口罪

内地与蒙地之间严禁人员往来,更禁止买卖人口行为,违者严惩。凡蒙古等互相哄诱,将民人卖为奴婢、妻妾、子孙者,不分已卖、未卖,鞭一百,箭三九牲畜;被诱之人,鞭一百。蒙古等,将内地男妇、子女诱卖,或为妻妾、奴婢者,不分良人、奴婢,已卖、未卖,但经诱拐,被诱之人如不知情,为首者,绞监候;为从者,鞭一百,罚三九牲畜;被诱之人,不坐。若止一人,亦拟绞。若和诱卖为妻妾、奴婢、子孙,被诱之人知情,不分已卖、未卖,鞭一百,罚三九牲畜;被诱之人,鞭一百。

二、《蒙古律例》中的量刑处罚

《蒙古律例》中的刑罚有斩、绞、凌迟等死刑,还有罚畜等财产刑,也有鞭刑、罚没妻子、罚没为奴、罚没畜产等刑罚。试图用重刑、酷刑惩罚来抑制蒙古地区有关犯罪、维护清廷统治安全。

(一)死刑

死刑有斩(斩监候)、绞(绞监候)、凌迟等,仅对平民等犯重罪时使用。

1.斩监候

若平民杀人,将起意者(策划组织),斩监候。凡抢夺行为拟定死罪的,不分首从,全都拟定为斩监候。

2.绞监候

凡平民杀人,徒而加功者,绞监候。凡斗殴伤重,五十日内死者,下手之人,绞监候。凡平民过失杀人,若不发誓者,绞监候。凡官民等迎杀逃亡之人的,为首者绞监候。凡偷窃三十匹以上牲畜者,不分首从,绞监候,秋审时俱入情实。二十四至三十匹者,首从俱绞监候,秋审时,为首者人于情实。十匹至二十匹者,为首者,绞监候,秋审时人于情实。

3.斩立决

凡在抢劫、盗窃骆驼、马、牛、羊等牲畜中杀人的,拟定罪为斩立决并枭首示众。

4.凌迟

奴杀家主凌迟处死。平民与福晋和奸者,奸夫凌迟。

（二）籍没

1.没有实施杀人行为的从犯，将其与妻子、产畜等，一并送邻近盟长处，赏公事效力台吉等，为奴。

2.因抢劫伤人拿走财物的，不分主犯从犯，都即刻处斩，登记没收其妻子财产牲畜，付给事主。

3.抢劫伤人但没有拿走财务的，主犯中一人判处斩刑，收监听候发落，登记没收财产牲畜，付给事主。

（三）流刑

抢劫伤人而未得财者，主犯中一人判处斩刑，收监听候发落，登记没收财产牲畜，付给事主，其妻子暂存该旗，俟将来秋审，减等放出，该犯妻子金发河南、山东，交驿站充当苦差。其从贼，产畜抄给事主外，妻子金发河南、山东，交驿站，充当苦差。

偷六匹到九匹牲畜的，主犯发遣往云南、贵州、广东、广西烟瘴地方。偷窃三匹到五匹牲畜的，主犯发遣往湖广、福建、江西、浙江、江南等地。偷窃二匹牲畜的，主犯发遣河南、山东。

（四）财产刑

1.抄没财产
若平民杀人，并处抄没其产畜，给被杀者妻子。

2.罚畜刑
（1）一百只至四十只罚畜
王等杀人，罚马一百匹。贝勒、贝子、公等，罚马七十匹。台吉、塔布囊等,罚马四十匹。

王等用刃物戮杀属下及家奴,罚马四十匹。贝勒、贝子、公等,罚马三十匹。

（2）罚九数牲畜

罚五九牲畜。王等,砍射家奴并割掉家奴耳鼻的,罚五九牲畜。

罚四九牲畜。贝勒、贝子公砍射家奴并割掉家奴耳鼻的,罚四九牲畜。

罚三九牲畜。台吉、塔布囊、管旗章京、副章京等,用刃物戮杀属下及家奴,罚三九牲畜。凡人因戏过失杀人者,罚三九牲畜。官员过失杀人,罚三九牲畜。

因过失致瞎人眼目者,罚三九牲畜。夫因吵闹而致死妻,罚三九牲畜。凡官民等迎杀逃亡之人,其从罚三九牲畜。台吉塔布囊砍射家奴并割掉家奴耳鼻的,罚三九牲畜。斗殴使他人双眼俱瞎、手脚损伤导致疾病、残废的,罚三九牲畜。因抢夺没有被定为死罪的,主犯罚三九牲畜。如果所偷盗的物品的价值为两岁牛,罚三九牲畜。

罚二九牲畜。王公台吉塔布囊以下其余官员,砍射家奴并割掉家奴耳鼻的,罚二九牲畜。

罚二九牲畜。参佐领、骁骑校用刃物戮杀家奴,罚二九牲畜。

罚一九牲畜。平民用刃物戮杀家奴,罚一九牲畜。因过失致人肢体残疾者,罚一九牲畜。平民砍射家奴并割掉家奴耳鼻的,罚一九牲畜。斗殴导致妇女堕胎流产的,罚一九牲畜。斗殴打断他人牙齿的,罚一九牲畜。抢夺案从犯罚一九牲畜。如果其所偷盗物品价值为一只羊,罚一九牲畜。

（3）罚单数牲畜

罚五畜。使用手、脚、鞭杆殴打人的,罚五畜。揪掉他人发辫、帽缨的,罚五畜。凡偷盗猪、狗的,罚牛、马、骆驼、山羊、绵羊这五种牲畜。

罚马。因过失致人肢体残疾而又康复者,罚马。

罚牛。如果偷窃物品的价值还不到一只羊的价格,罚三岁牛一头。偷盗鹅、鸭、鸡的,罚三岁牛一头。

(五)鞭刑

1.偷窃二匹牲畜的,主犯发遣往河南、山东;作为从犯同行且分赃的打一百鞭;虽然经过一起谋略没有同行,但是在窃后进行分赃的打九十鞭。

2.羊只有一项的,与牛、驼、马匹价值有差异,把四只羊当作一只牛、驼、马计算。偷窃的羊不到四只的,主犯打一百鞭;作为从犯同行且分赃的打九十鞭;虽然经过一起谋略没有同行,但是在窃后进行分赃的打八十鞭。

三、《蒙古律例》中的司法审判规定

(一)有关设誓

1.到案可疑者设誓

在清代蒙古地区,地域辽阔,人口稀少,蒙古地区的札萨克、管旗章京、佐领等不可能对所有犯罪仔细纠察,因此在针对一些暂时没有证据的犯罪时,往往采用"设誓"或"入誓"的方法暂时具结,待之后查证案情后再对"罪犯"加以惩处。同时,"入誓"这种审判方式也常常出现在确无财产能够"以罚代刑"的案件中,在这种情况下,只能对人犯采取"入誓"的方式,要求其保证完成赔付。

偷盗驼马牛羊这四类牲畜的盗窃案件,如果案情有可疑之处的,让该嫌犯立下誓言,如果肯立下誓言的,本案可按照无罪完结;如果不肯设誓,初步定为绞监候,罚该阿勒巴图/奴隶的主人一九牲畜并连同盗窃人犯拥有的牲畜给付事主,人犯的妻子、子女暂时交给所在旗的官府收容管理,待(人犯)犯罪减等放出的时候一并押解送到相邻封地的盟长处赏赐给他盟内处理公事的台吉等作奴隶。如果(人犯)的主人检举偷窃人犯的,那么斟酌考量所检举的偷盗案件罪行的轻重是否应当立即执行还是监禁等候分别定罪。如果人犯已经执行刑罚的,他的妻子、子女免作奴隶,仅将所拥有的牲畜给付事主并将牲畜数目报札萨克等记录存档。

2.原住游牧处所入有踪迹者设誓

蒙古民众在从旧有的游牧地区搬迁之日有盗贼的踪迹出现的,要求(搬迁之人)设誓。在康熙六年的《蒙古律书》中也有此条规定:移牧之日,而贼踪适以其日入于游牧旧处者,令其立誓。

3.此条依旧有"入誓"等内容,反映出在清代蒙古地区传统的法律思想依旧存在的现实

对于带有一定诚信证明意味的设誓或入誓行为来说,蒙古地区的官员、民众都还是较为认可的。对于一些并不严重的案件来说,嫌犯只需通过设誓的方式就可以暂时摆脱嫌疑。对于本条来说,变更游牧地点对于蒙古民众来说十分重要,关系到未来能否在草原上生存,因此即使在原有的游牧地点发现了盗贼的行踪,对于民众的搬迁行为也不应当多加干涉,仅以立誓便可暂放其离开。

4.踪迹有一矢远者设誓

贼盗的踪迹与驻扎游牧的民家相距不远(130步)的,牧民设誓;如果距离较远(130步外)的不需要设誓。在康熙六年的《蒙古律书》中也有此条规定"踪迹制限以鲍头射到人所居址者,令立誓,射不到者,不立誓"。

5.潜来禀报之案不令王公等设誓

私下来官府控告的案件,管旗或不管旗的王、贝勒、贝子、国公、额附等

不需设誓。在该旗内挑选设誓之人。如果挑选的是令台吉、塔布囊等的,令其设誓。如果私下来禀报被盗的是财物以及有盗贼的踪迹的,令该旗的官员设誓。如果不设誓,则加倍赔偿。相关的贝勒、贝子、国公的差人拿取二岁牛一只。

(二)有关报案(控告)

1.被盗牲畜口齿毛片报札萨克等记档

凡是被盗的牲畜,失主将牲畜的数目、口齿、毛皮情况,日期开列清楚,出具文书如期呈报给札萨克等记录存档。如果日后马匹数目、口齿、毛皮情况,日期等与呈报情况不相符和未能如期呈报给札萨克记录存档的,一律不予许可。

2.失去牲畜禀报邻封札萨克

丢失牲畜三天后(应当)向相邻封地的札萨克、贝勒、贝子、国公等禀报说明,要求其搜查抓获。如果找获牲畜一个可以索要羊一只作为谢礼。骑马找到牲畜的罚五个牲畜(原文为"如乘马所获牲畜者罚五个牲畜")。如果欺诈说走失牲畜是自己牲畜的,罚三九牲畜;错认牲畜的,罚一九牲畜;如果没有牲畜主人认领的,可以自行收存;隐匿丢失牲畜的罚一九牲畜。

本条似乎亦是专为蒙古地区所设条例,在康熙六年的《蒙古律书》中也有此条规定。仅从条文来看,在清代蒙古地区,由于地广人稀,走失的牲畜仅凭个人确实难以找回,对于牲畜走失到邻近封地的情况更是难以解决。因此在《蒙古律例》中规定,上报邻近封地的札萨克等官员协助寻找走失牲畜并不难理解了。同时,还规定了帮助找回走失牲畜的,可以向失主索谢。这与"盗去牲畜被旁人截获"中所规定的"索谢""诈取"等内容颇有相似之处。不过在索谢数目上,本条似乎较"盗去牲畜被旁人截获中的如一个索

谢,如"两个以上十个以下取要一个,数多者按每十个取要一个"的规定要
稍高。

3.潜来禀报之牲畜从他人发觉

凡是被盗牲畜的人私下来禀明被盗事实申告的,必须开列清楚所告之
人姓名上告。如果控告的内容没有根据或者(所说的)被偷盗的牲畜其实是
从他人那里拿来的,罚前来(禀告)的人三九牲畜分别付给发誓的台吉和加
倍赔偿的人,罚原告给被告三九牲畜。

4.凡事本人控告,若旁人具控者,则理事官罚所骑之马

（三）有关证据（捕获）

1.失主认获被盗牲畜

被盗的牲畜已经经过失主指认、获得的,如果对方说是其他人给予(牲
畜)的,那么传唤该人对证。如果该人不承认的,令牲畜现有之人设誓。如
果肯设誓的,失主就可以将被认领的牲畜无罪收回领走。

该条更为注重设誓的作用,失主已经指认出自己被偷的牲畜,如果被指
认之人并不承认,且被指认之人提出的证人并不承认,只要失主肯设誓的,
就不按照偷盗论处且能够将指认出的牲畜领回。

2.围场军前认获被盗马匹

被人盗走的马匹,如果在围场军营前被指认、获得的,如果失主确有拿
回被盗马匹原因的,那么从被盗马匹中给捕获者一匹马,就可以将自己指认
的马匹领回。

3.不得拾取被贼人宰弃牲畜之肉

偷盗(牲畜的人犯)宰杀牲畜后遗弃离去,他人拾取被宰牲畜的肉的,命
令拾得肉的人赔偿。如果拾取牲畜肉的行迹(和偷盗宰杀牲畜的行迹)发生

在较近距离的,让管理旗务的章京设誓,如果不设誓的,(拾得牲畜肉的人)按照物证定罪。

康熙六年的《蒙古律书》中也有此条规定"若将牲畜偷宰遗去,旁人将肉收取者,即令赔补原赃。若在迹限之内,择其旗大臣立誓,如不立誓,则以迹入论罪"。

4.失去牲畜不许行路人收获

走丢的牲畜,路人不可以收存捕获,如果有收存捕获的按照偷盗论处。如果只是少量的羊被碰见的人收存过夜的,收羊之人每二十只以下可以索要一只,数量多的,每二十只可以多要一只。在康熙六年的《蒙古律书》中也有此条规定:离群走失之畜,行人不得缉捕。如缉捕,以贼论。如羊,于所见之日收赶过夜者,二十只以下,取一只;多则每二十加取一只。

在清代的蒙古地区,由于大多数民众皆以放牧为生,因此所放养的牲畜丢失是非常常见的。由于清代蒙古地区的牧民本就无房产、田地,牲畜可以说是个人最为重要的财产,如果不能有效地禁绝"收获者"将牲畜归为己有的问题,对于牧民尤其是贵族、官员的财产就不可能起到保护作用。甚至还会因为认领走失牲畜的问题导致冲突不断。既不利于蒙古地区的社会稳定,也不利于清政府对蒙古地区的治理。因此,本条在制定上更多偏向于禁止性条款。当然,出于蒙古地区"索谢"的传统习惯,对于确实出于善意而收存他人走失牲畜的民众也规定了相应的索谢数目。

5.马匹被盗踏踪

凡是马匹被盗等涉及物证的案件,如果没有痕迹可以跟踪或没有见证的,不需要设誓。如果仅是没有路人见证的仍旧跟踪痕迹在遇到村庄后再带佐证一同前往。康熙六年的《蒙古律书》中也有此条规定:凡踪迹所入之案,若踩踪无证佐,则不令立誓。行人,虽无佐证,亦准踩踪过村时再觅佐证。

比对康熙年间的相关条例,乾隆年间的《蒙古律例》规定更为严谨。康熙年间相关条例中仅要求在没有相关物证的情况下,不需要设誓;而乾隆年间对不需要设誓的条件要求更为"严苛"一点。不仅要求没有物证,还要求人证也不存在才可以使用设誓的方式摆脱自己的嫌疑。当然,两者在案件仅有人证的情况下,都要求可以在追踪痕迹路过村庄时再行寻找物证,避免因物证不足而无法侦破案件。

6.搜赃带同证见

在搜查赃物的时候应当带着相关物证、人证搜查,如果不让搜查的按照偷盗论罪。在康熙六年的《蒙古律书》中也有此条规定"搜赃须带佐证。不容搜者,以贼论"。在清代《定理藩院则例》卷三十八《偷窃下》也规定:"凡搜贼须同见证前往,不容搜者,以贼论"。这一规定在一定程度上可以使民众不用受到非法搜查的侵害,对拒绝搜查等影响案件侦破的行为给予了一定的惩罚。

这种对于搜查程序进行规定的条文还见于清代《刑案汇览》中的"罪人拒捕杀伤官差定例"就规定:"……官司差人持票拘捕及拘获后金派看守押解之犯……如差役非奉官票,或虽经奉票而有藉差吓诈,凌虐罪犯情事,致被殴死者,各照平人谋故斗杀本律定拟,均不得以拒捕杀人论。"[1]这一规定要求搜查人员必须在有较充分根据的情况下,凭借官府发放的缉票才可以启动搜查程序。

---

① （清）祝庆祺等:《刑案汇览》"罪人拒捕杀伤官差定例",北京古籍出版社,2004年。

（四）有关审判

1.潜来禀报被贼盗取牲畜

私下前来官府禀告牲畜被贼人偷盗的,经过辨认、识别果真是被偷盗的牲畜的,按照盗窃论罪。此条与"失主认获被盗牲畜"条在康熙六年的《蒙古律书》中也有同一条:呈控被窃牲畜,若获原畜,则以窃贼论。失主认出被窃牲畜,若指称有他人所给者,即令其人对质;如其人不行承认,仍令本人立誓。若立誓,失主只将所认牲畜收回,免罚。

本条中不仅反映出清代蒙古地区"设誓"这一颇具特色的裁判方式,也体现着《大清律例》中关于"诉讼""诬告"等相关规定的内容。"设誓"作为一种证据裁判的方式,对于清代蒙古地区的淳朴民众或者说受文化教育程度相对较低的人民来说,具有相当的约束力。有了这种证据观念的约束,一方面可以降低蒙古地区的犯罪率,另一方面也促进了案件的结案,提高了审理效率。

2.将王等审断事件复控

若仍如该王所审,拟将控告之人罚一九牲畜。若札萨克贝勒、贝子、公等审断者,罚五牲畜。若章京等审断者,罚马一匹。此条与在康熙年六年的《蒙古律书》中第二十八条大体相近,仅在设誓官员方面稍有不同:有以潜得信息呈控案件,不令王、札萨克诺颜、固山台吉、公等立誓,择该旗人以誓之。若为台吉等,则令自誓。货物财产被盗窃的原告以及盗贼踪径入二的,命令选择其旗大臣发誓,如果没有发誓,则命令加倍给予。札萨克诺颜、固山台吉、公等使者,罚取两岁牛。

3.蒙古等不得妄动越级诉证据上告

蒙古等,凡是有争控的事件,务必命令先在该札萨克、王、贝勒处,呈控。

倘若感觉受到委屈,允许在盟长处,呈控。如果盟长等还没有秉公办理,允许令原告之人将曾经在该札萨克处控告如何办理;重复在该盟长处控告如何判断之处,按款开明赴院呈控,由院内详细核对案情,或是仍然应该交与盟长等办理,或是应该差使派遣大臣办理之处商讨,都上奏请旨。如果没有在该札萨克王、贝勒等处控告,又没在盟长处具呈,而是赴院呈控者,无论是与非,如果是台吉官员,罚取三九牲畜;如果是属下家奴,鞭一百。如果是寻常事件,则交与该札萨克盟长等办理:若是关于人命重案,则由院详细询问,应该派遣大臣办理之处定议,都上奏请旨;如果是自己在该札萨克盟长等处控告,而札萨克盟长等因为没有秉公办理到院呈控的,由院按事情的轻重,可以派员办理,可以奏遣大臣办理。等到审理明白后,该札萨克及盟长等所办与例相一致的,不需要争议;如札萨克等办理不公正的,将札萨克议处;盟长等办理不公正,将盟长等议处;若所控不实,按事之轻重,将原告之人反坐其罪。

4.凡是捕获贼犯,解送贼之札萨克旗分,令其收管蒙古

如果在盛京、归化城等处犯事的,都命令犯事处收管,由该札萨克等旗带会审台吉等会审。

(五)有关执行

1.诸札萨克等将凡是判处徒罪以上的人犯,一面报院,一面马上派官兵解赴应禁地方官,命令暂时监禁。徒罪以上人犯解送该地方官暂令监禁。

2.蒙古犯罪,发遣往山东、河南者,再次脱逃,第一次,枷号一管月,调整发往福建、湖广等省;第二次,枷号两笛月,调整发往云南、贵州、广东、广西最远极边烟瘴等地方;第三次,枷号三笛月,仍旧发同原来调整发往处,原来发往福建、湖广的,按照脱逃次数停止调整,发往最远极边烟瘴处所。蒙古

等免死,减等充军。自配所逃脱被拿获时,审理没有马匹的,也一体加等调整发遣,依旧分别脱逃次数,第一次,枷号两旧月;第二次,枷号三篇月,刺字。而且,如果人犯已经伏法,只有他的妻子应当处以流刑的,酌情发往南省驻防处所,给士兵为奴。

3. 凡将收管之斩犯疏脱者,收管之章京,罚三九牲畜;晓骑校,罚二九牲畜,革职;小领催,鞭一百;披甲人,鞭八十。若收管不至,于斩之人犯疏脱者,章京,罚二九牲畜;晓骑校,罚一九牲畜;小领催,鞭八十;披甲人,鞭五十。疏脱之犯,经旁人挐获,将所罚章京、领催牲畜给挐之人,如未经挐获,所罚牲畜,存公。

第三节 《理藩院则例》及其犯罪治理

《理藩院则例》是清朝蒙古地区施行的体系最完整、内容最全面、罪名最翔实、处罚最多样的专门法律。由于研究内容及篇幅所限,本节主要以包思勤点校的道光二十三年刊印本《钦定理藩院则例》(以下简称《则例》)为主要依据,辅以杨选第、金峰校注的《理藩院则例》汉文本,对有关刑罚罪名及刑罚处罚展开研究和论述。[①]《则例》中与定罪量刑有关的分别是:卷三十五"人命"、卷三十六"强劫"、卷三十七至三十八"偷窃"、卷三十九"发冢"、卷四十"犯奸"、卷四十一"略卖略买"、四十二"首告"、四十三"审断"、四十四"罪罚"、四十五"入誓"、四十六"梳脱"、四十七"捕亡"、四十八"监禁"等。

---

① 《钦定理藩院则例》(道光二十三年刊印本),包思勤点校,辽宁民族出版社,2019年;《理藩院则例》,杨选第、金峰校注,1998年。

一、《理藩院则例》中的刑法罪名

按照《则例》的体例顺序,可将有关刑法罪名分为杀人罪、伤害罪、强劫罪、盗窃罪、盗掘坟墓罪、犯奸罪、买卖人口罪等。与前述《蒙古律例》相比,后三个罪是从杂犯分立成单独罪名,并规定了相应的处罚。

（一）杀人罪、伤害罪

这是对《则例》"人命"门的一种概括,在分类上与《蒙古律例》一致,但在罪名认定及处罚上具有很大不同。

1.蒙古汗王等用鞭致死致伤家奴属下等分别治罪

凡管旗之汗王、贝勒、贝子、公、台吉塔布囊用鞭殴打致死的,分家奴、闲散属下、旗下官员、致死闲散王公台吉名下者等分别治罪。死者因身份地位不同,其处罚也不同,如果是家奴,罚俸一年,如果是旗下官员,则是披甲,罚俸三年。并各罚三九牲畜给死者家属,其妻子兄弟一并遣赴别旗,听其处置。如果上诉人能够证明死亡是因为误打所致,可减半科罪。①

有关致伤家奴属下者,如果是家奴,罚俸半年,如果是旗下官员,则罚俸二年。

上述官员等,误将人鞭殴致伤者,如实有证佐,系属由误伤所致,经该盟长、扎萨克审实报理藩院,各照故将人鞭殴致伤例减半科罪。其伤者之妻子兄弟,均毋庸令其出户。

《蒙古律例》中同样的人命案,罚畜最高可处以四十四匹马,没有罚俸这一

① 《钦定理藩院则例》(道光二十三年刊印本)(卷35)"人命",包思勤点校,辽宁民族出版社,2019年,第420~422页。

处罚规定。关于罚俸在《则例》的"俸银俸缎"中有相关规定。①其中,扎萨克台吉塔布囊岁支银一百两,缎四匹(八庹大蟒缎一匹,八庹织蓝素一匹,八庹大闪缎一匹,六庹织彭缎一匹)。如果被罚俸三年最高可被罚掉三百两。蒙古汗、王、贝勒、贝子、公、台吉等因公罚俸,如已身故,尚有坐扣未完银两,均毋庸着落该员子孙赔缴。②

2.蒙古汗王等擅自使用金刃伤人杀人的分别治罪

蒙古汗王等擅自使用金刃等物伤人的,无论伤者何人,分别以罚俸二年到四九牲畜的处罚。如果导致残疾者,因而致残废者,汗王贝勒贝子公,各罚俸三年;无俸台吉塔布囊,各罚六九牲畜存公。仍各罚一九牲畜,给予残废者之家。

相比前述《蒙古律例》规定处罚加重,并且没有分故杀、斗杀、醉杀等情形,若平民实施这一行为如何处罚也没有规定。

3.蒙古属下官员擅自使用金刃伤人杀人的分别治罪

凡是蒙古属下的官员或是平民擅自使用金刃等伤人的,无论伤者何人,官员革职并二九罚畜,如系平民鞭一百。如果导致残疾的,官员革职并四九罚畜,系平民鞭一百,加号一个月,各罚一九牲畜给残废者之家。如果导致死亡的亦照刑例科断。如果并非用金刃而是徒手将人致伤致死的,各减一等科断。③

《蒙古律例》中并没有这一规定,这里主要分致伤、致残、致死等情况分

---

① 科尔沁卓哩克图亲王、图什业图亲王、达尔汗亲王暨喀尔喀等处汗,岁支银二千五百两、缎四十四匹。亲王岁支银二千两,二十五匹。科尔沁扎萨克图郡王岁支银一千五百两,缎二十匹。

② 《钦定理藩院则例》(道光二十三年刊印本)(卷44)"罪罚",包思勤点校,辽宁民族出版社,2019年,第466~469页。

③ 《钦定理藩院则例》(道光二十三年刊印本)(卷35)"人命",包思勤点校,辽宁民族出版社,2019年,第422~423页。

别处罚,在量刑方面具有了可操作性,不过这里规定了枷号一个月的处罚,清代蒙古刑罚越来越采纳了《大清律例》等清朝统一法典的规定做法。《大清律例·名例一》规定了有关枷号的规格,"凡寻常枷号重二十五斤重枷重三十五斤枷面各长二尺五寸阔二尺四寸至监禁人犯止用细炼不用长枷"①。

4.奴杀家主凌迟处死

这一点与《蒙古律例》相同,不再详述。

5.夫故杀妻治罪

凡蒙古台吉、塔布囊并属下官员平民等无故殴打、故意杀害妻子的予以绞刑,均监候。如果属于过失,确有佐证者,由该盟长,扎萨克审实,确属过失,台吉、塔布囊并属下官员,革职,枷号六十日,鞭一百;平民,枷号六十日,鞭一百。仍各罚二九牲畜,给妻之母家。其汗王、贝勒、贝子、公、扎萨克有犯前项罪名,查照刑例,声明请旨。②

对比《蒙古律例》,这里将犯罪主体明确为蒙古台吉、塔布囊并属下官员平民等特殊主体,并对平民处以枷号六十日,鞭一百,罚二九牲畜,其处罚加重。也没有明确犯罪时的状态为射杀、砍杀、刺杀等,只要有死亡结果就可以认定为此项罪名。

6.凡斗殴伤重,五十日内身死,殴人者绞监候,其共殴者,照刑例定拟③

这里沿用了《蒙古律例》有关"五十日"的"保辜"期限。对于受害方而言,这是能够养伤治愈的合理期限,反之,这期间导致受害方死亡的,对加害方(罪犯)以杀人罪论处。这里增加了一个共殴者的概念,按其从犯的规定处罚。

---

① 《大清律例》(同治九年)(卷4),"名例律上",程颐点校,法律出版社,2022年,第78页。

② 《钦定理藩院则例》(道光二十三年刊印本)(卷35)"人命",包思勤点校,辽宁民族出版社,2019年,第423页。

③ 《钦定理藩院则例》(道光二十三年刊印本)(卷35)"人命",包思勤点校,辽宁民族出版社,2019年,第424页。

7.戏杀过失杀伤人俱查照刑例分别定拟

对此,《蒙古律例》规定,因戏过失杀人者,罚给三九牲畜。《大清律例·刑律》中对此更进一步规定:"凡因戏[以堪杀人之事为戏如比较拳棒之类]而杀伤人及因斗殴而误杀伤旁人者各以斗杀伤论[死者并绞伤者验轻重坐罪]其,谋杀故杀人而误杀旁人者以故杀论[死者处斩不言伤仍以斗殴论]"[1]。

8.因伤堕胎治罪

这是对怀孕妇女的一种特殊保护,规定凡以手足他物伤害妇人因而导致堕胎者,汗王贝勒贝子公罚俸二年,无俸台吉塔布囊,官员革职,罚四九牲畜存公,平民鞭一百加枷号一个月。仍各罚一九牲畜给堕胎者之家。其因而致死并讯有谋故等情者,均照刑例办理。[2]

在《卫拉特法典》中就有殴打怀孕妇女致其堕胎者,按怀胎月数罚九数牲畜的规定。[3]就是说,最多可以罚怀孕十月的罚畜,即九十头牲畜。而《则例》中的处罚也比较重,官者罚俸两年或五九牲畜的处罚,平民鞭一百加枷号一个月罚一九牲畜。这样既是对怀孕妇女的保护,也是一种保证人口增长的法治思想。

(二)强劫罪

《则例》对众人强劫、台吉强劫杀伤人、台吉强劫未伤人分得财或未得财等情况进行定罪处罚。

1.强劫盗犯不分首从治罪

无论蒙古、民人、番子,凡是聚众手持弓箭军器,白天邀劫道路,分赃证

---

① 《大清律例》(同治九年)(卷260),"刑律·人命",程颐点校,法律出版社,2022年,第350页。
② 《钦定理藩院则例》(道光二十三年刊印本)(卷35)"人命",包思勤点校,辽宁民族出版社,2019年,第424页。
③ 道润梯步校注:《卫拉特法典》,内蒙古人民出版社,1985年,第54页。

据确凿,以及黑夜拿着火把持刀涂脸入室搜拿掠夺财物,而且有杀人放火等各种特别严重情形者,不分首从皆斩,立决枭首,蒙古盗劫的案子,确实有杀人放火等严重情节的,就按照此例判处。其余寻常盗劫之案不得援引此例。①

本条分白天和黑夜强劫等不同情况作了皆斩、立决枭示的重刑,但本条并没有明确所强劫财物的具体数量及价值,不好统一定罪量刑。《蒙古律例》对因抢劫伤人而未取财的,首犯为斩监候,抄没财产、三九牲畜交给受害人。相对而言,《则例》对此类犯罪的处罚极为严重,试图以重刑阻却犯罪的立法思想。

《大清律例·刑律》中对此则有较为详细的规定:"白昼抢夺人财物除赃在七十两以下者仍依律拟以满徒外其赃至八十两以上即按律递加窃盗罪二等罪止杖一百流三千里一百二十两以上者仍照窃盗满贯律拟以绞监候","凡强盗已行而不得财者皆杖一百流三千里,但得[事主]财者不分首从皆斩[虽不分赃亦坐其造意不行又不分赃者杖一百流三千里伙盗不行又不分赃者杖一百]"。②

2.聚众抢夺分别治罪

此条对聚众抢夺人数及牲畜数量等分别作出了不同处罚。凡使有抢夺没有伤人且拿到财物的,人数在三人以下,主犯发往云贵两广烟瘴地方,从犯发往湖广、福建、江西、浙江、江南等地。若是人数在四人以上到九人的,不分首从,都发往云贵两广边烟瘴地方,俱交与驿站充当苦差。在抢夺中伤人及捆缚事主的,马上将下手之人判处绞刑收监听候发落;对从犯,案件若是三人以下的,发往云贵两广烟瘴地方,若是四人以上到九人的,发往云贵两广烟瘴地方,俱交与驿站充当苦差。杀人者判处斩立决,从犯判处绞

---

① 《钦定理藩院则例》(道光二十三年刊印本)(卷36)"抢劫",包思勤点校,辽宁民族出版社,2019年,第425页。

② 《大清律例》(同治九年)(卷24),"刑律·盗贼中",程颐点校,法律出版社,2022年,第290页。

刑收监听候发落。其抢夺牲畜在十匹以上的,若财物价值在一百二十两以上,主犯判处斩刑收监听候发落。聚众至十人以上者,无论伤人与否,为首拟者立决,为从者均拟绞监候,秋审时由刑部核情定拟实刑。①

可见,《则例》对聚众至十人以上的犯罪及所抢牲畜在十匹以上者,其财物价值在一百二十两以上者的处罚都很重。聚众人数及所抢物品越少其处罚也越轻。《大清律例·刑律》对此也有相关规定:"凡强盗执有弓矢军器白日邀劫道路取赃有证明者,俱不分人数多寡是否伤人依律处斩立决并在行劫处枭首示众。如伤人不得财者,首犯斩监候,为从者发新疆给官兵为奴。如未得财又未伤人者,首犯发新疆给官兵为奴,为从者杖一百流三千里,其江洋行劫大盗俱照此例立斩枭示。"②显然后者的相关处罚更为严重。

3.台吉强劫杀人伤人分别治罪

本条对台吉强劫分为杀人伤人及得财未得财等情况分别处罚。凡已、未受职台吉等,或一二人,或聚众强劫杀人,无论得财未得财,为首及为从动手者,皆即处斩。若从犯同行并未动手,但强劫后分赃者,拟斩监候,秋审时入予缓决。其犯意但未行动者,无论是否分赃,革去台吉,枷号三个月,鞭一百,发往伊犁充当苦差。同谋者,无论是否同行及分赃与否,均革去台吉职务,枷号两个月,鞭一百,发往邻盟严加管束。

此后将本条改为:台吉强劫伤人未死而得财者,首犯拟斩监候,秋审时入於缓决。从犯动手者,革去台吉,枷号两个月,鞭一百,发往乌鲁木齐充当苦差。台吉强劫伤人未死未得财者,首犯拟绞监候,秋审时入於缓决。为从动手者,革去台吉,枷号个月,鞭一百,发往邻盟严加管束。同行并未动手者,革去台

---

① 《钦定理藩院则例》(道光二十三年刊印本)(卷36)"抢劫",包思勤点校,辽宁民族出版社,2019年,第425页。

② 《大清律例》(同治九年)(卷24),"刑律·盗贼中",程颐点校,法律出版社,2022年,第290页。

吉,鞭一百,发往邻盟严加管束。《大清律例·刑律》中对此也有相似规定。

另外,《则例》还规定:台吉罪至斩绞查抄产畜家奴;贼盗聚众强掠及拒捕杀伤官兵不分首从皆斩;强劫案内首犯在逃从犯监候劫窃人犯解送原犯事地方正法;抄没贼人产畜不给喇嘛等。①这部分内容在此后的司法审判的论述中展开研究,在此不再详述。

（三）盗窃罪

《则例》对偷窃临幸围场营盘马匹、私人围场偷窃牲畜木植、偷窃官牧牲畜、偷窃牛马驼驹、偷窃银两等分别拟罪处罚。②

1.偷窃围场营盘马匹分别治罪

这里分偷窃临幸围场营盘马匹和私入围场偷窃牲畜木植等两种情况。前者作为皇帝专属的狩猎地方,其处罚也比后者重得多。偷窃营盘马匹,五匹以上的,不分蒙古、民人,主犯判处绞立决示众。偷窃三匹以上的,发往云南、贵州、广东、广西烟瘴地方。偷窃一二匹的,发往湖广、福建、江西、浙江、江南等省。都交与驿站充当苦差。从犯各减一等。③

对私入围场偷砍木植、偷打牲畜者,依照《刑例》定罚。其人犯罪应枷责者,将失察之该管官罚七牲畜,扎萨克罚俸三个月。罪应发河南山东者,该管官罚一九牲畜,扎萨克罚俸六个月。罪应发湖广等省者,该管官罚二九牲

---

① 《钦定理藩院则例》(道光二十三年刊印本)(卷36)"抢劫",包思勤点校,辽宁民族出版社,2019年,第428页。

② 帝王亲临[(of king)visit(a place)]。帝王车驾所至曰"幸",故称临幸。南朝宋刘义庆在《世说新语·识鉴》:"晋武帝讲武於宣武场,帝欲偃武修文,亲自临幸,悉召群臣。"《新五代史·杂传·王峻》:"峻於枢密院起厅事,极其华侈,邀太祖临幸。"明余继登《典故纪闻》卷三载:"太祖造观心亭成,亲临幸焉。"围场是专供皇帝贵族围起来打猎的场地。

③ 《钦定理藩院则例》(道光二十三年刊印本)(卷37)"偷窃上",包思勤点校,辽宁民族出版社,2019年,第431页。

畜,扎萨克罚俸九个月。罪应发云南等省者,该管官罚三九牲畜,扎萨克罚俸一年。所罚牲畜均存公。

《大清律例·刑律》中对此类被偷木植及牲畜数等有详细的规定,"私入木兰等处围场及南苑地方……若盗砍木植、偷打牲畜及刨兀鹿窖初犯杖一百徒三年。再犯及虽系初犯而偷窃木植数至五百斤以上牲畜至十只以上者,改发四千里充军;三犯者,发新疆等处"①。

2.偷窃官牧牲畜分别治罪

官牧牲畜是清朝官牧场财产,其处罚比偷窃个人牲畜要重得多。清朝官牧场主要划分为太仆寺牧场、皇室牧场(上驷院牧场)、八旗牧场和绿营牧场四大类。由朝廷开办的太仆寺牧场和由内务府开办上驷院牧场属于中央牧场。八旗牧场和绿营牧场属于地方开办的军牧场。②

对于牧场官兵偷窃官牧牛马驼等,这是一种监守自盗行为,处罚也比较重。牧场官兵偷窃官牧牛马驼不论私自售卖或占为己有,一匹至九匹,牧官革职,发往黑龙江当差。牧兵不分首从,连同妻子发往黑龙江给兵丁为奴。虽经同谋,但并未同行,窃后无论是否分赃,均伽号六十日,满日鞭一百。偷十匹以上者,无论官兵首从,一并拟绞。将首犯立决,同行从犯监候,秋审入於缓决。③

对于蒙古、民人犯此罪者,一匹至九匹,不分首从,都判处发往云南、贵州、广东、广西烟瘴四十日,满日鞭一百。十匹以上者,首犯拟绞监候,秋审入於缓决谋并未同行,无论窃后已未分赃,都判处湖广、福建、江西、浙江、江

---

① 《大清律例》(同治九年)(卷24),"刑律·盗贼中",程颐点校,法律出版社,2022年,第304~309页。

② 李三谋:《清代北部边疆的官牧场》,《中国边疆史地研究》,1999年第1期。

③ 《钦定理藩院则例》(道光二十三年刊印本)(卷37)"偷窃上",包思勤点校,辽宁民族出版社,2019年,第432页。

南等省,交与驿站充当苦差。并未同谋仅止窃后知情分赃换赃故买代卖代存者,均枷号四十日,满日鞭一百。①可见,平民偷窃官牧牲畜的处罚比牧场官兵监守自盗行为的处罚要轻缓一些。

3.偷窃私人牲畜按其匹数分别治罪

与上述偷窃官牧牲畜对应,《则例》对偷窃私人牲畜分一二匹、三匹至五匹、六匹至九匹、十匹、二十匹、三十匹等匹数进行处罚,偷窃匹数越多,其处罚越重。另外,《则例》分首从、有造意没有行窃后来已未分赃和虽然经过一同谋略没有同行也没分赃以及没有同谋没有同行仅是在偷窃后分赃等进行处罚,对主犯、从犯分别予以拟死、拟遣、拟鞭等刑罚。

若是偷窃牲畜一二匹,主犯枷号一个月,鞭一百;同行分赃的从犯,鞭一百,虽然经过一同谋略没有同行,但是在偷窃后分赃的,鞭九十。若是偷窃牲畜三十匹以上,不分主犯从犯均判处绞刑收监听候发落。秋审时,首犯拟入情实,从犯拟以缓决,减等时,发云南、贵州、广东、广西烟瘴地方;虽经同谋并未同行但于窃后分赃者,发云南、贵州、广东、广西烟瘴地。②

《大清律例·刑律》中对此也有相应的规定,如"凡盗牛,一只,枷号一个月、杖八十⋯⋯十只以上,杖一百,流三千里。二十只以上,不计赃数多寡,拟绞监候"③。《蒙古律例》与《大清律例》对盗牲畜的处罚并无太大出入,可以说,前者是清代蒙古地区的特别法,移植和变通清廷相关法律条款,是严厉打击犯罪,稳定蒙古地区社会稳定的需要。

---

①　《钦定理藩院则例》(道光二十三年刊印本)(卷37)"偷窃上",包思勤点校,辽宁民族出版社,2019年,第432页。

②　《钦定理藩院则例》(道光二十三年刊印本)(卷37)"偷窃上",包思勤点校,辽宁民族出版社,2019年,第433~434页。

③　《大清律例》(同治九年)(卷24),"刑律·盗贼中",程颐点校,法律出版社,2022年,第302~304页。

4.偷窃牛犊马驹驼羔合计治罪

本条是对偷窃牛犊、马驹、驼羔等的犯罪处罚。《则例》规定,四岁牛犊、五岁马驹、五岁驼羔,每四匹合一匹按盗窃罪论罪。其不及四匹者,亦照偷羊不及四只办理,分别鞭责发落。①

5.偷窃银两等物计赃治罪

本条对偷窃银钱一两至一百二十两以上等情况分别处罚。如,自一两至十两,主犯鞭九十,同行分赃的从犯鞭八十,虽然经过一同谋略没有同行,但是在偷窃后分赃的,鞭七十。如,偷窃一百二十两以上,主犯判处绞刑收监听候发落,秋审时入於缓决,同行分赃的从犯,发遣往云南、贵州、广东、广西烟瘴地方,虽然经过一同谋略没有同行,但是在偷窃后分赃的,发遣往山东、河南。

相关内容在《大清律例》中也有相似规定,"(偷窃)一两以下杖六十……一百二十两以上绞[监候],三犯不论赃数绞[监候]"②。后者多了一项对累犯的处罚规定。

6.盗挖金银矿砂分别治罪

保护草原禁止开采矿产资源是一直坚持的基本原则,《则例》规定,首从各犯依照刑例分别定罚。《大清律例》中则对此规定:"凡盗掘金银铜锡水银等矿砂每金砂一斤折银二钱五分。银砂一斤折银五分。铜锡水银等砂一斤折银一分二厘五毫,俱计赃。"③而根据前述《则例》中的规定,偷窃数量在一两以上至一十两就杖七十,其处罚也是比较严重。

---

① 《钦定理藩院则例》(道光二十三年刊印本)(卷37)"偷窃上",包思勤点校,辽宁民族出版社,2019年,第435页。
② 《大清律例》(同治九年)(卷24),"刑律·盗贼中",程颐点校,法律出版社,2022年,第296~301页。
③ 《大清律例》(同治九年)(卷240),"刑律·盗贼中",程颐点校,法律出版社,2022年,第296页。

7.平民发掘王等坟冢

此项罪名在《蒙古律例》"杂犯"当中有相关规定,《则例》则将其单独列为一个罪,二者对此罪的处罚也存在差异。《则例》包括平民发掘王等坟冢及平民发掘平民坟冢两种情况。《则例》的"发掘"是寻找发现和盗取坟墓中的陪葬品等行为,故此,在罪行认定上这种行为属于盗窃罪的范畴。

凡平民发掘王、贝勒、贝子、公、扎萨克台吉及福晋、夫人等坟冢、棺者,为首斩立决,为从绞监候;开棺见尸者,为首斩立决,为从绞监候;毁弃撒撒死尸者,不分首从皆斩立决。

相对比,平民发掘平民坟冢的处罚轻缓得多。凡平民发掘平民坟冢,未见棺者,为首鞭一百,枷号四十日,为从鞭九十,枷号三十五日;见棺者,为首发山东河南,交驿充当苦差,为从鞭一百,枷号四十日,开棺见尸者,为首发极边烟瘴,为从发山东河南,均交驿充当苦差;毁弃撒撒死尸者,为首绞监候,为从发极边烟瘴,交驿充当苦差。① 表现出《则例》本身极力维护王公贵族特权的立法思想。

《大清律例》对此规定更为详尽,内容涉及卑幼发倔尊长坟冢、残毁他人死尸及弃尸水中、奴婢雇工人发掘家长坟冢、平治他人坟墓为田园者、夫毁弃妻尸等情况分别量刑处罚。其中,对平民发掘王等坟冢有相同的处罚,说明《则例》沿用了有关《大清律例》规定。②

---

① 《钦定理藩院则例》(道光二十三年刊印本)(卷39)"发塚",包思勤点校,辽宁民族出版社,2019年,第448页。

② 《大清律例·刑律》,"发冢"门规定:凡发掘贝勒贝子公夫人等坟冢开棺椁见尸者,为首斩立决枭示。为从皆绞立决;见棺者,为首绞立决。为从绞监候;未至棺者,为首绞监候,为从发边远充军;如有发掘历代帝王陵寝及会典内有从祀名位之先贤名臣并前代分藩亲王或递相承袭分藩亲王坟墓者俱照此例治罪。

（四）奸淫罪

这是有关强奸、和奸（通奸）等的治罪条款，《则例》仅涉及四条内容。[①]

1.王等奸平民之妻

对王等奸平民之妻的处罚往往很轻，对已未管旗王公等，罚俸三年，罚三九牲畜给其被奸妇女的丈夫。若是无俸台吉、塔布囊更是仅以六九牲畜充公，罚一九牲畜给其被奸妇女的丈夫。

2.平民奸福晋治罪

奸夫凌迟处死，福晋斩决，奸夫妻子发邻盟为奴。相对比，《大清律例》对此罪最高可以处以绞或斩刑处罚，前者规定明显过于残酷和不人道。

3.家奴及兼辖之人奸台吉等妻妾分别治罪

被奸者（妻妾）的身份不同其处罚也不同。奸台吉等妻者各斩立决，奸台吉等妾者绞监候。属下阿勒巴图等奸台吉等之妻者，奸夫奸妇俱绞监候；奸台吉等之妾者，奸夫奸妇俱枷号两个月，鞭一百，奸妇鞭决枷赎。《大清律例》对此规定：凡奴及雇工人奸家长妻女者各斩。凡奴奸家长之妾者各绞监候。[②]二者规定基本一致。

4.平民和奸治罪

《则例》规定，奸夫奸妇均枷号一个月，鞭一百。若奸拐跑妇女者，奸夫枷号两个月，发遣山东、河南，交驿当差，奸妇鞭一百，枷号两个月，交本夫领回，听其去留。《大清律例》对此规定："凡和奸，杖八十，有夫者杖九十，刁奸者杖一百"[③]，《则例》中有关规定似乎比后者更重一些。

---

① 《钦定理藩院则例》（道光二十三年刊印本）（卷39）"发塚"，包思勤点校，辽宁民族出版社，2019年，第448页。
② 《大清律例》（同治九年）（卷33），"刑律·犯奸"，程颐点校，法律出版社，2022年，第423页。
③ 《大清律例》（同治九年）（卷33），"刑律·犯奸"，程颐点校，法律出版社，2022年，第423页。

（五）买卖人口

此条涉及蒙古等互相诱卖人口、诱卖内地之人等的处罚规定。

1.蒙古等互相诱卖人口治罪

此条应该与买卖蒙古人口有关，买卖人口的目的在于用钱财"诱"使这些被卖人口充当其奴婢、妻妾、子孙等，涉及"奴隶"交易、非法婚姻和非法收养等问题。对这种行为，不分已卖、未卖，鞭一百，罚三九牲畜。被诱知情之人鞭一百，被诱不知情者免坐，饬交本家领回。①

2.诱卖内地之人

此条或专指买卖内地人口的规定。《则例》规定，将内地人口诱骗拐卖为妻妾奴婢者，不分良人奴婢、已卖、未卖，为首者绞监候，为从者鞭一百，罚三九牲畜。被诱之人，如不知情不坐。若知情，不分已卖、未卖，诱人者鞭一百，罚三九牲畜，被诱之人鞭一百，均交由本家领回被拐卖者。

此外，《则例》"杂犯"中诽谤官长、挟仇放火、熏兽失火、病人传染等规定，延续了前述《蒙古律例》的相关规定，在此不再详述。

二、《理藩院则例》中的量刑处罚

（一）死刑

清代的死刑主要有斩首、绞刑、凌迟、赐死等。同时死刑又分为立即处决、斩监候、秋决。清代循旧章，除了大逆不道、谋反、江洋大盗外，其余死刑犯一律暂监候，等候"秋决"。

----

① 《钦定理藩院则例》（道光二十三年刊印本）（卷40）"犯奸"，包思勤点校，辽宁民族出版社，2019年，第450页。

1.绞刑(监候)

(1)凡是因为斗殴导致人重伤在五十日内死亡的,将殴打的人拟以绞刑收监听候发落。

(2)无论丈夫故意还是无故杀死妻子的,都将其拟以绞刑收监听候发落。

(3)凡是因为戏耍误伤导致人死亡的,如果有人做见证的罚三九,如果没有人见证则命令可疑的人发誓,发了誓的人罚三九,不发誓的人拟以绞刑,收监听候发落。凡是故意杀死其他旗的人,如果是作为从犯的庶人则拟以绞刑,收监听候发落。

(4)凡是迎杀投到的逃跑的人,如果首犯是官吏的拟以绞刑,收监听候发落。

(5)凡是因为要打击报复而纵火导致人死亡的,如果是官吏则拟以绞刑,收监听候发落。

(6)凡是蒙古殴打人致其死亡的,应该对其拟以绞刑。

(7)凡是蒙古偷盗他人马驼牛羊四项牲畜的,如果是一人偷盗,不分主人还是仆人实施绞刑。如果是两人偷盗,一人实施绞刑。如果是三人进行偷盗,则两人实施绞刑。聚众伏盗的,则为首的二人受绞刑。

(8)凡是偷盗将要献赠的生的牛羊豕,在蒙古将立即施以绞刑,人命重大,所以后来判处绞刑收监听候发落时,暂缓实行一年。

(9)凡是偷盗四类牲畜的,若数量不多、情节十分轻微的则拟以绞刑收监听候发落。

(10)如果是二到三人以上实施抢劫没有成功而导致杀害伤人的,将会判处一人以绞刑收监听候发落。

(11)内地人如果在边外地方偷窃蒙古牲畜的,均都按照蒙古惯例,对主犯判处绞刑收监听候发落,对从犯商议后罚三九。

(12)王爷、公主、郡主等所属旗人还有其捕捉牲畜的家人,如果有私自赶赴禁地采摘人参、捕捉貂而被抓获的,财主及其为首的人皆判处绞刑收监听候发落。

(13)不管是已经还没有受职的台吉,或是一二人,或是夥众强劫,伤人但没有死亡也没有得到财的判处绞刑收监听候发落。

(14)在临幸围场偷窃营盘马匹的,偷盗五匹以上的人,主犯判处绞刑示众。从犯减一等。

(15)偷窃他人牲畜二十匹以上,主犯判处绞刑收监听候发落。偷窃牲畜三十匹以上,不分首从都判处绞刑。

(16)偷窃一百二十两以上,主犯判处绞刑收监听候发落。

(17)官员庶人偷窃牲畜等物拒捕伤人未死的主犯判处绞刑收监听候发落。

凡是庶人发掘王、贝勒、贝子、公、扎萨克台吉及福晋、夫人等坟冢、棺材的,从犯判处绞刑收监听候发落。开棺见到尸体的,从犯判处绞刑收监听候发落。

(18)凡是庶人发掘庶人坟冢犯三次以上的主犯判处绞刑,收监听候发落。

(19)兼辖之属下阿勒巴图等奸台吉等之妻的,奸夫奸妇都判处绞刑,收监听候发落。

(20)凡是台吉等之家奴奸台吉等妾的,都判处绞刑,收监听候发落。家奴当喇嘛的,亦是如此。

2.斩首

(1)凡是官员庶人伙众,或者其他人抢劫导致杀人或是伤人的,不区分主犯从犯一律斩首。官员庶人或者其他人一同抢夺物件而杀人或是伤人的,或者是窃牲畜等物被事主人等发觉追赶而导致杀人伤人的,按照旧例不区分主犯从犯都斩首。

(2)凡是因为盗贼被事主或者旁人追赶而其拒捕导致杀人的,作为主犯的将斩首。

(3)蒙古地方凡是有贼盗聚众,数量在三人以上的,拿着凶器肆意抢掠以及联合起来拒捕持械杀伤官兵的,不分首从皆斩首。

(4)凡是劫走抢夺死罪犯人的,不论主犯还是从犯都处以斩刑。

(5)凡是发掘王、贝勒、贝子、公等墓的人,作为主犯的一个人处以斩刑,收监听候发落。

(6)外藩蒙古王、公主、郡主等所属人,私自向禁地偷盗采摘人参的人,主犯判处斩刑收监听候发落。

(7)凡是与主母私通的奸妇将斩首。

(8)凡是因为要打击报复而纵火致人死亡的人,如果是庶人则拟以斩刑,收监听候发落。

(9)凡是因为盗贼被事主或者旁人追赶而其拒捕导致伤人不死的,为首的判处斩首收监听候发落。

(10)抢劫有杀人放火等较重情节的不论主犯还是从犯都斩首示众。

(11)抢夺牲畜在十匹以上的,财物在一百二十两以上的,主犯判处斩刑收监听候发落。纠夥至十人以上的,无论伤人与否,为首的立即斩首。

(12)凡是已经或是没有受职的台吉,或是一二人,或是夥众强劫杀人的,无论是否得到财,为首和为从动手的人都立即处斩。作为从犯同行但没有未动手的,但在劫后分赃的人,判处斩刑收监听候发落。

(13)不管是已经还是没有受职的台吉,或是一二人,或是夥众强劫,伤人但没有死亡得到财的,首犯判处斩刑收监听候发落。

(14)盗挖金银矿砂的,若杀伤人,主犯依照窃盗拒捕杀人律斩首。

(15)凡是庶人发掘王、贝勒、贝子、公、扎萨克台吉及福晋、夫人等坟冢、棺材的,主犯立即斩首示众。开棺见到尸体的,主犯立即斩首,毁弃撒撒死尸的,不分首从都立即斩首。

(16)庶人与福晋通奸的,将福晋斩首。

(17)凡是台吉等之家奴奸台吉等妻的,都斩首。家奴当喇嘛的,亦是如此。

3.凌迟

(1)凡是奴仆弑杀家主的,以凌迟处死。

(2)庶人的与福晋通奸,奸夫凌迟处死。

(二)身体刑

这里包括鞭打、枷刑等,清朝蒙古鞭刑即鞭责的刑罚方法,是蒙古地区较为常用的刑罚。

1.鞭刑

(1)凡是有疯疾的人,应该令其祖父、伯叔、兄弟、子侄等亲属看守,如果没有亲属,则令邻舍里长看守。若是疏于看守导致伤人的,鞭八十。

(2)各个旗的佐领下如果有盗贼的,十家长鞭一百。

(3)佐领下有偷盗两次的人,领催鞭一百,革役;十家长鞭一百。

(4)若是死罪犯人脱逃的,看管的领催鞭一百,士兵鞭八十。若是非死罪犯人脱逃的,看管的领催鞭八十,士兵鞭五十。

(5)外藩蒙古王、公主、郡主等所属人,私自向禁地偷盗采摘人参的人,从犯打一百鞭。领催、十家长、另户派遣家奴前往的,打一百鞭,革去领催、十家长,其他人家及家奴偷采人参,若是其该管与家主不知情的,都打一百鞭。私自买和私自卖的人,如果是蒙古人则打一百鞭。

(6)王爷、公主、郡主等所属旗人还有其捉捕牲畜的家人,如果有私自赶赴禁地采摘人参、捕捉貂而被抓获的,作为从犯,如果是其他人家则打一百鞭;如果是家奴,打一百鞭。

(7)凡是偷采人参、貂等私自买卖被其他人捉拿的,将人参、貂等交纳户部,买卖的人都各打一百鞭。

(8)拿获围场内偷偷捕猎牲畜的犯人,如果是蒙古交八沟理事同知,不论初犯还是再犯都打一百鞭。

(9)偷偷捕猎围场内牲畜的人,命令在围场附近地方示众,满日都打一百鞭。

(10)因为挟带仇恨放火导致牲畜受伤的,如果是官吏则革职,庶人则打一百鞭。

(11)凡是蒙古人将内地的男子、妇女、儿子女儿又或是妻子、姜室奴婢进行诱骗贩卖的,不论高低贵贱,不论已经卖成还是没有卖成,如果被诱骗的人不知情,则从犯打一百鞭,被诱骗的人不会被连坐。如果被诱骗的人知情,为首的人打一百鞭,从犯以及被诱骗的人都打一百鞭。蒙古人诱骗良人把妻子、姜室、子孙或者奴仆,贩卖给其他人的,无论已经卖出还是未卖出均打一百鞭。若是被诱骗的人知情,则打一百鞭。

(12)过失杀死妻子的,如果确实如此并有佐证,则由该盟长,扎萨克进行审实,属于过失的,台吉塔布囊并属下官员和平民一样都打一百鞭。

(13)对伤害孕妇导致堕胎的平民鞭一百。

(14)不管是已经还没有受职的台吉,或是一二人,或是夥众强劫杀人的,无论分赃还是没有分赃,无论一同谋略但没有同行分赃及同行但没分赃的,又或是一同谋略但没有同行也没有分赃的,都鞭一百。

（15）不管是已经还没有受职的台吉,或是一二人,或是夥众强劫,伤人但没有死亡得到财的,作为从犯动手的,同行没有动手但在劫后分赃的,无论分赃还是没有分赃,无论一同谋略但没有同行分赃及同行但没分赃的,又或是一同谋略但没有同行也没有分赃的,都鞭一百。

（16）不管是已经还没有受职的台吉,或是一二人,或是夥众强劫,伤人但没有死亡也没有得到财的,作为从犯动手的,同行没有动手的,造意未行的,一同谋略但没有同行的,都鞭一百。

（17）不管是已经还没有受职的台吉,或是一二人,或是夥众强劫,没有伤人得到财的,没有得到财但造意的都鞭一百。

（18）偷窃他人牲畜一二匹的,首犯和作为从犯同行且分赃的,鞭一百。虽然一起同谋但并没有同行且窃后分赃的,鞭九十。偷窃他人牲畜三匹到五匹作为从犯同行分赃的,鞭一百,虽然没有一起同谋没有同行但在窃后分赃的,鞭一百。偷窃他人牲畜六匹到九匹,虽然经过一起同谋但没有同行且在窃后分赃的,鞭一百。其窃羊不到四只的,为首鞭一百,同行分赃的从犯鞭九十,虽然没有一起同谋且没有同行但在窃后分赃的鞭八十。

（19）蒙古地方偷窃银两等物,其价值一两到十两的,首犯鞭九十,同行分赃的从犯鞭八十,虽然经过一起谋略并未同行但在窃后分赃的鞭七十。偷窃十两以上至四十两,首犯鞭一百,同行分赃的从犯鞭九十,虽然经过一起谋略并未同行但在窃后分赃的鞭八十。偷窃四十两以上至七十两,同行分赃的从犯鞭一百,虽然经过一起谋略并未同行但在窃后分赃的鞭九十。偷窃七十两以上至一百两,虽然经过一起谋略并未同行但在窃后分赃的鞭一百。偷窃一百两以上至一百二十两,虽然经过一起谋略并未同行但在窃后分赃的满日鞭一百。首犯判死罪的案件中,如果有虽然经过一起谋略并未同行也没有在窃后分赃的,及并没有一起谋略并未同行仅在窃后分赃的,平人鞭一百。首犯判遣的案件中,如果有虽然经过一起谋略并未同行也没有在窃后分赃的,及并没有一起谋略并未同行仅在窃后分赃的,平人鞭八十。偷窃后知情窝赃买赃代卖换赃的,无论首犯判处何罪,平人鞭五十。关于偷窃的各类案件,知情隐匿不报的平人鞭四十。

(20)蒙古地方偷窃牲畜,初犯偷窃牲畜一二匹的,仍照本例枷号鞭责。如再犯偷窃牲畜一二匹,主犯加枷号二十日,同行分赃的从犯,加枷号十五日,虽然经过一起谋略并未同行但在窃后分赃的加枷号十日。三犯偷窃牲畜一二匹的主犯加枷号四十日,同行分赃的从犯,加枷号三十日,虽然经过一起谋略并未同行但在窃后分赃的加枷号二十日,以上加等,都按现在的犯罪名往上递加,罪止枷号七十日。

(21)凡是庶人发掘庶人坟冢,没有看见棺材的,主犯鞭一百,从犯鞭九十,看见棺材的,从犯鞭一百,开棺见到尸体的,毁弃撒撒死尸的,若是盗窃未殡埋尸棺,以及发丧年久穿陷的冢,未没有开棺材的,主犯鞭一百,从犯鞭九十,开棺见尸一次的,从犯鞭一百。

(22)庶人和奸的,奸夫奸妇均鞭一百,强奸拐卖妇人的,奸夫奸妇均鞭一百。

(23)兼辖之属下阿勒巴图等奸台吉等之妾的,奸夫奸妇都鞭一百。或是兼辖之属下阿勒巴图当喇嘛处罚一样。

2.枷刑

枷是古代封建社会惩治人犯最有代表性的一种刑具,在清朝被广泛使用。凡寻常枷号重二十五斤重枷重三十五斤枷面各长二尺五寸阔二尺四寸至监禁人犯止用细炼不用长枷。①

（1）王爷、公主、郡主等所属旗人还有其捉捕牲畜的家人，如果有私自赶赴禁地采摘人参、捕捉貂而被抓获的，如果是家奴，枷两个月。获得的人参、貂，全部上交官府。

（2）偷偷捕猎围场内牲畜的人，如果是初犯枷一个月，是再犯枷三个月，如果是蒙古人，则交与札萨克严加管理约束。

（3）过失杀死妻子的，如果确实如此并有佐证，则由该盟长、扎萨克进行审实，属于过失的，台吉塔布囊并属下官员和平民一样都枷六十日。

（4）对伤害孕妇导致堕胎的平民枷号一个月。

（5）不管是已经还没有受职的台吉，或是一二人，或是夥众强劫杀人的，无论分赃还是没有分赃，都枷号三个月。

（6）不管是已经还没有受职的台吉，或是一二人，或是夥众强劫杀人的，一同谋略但没有同行分赃及同行但没分赃的，枷号两个月，一同谋略但没有同行也没有分赃的，枷号一个月。

（7）不管是已经还没有受职的台吉，或是一二人，或是夥众强劫，伤人但没有死亡得到财的，作为从犯动手的，枷号两个月，同行没有动手但在劫后分赃的，枷号一个月，无论分赃还是没有分赃，枷号两个月。

（8）不管是已经还是没有受职的台吉，或是一二人，或是夥众强劫，伤人但没有死亡也没有得到财的，作为从犯动手的，造意未行的，都枷一个月。

（9）偷窃他人牲畜一二匹的，首犯枷号一个月。偷窃他人牲畜三匹到五匹作为从犯同行分赃的，枷号一个月。偷窃他人牲畜六匹到九匹，从犯虽然是一同谋略没有同行但在窃后一起分赃的，枷号一个月。

---

① 《大清律例》(同治九年)(卷4)，"名例律上"，程颐点校，法律出版社，2022年，第78页。

（10）偷窃一百两以上到一百二十两白银的,从犯虽然是一同谋略没有同行但在窃后一起分赃的,枷号一个月。

（11）盗挖金银矿砂的如果不曾拒捕,若集聚到三十人以上的,不论砂数多非及初犯再犯,对从犯枷号三个月。如果不曾拒捕,而且人数不到三十名的,为首的若是初犯,枷号三个月。

（12）凡是庶人发掘庶人坟冢,没有看见棺材的,主犯枷号四十日,从犯枷号三十五日,看见棺材的,从犯枷号四十日,若是盗窃未殡埋尸棺,以及发丧年久穿陷的冢,没有开棺材的,主犯枷号四十日,从犯枷号三十五日,开棺见尸一次的,从犯枷号四十日。

（13）庶人和奸的,奸夫奸妇均枷号一个月,强奸拐卖妇人的,奸夫奸妇均枷号两个月。

（14）兼辖之属下阿勒巴图等奸台吉等之妾的,奸夫奸妇都枷号两个月。或是兼辖之属下阿勒巴图当喇嘛处罚一样。

3.刺字

《则例》只有一条规定,即私人围场人犯不论首从都刺字。拿获私入围场人犯审理明白后,或打抢放狗,或采菜砍木,不论首从获得分赃的,都在脸上刺字盗围场,没有分赃的,都在脸上刺字私入围场,如有再犯,易于辨识。

（三）财产刑

《则例》中的财产刑不仅有一九到九九的罚畜刑,还出现了没收财产畜产妻子等刑罚,以适应犯罪本身的复杂性和有效治罪,维护社会稳定。这里罚三九牲畜的最多,延续了《蒙古律例》的有关做法。

1.罚九数牲畜

蒙古族自古崇九,把九看作众多而神圣的数字,牲畜又是赖以生存之源,故以科罚九头牲畜作为惩罚犯罪行为的一种计量单位。依罪行之轻重,罚以九或九的数倍牲畜,无畜可罚者,以身充奴。但在整个法律制度的执行过程中,以轻缓的罚畜刑为主多为一九到三九,以此达到缓和社会关系,维持社会的安定团结。

(1)一九牲畜:用刀刺杀所属人及其家奴,并且是故意杀害、仇杀、醉酒杀害的,庶人罚一九,均给予死者亲属。没有让行人歇脚留宿而导致冻死的人罚一九。凡斗殴致人眼睛、手脚受伤,导致残疾而治愈者罚一九。伤害孕妇导致堕胎,以及殴打损害他人牙齿的,各罚一九给伤者之家。各个旗的佐领下如果有盗贼的,骁骑校罚一九,十家长罚一九。但是知道偷盗实情而不自首的台吉罚一九。佐领下有偷盗两次的人,骁骑校罚一九,领催罚一九。有成伙抢劫喀尔喀马匹等物的人,除了按照惯例治罪、如数赔偿外,一共罚给一九。如果喀尔喀人成伙劫内地的,主犯外其他人罚一九给本主。凡是偷盗金银器皿以及皮张布匹和衣服食物的,均按照数量赔偿,被偷盗物件的价钱达到羊价的罚一九,没有达到牛价的罚一九。若是非死罪犯人脱逃的,看管的骁骑校罚一九。劫走抢夺非死罪犯人的除主犯外其余人各罚一九。领催、十家长、另户派遣家奴私自向禁地偷盗采摘人参的各自都罚一九。私自买和私自卖的人,如果是蒙古人则打一百鞭,罚一九。凡是偷采人参、貂等私自买卖被其他人捉拿的,将人参、貂等交纳户部,买卖的人都各罚一九。拿获围场内偷偷捕猎牲畜的犯人,如果是蒙古交八沟理事同知,在第三次犯罪时罚一九。若是因为熏野兽窟穴而导致失火的人罚一九,给见证的人。冒充认领死亡失踪牲畜的人罚三九,但有错认情节的只罚一九。如果因为没有失主而对牲畜进行隐匿的人罚一九。凡是挟带仇恨的罪行最重的还捉走牲畜的,台吉罚一九。冒犯台吉、塔布囊等的罚一九。外藩蒙古以其他日子作为阴历正月初一的,如果是王罚一九。凡是王、贝勒、贝子、公、台吉等在渡越边境的出入口除了带标内写明的军器以外,还带出金刃的人对没有俸禄的台吉等罚一九。台吉亲属相盗牲畜财物者,无论赃数多寡,大功(堂兄弟)罚一九牲畜。已入档的蒙古人属下人不准卖与内地旗人,违者对协理台吉罚一九牲畜。

(2)二九牲畜:参佐领、骁骑校等人用刀刺杀所属人及其家奴,并且是故意杀害、仇杀、醉酒杀害的罚二九。各旗佐领下有作为盗贼的,该佐领罚二九。但是知道偷盗实情而不自首的人,札萨克、贝勒、贝子、公罚二九。佐领下有偷盗两次的人,佐领罚二九。八旗游牧察哈尔蒙古人因为偷盗被抓获两次,副管及佐领各罚二九。若是死罪犯人脱逃的,看管的骁骑校革职,罚二九。凡是挟带仇恨的罪行最重的还捉走牲畜的贝勒、贝子、公罚二九。无论官吏还是百姓与妻子斗殴误伤导致其死亡的罚二九给妻子家。凡是因为自首本旗事件案结后,该王公台吉等挟仇索取自首的人牲畜的没有俸禄的台吉塔布囊,罚二九牲畜上交官府。

(3)三九牲畜:台吉等人用刀刺杀所属人及其家奴,并且是故意杀害、仇杀、醉酒杀害的,罚三九。都统、副都统杀死家奴的人罚三九。如果妻子有罪但没有上报禀明而是擅自将其杀死的罚三九上交官府。如果没有仇恨间隙而误伤导致人死亡的,应当报明情况缘由,对没有俸禄的台吉等仍然罚三九上交官府。凡是因为戏耍误伤导致人死亡的,如果有人做见证的罚三九,如果没有人见证则命令可疑的人发誓,发了誓的人罚三九。无论官吏还是百姓与妻子斗殴误伤导致其死亡的罚三九给妻子家。出痘病人歇脚留宿其他家或者设法以咒术、祈神等方式治病,因此而传染导致人死亡的罚三九。因熏野兽窟穴致失火死人。火势蔓延导致烧死人的罚三九,给死者的家里。凡是斗殴使他人眼睛、手脚受伤而导致残疾的,罚牲畜三九。聚众伏盗的,对从犯罚三九。所属人是盗贼的,该王、贝勒、贝子、公、台吉、塔布囊各罚三九。但是知道偷盗实情而不自首的人，王罚三九。一参领下有偷盗三次的人，参领罚三九。一旗下有偷盗三次的人，对都统、副都统各自罚三九。八旗游牧察哈尔蒙古人因为偷盗被抓获两次，该总管罚三九。凡是被盗的人，因为人秘密告诉而将其控制住的，务必将他的姓名指出。如果告诉的是假的，或者通过其他方式巡查获得，则罚秘密告诉的人三九牲畜，命令前发誓的台吉和被诬陷的人平分，罚具控人三九牲畜全部都给被诬陷的人。凡是偷盗金银器皿以及皮张布匹和衣服食物的，均按照数量赔偿，被偷盗物件的价钱达到二岁牛价钱的罚三九。内地人如果在边外地方偷窃蒙古牲畜的，均都按照蒙古惯例，对从犯商议后罚三九。若是死罪犯人脱逃的，看管的官吏罚三九。劫走抢夺非死罪犯人的，主犯罚三九。发掘王、贝勒、贝子、公等墓的人，除主犯外其余的人罚三九。私自进入禁地采摘人参捕猎貂而被抓获的，若是其主人明知道还故意派遣的对没有俸禄的台吉和官员庶人都罚三九。如果有私自赶赴禁地采摘人参、捕捉貂而被抓获的，如果是家奴，罚其主人三九。明知违反禁令还是派遣人邀取贩卖的，官员和庶人罚三九。带商货私自前往地对从犯罚三九，带着价本上交官府。让他人妻子作为其妾室的罚三九。凡是蒙古人将内地的男子、妇女、儿子女儿又或是妻子、妾室奴婢进行诱骗贩卖的，不论高低贵贱，不论已经卖成还是没有卖成，如果被诱骗的人不知情，则对从犯打罚牲畜三九，被诱骗的人不会被连坐。如果被诱骗的人知情，对为首的人罚牲畜三九。蒙古人诱骗良人把妻子、妾室、子孙或者奴仆，贩卖给其他人的，无论已经卖出还是未卖出均罚三九。冒充认领死亡失踪牲畜的人罚三九，凡是挟带仇恨的罪行最重的还捉走牲畜的，王罚三九。庶人在王的面前直接恶言相对的罚三九。外藩各旗的庶人冒称台吉进贡的，骁骑校冒称佐领进贡的，各自都罚牲畜三九。札萨克派遣出去的人，贝勒等擅自责罚罚三九。首犯判死罪的案件中，如果有虽然经过一起谋略并未同行也没有在窃后分赃的,及并没有一起谋略并未同行仅在窃后分赃的,台吉等罚三九牲畜。首犯判遣的案件中,如果有虽然经过一起谋略并未同行也没有在窃后分赃的,及并没有一起谋略并未同行仅在窃后分赃的,台吉等罚三九牲畜。台吉亲属相盗牲畜财物者,无论赃数多寡,小功(伯叔祖、繁的族伯叔、族兄弟、再从侄、堂侄孙、曾侄孙)罚三九牲畜。已入档的蒙古人属下人不准卖与内地旗人,违者罚三九。

(4)四九牲畜:凡是已管或是未管旗之汗王、贝勒、贝子、公、台吉、塔布囊等,擅自用金刃伤人的,对没有俸禄的台吉塔布囊,各罚四九牲畜存公。伤害孕妇导致堕胎地对没有俸禄的台吉塔布囊罚四九牲畜存公,官员罚四九牲畜存公。台吉亲属相盗牲畜财物者,无论赃数多寡,无服之本宗亲属罚四九牲畜。

(5)五九牲畜:窝藏盗贼的台吉罚五九。一旗下有偷盗三次的人,管理旗的王、贝勒、贝子、公等各自罚五九。对盗案讳而不报,或以其他轻微罪名掩饰过去的没有俸禄的台吉,各罚五九。明知违反禁令还是派遣人邀取贩卖地对没有俸的台吉罚五九。台吉、官员、庶人等强奸他人妻子的罚五九。

(6)六九牲畜:擅自用金刃伤人因此而导致残疾的,对没有俸禄的台吉塔布囊,各罚六九牲畜存公。窝隐盗贼的已经或是没有管旗王、贝勒、贝子、公、台吉、塔布囊等,有作为盗贼窝主犯的没有俸禄台吉塔布囊罚六九牲畜。

(7)七九牲畜:窝藏盗贼的札萨克、贝勒、贝子、公罚七九。如果台吉为盗贼,则罚七九。贝勒、贝子、公等强奸他人妻子的罚七九。

(8)九九牲畜:窝藏盗贼的王罚九九。王、公主、郡主以下、台吉以上派遣属下人私自向禁地偷盗采摘人参的各自都罚九九。王等强奸他人妻子的罚九九。

2.罚单数牲畜

九数以下罚牲畜有九畜、七畜、五畜,及单数的马、牛、马等。罚五畜中包括犍牛一只,乳牛一只,牛一只,惨牛二只。

剪断他人发辫及帽缨,或者用鞭杆殴打他人的,各罚牲畜五。凡是偷盗金银器皿以及皮张布匹和衣服食物的被偷盗物件的价钱没有达到羊价的罚惨牛一只。如果失去牲畜超过三天,应当禀明附近札萨克进行捉拿缉捕。若是没有禀明进行缉捕,则每只牲口罚羊一只。射砍他人的牲畜若没有导致死亡的罚惨牛一只。若将行人所乘坐的牲口当作是他自己所丢失而误取走牲口的,处罚牲畜五只给被取走牲口的人。骂都统的罚一九,冒犯副都统的罚七头,冒犯参领的罚五头,冒犯佐领的罚三头。外藩蒙古以其他日子作为阴历正月初一的,如果是札萨克、贝勒、贝子、公罚七头,是台吉罚五头,是庶人罚马一匹,都交给自首或是告发别人的人。帽纬①带帽檐以及戴卧兔帽②,剪开沿毡帽或是在胁间系偏练垂的,都属于违反禁令,被其他人看到的,王、贝勒等罚马一匹,庶人罚惨牛一只。凡是庶人在渡越边境的出入口除了带标内写明的军器以外,还带出金刃的罚一五。偷盗猪狗的罚牲畜五只,偷盗鸡鹅鸭的罚惨牛一只。如果有私自入围场偷砍树木植被、偷打牲畜的,且按例应该枷刑的犯人,对看管失察的官吏罚七牲畜,对其罪应发河南山东的,该看管的官吏罚一九牲畜,对其罪应发湖广等省的,该看管的官吏罚二九牲畜,对其罪应发云南等省的,该看管的官吏罚三九牲畜。偷窃后知情窝赃买赃代卖换赃的,无论首犯判处何罪,台吉等罚七牲畜。关于偷窃的各类案件,知情隐匿不报的台吉等罚五牲畜。台吉亲属相盗牲畜财物者,无论赃数多寡,其亲(胞伯叔、胞兄弟、胞侄)罚五牲畜。蒙古地方遇有窃案,将

---

① 帽纬:应为纬帽,清代的一种凉帽,无帽檐。
② 卧兔帽:一种皮帽的俗称。

该管十家长罚马一匹上交官府,若由该十家长自行首出的,免罚。承缉盗贼的官员和兵役等,将已经抓获的盗贼的牲畜财物私自侵占,没有报官私自分开拿取的,各罚五牲畜。

3.罚九数以上的牲畜

(1)罚三十至五十匹马。王爷等人用刀刺杀所属人及其家奴,并且是故意杀害、仇杀、醉酒杀害的,罚马四十匹,贝勒、贝子、公罚马三十匹。凡是故意杀死其他旗的人,除了偿人以外,如果是王爷则处罚马百匹,如果是贝勒、贝子、公则罚马七十匹,如果是台吉罚马五十匹,均赔偿给死者的亲属。

(2)按数偿还牲畜。都统、副都统,参佐领、骁骑校及庶人误伤导致死亡的人,向札萨克处报明情况缘由,不报者仍然要按数罚牲。因熏野兽窟穴火势蔓延导致烧死牲畜的,照数赔偿。凡是被偷盗的牲畜的主人认出,说是他人所赠予的人,则命令二人对质,其人不承认,即令原来的人发誓。如果发誓,则不治罪,但需将所认牲畜归还给其主。凡是内地人民出口贸易,没有注意导致火蔓延烧至牧场的,都按照蒙古熏野兽窟穴失火的法例惩罚取走牲畜,没有牲的,对比按照牲畜折价处罚银两。凡是蒙古偷窃俄罗斯马匹,按照与俄罗斯会定则例赔罚马匹。

4.登记没收家产、畜产等

(1)凡是故意杀死其他旗的,如果是庶人,无论主犯还是从犯都登记收没其所有家产、牲畜给死者的亲属。如果作为从犯没有附加功劳的人,其本人和妻子一起还有家产、牲畜都解送邻近盟长,作为奴人给台吉效力。

(2)因为要打击报复而纵火致人死亡的人,不论是官吏还是庶人除了其妻子以外,均登记没收其财产、畜产给予事主。官员庶人或者其他人一同抢夺物件而杀人的,或者是偷窃牲畜等物被事主人等发现追赶而杀人的,按照旧例不区分主犯从犯都斩首,将妻子牲畜给予失主。

（3）凡是因为盗贼被事主或者旁人追赶而其拒捕导致杀人的，主犯的妻子畜产全部都登记没收，交付给事主。

（4）凡是因为盗贼被事主或者旁人追赶而其拒捕导致伤人不死的，主犯畜产给事主，将其妻子暂时留在该旗，俟本犯减等，受签解送给邻近盟长给效力台吉作为奴人。从犯将妻子和畜产一起，解送给邻近盟长，给效力台吉作为奴人。

（5）凡是蒙古偷盗他人马驼牛羊四项牲畜的，其妻子和畜产都登记没收给事主。各蒙古行窃中的从犯均将发遣给邻近盟长，给台吉为奴人。有成伙抢劫喀尔喀马匹等物的人，除了按照惯例治罪、如数赔偿外，一共罚给一九，剩下的家产和妻子都没收上交官府，后又定盗贼均押解进京，给大臣的家里当奴人。

（6）其他人有捉获偷盗马匹的盗贼时，所登记没收的家产牲畜一部分给其，一部分给事主。

（7）外藩蒙古人进入内地偷盗的，事情被发现后，命令赔偿所盗物品，还登记其妻子畜产没收上交官府。

（8）凡是偷盗四类牲畜的，若数量不多、情节十分轻微的则判处绞刑收监听候发落。且登记没收所有畜产给事主，将其妻子暂时留在该旗，俟本犯减等，受签解送给邻近盟长作为奴人给效力台吉。

（9）发掘王、贝勒、贝子、公等墓的主犯妻子和家产全部都登记没收。

（10）外藩蒙古王、公主、郡主等所属人，私自向禁地偷盗采摘人参的，主犯妻子家产牲畜以及所获都没收上交官府，从犯家产牲畜以及所获都没收上交官府，妻子可免除登记没收，领催、十家长、另户派遣家奴前往的，所有派遣家奴和各自妻子家产牲畜以及所获都没收上交官府。

（11）私自进入禁地采摘人参捕猎貂而被抓获的，所捕获的人参、貂都上交官府,车和牲畜都赏赐给旗下效力的人。因为挟带仇恨放火导致牲畜受伤的,如果是庶人则除了妻子之外,畜产都给事主。

(12)抢夺牲畜在十匹以上的,财物在一百二十两以上的所有畜产均登记没收给事主。

(13)官员庶人偷窃牲畜等物拒捕伤人未死的主犯,登记没收其产畜,付给被伤的人。

（四）司法处分

清代司法处分制度的制定与实行,不仅对违制官员给予政治上和经济上的双重惩罚,而且在惩治违制官员的同时,震慑了其他官员,来减少其他官员的失职行为,这有利于司法效率的提高和社会秩序的稳定。主要有罚俸、革职等。

1.罚俸

(1)王、贝勒等对盗案讳而不报,或以其他轻微罪名掩饰过去的,无论管旗还是不管旗,都各罚俸一年。

(2)私自进入禁地采摘人参捕猎貂而被抓获的,若是其主人明知道还故意派遣的,不分王、贝勒、贝子、公、台吉,都罚九个月俸禄。

(3)明知违反禁令还是派遣人邀取贩卖的,王、贝勒、贝子、公、台吉罚俸禄一年。

(4)凡是王、贝勒、贝子、公、台吉等在渡越边境的出入口除了带标内写明的军器以外,还带出金刃的人各罚俸禄六个月。

(5)王爷等人用刀刺杀所属人及其家奴,如果没有仇恨间隙而误伤导致人死亡的,应当报明情况彬由,不报的王爷等人各自罚俸禄九个月。

(6)凡是管旗之汗王、贝勒、贝子、公、台吉、塔布囊等,故意将人鞭打成伤者,如果是家奴,罚俸禄半年;如果是闲散属下人的,罚俸禄一年;如果是旗下官员从军的,罚俸二年。导致闲散王公、台吉名下等人受伤的,罪罚一样。

(7)凡是已管或是未管旗之汗王、贝勒、贝子、公、台吉、塔布囊等,擅自用金刃伤人的,无论伤的是谁,各罚俸二年,因此而导致残疾的,汗王、贝勒、贝子、公,各罚俸三年。

(8)伤害孕妇导致堕胎地对汗王、贝勒、贝子、公罚俸二年。

(9)如果有私自入围场偷砍树木植被、偷打牲畜的,且按例应该枷刑惩罚的犯人,对看管失察的扎萨克罚俸禄三个月,对其罪应发河南山东的,扎萨克罚俸禄六个月。对其罪应发湖广等省的,扎萨克罚俸禄九个月。对其罪应发云南等省的,扎萨克罚俸禄一年。

(10)凡是台吉行窃为匪的,对该管扎萨克罚俸禄半年。

(11)窝隐盗贼的已经或是没有管旗王、贝勒、贝子、公、台吉塔布囊等,有作为盗贼窝主犯的,各罚俸三年。

(12)已入档的蒙古人属下人不准卖与内地旗人,如有违者对失察的扎萨克、盟长罚俸禄三个月。

(13)凡是因为自首本旗事件案结后,该王公台吉等挟仇索取自首的人牲畜的,对已管或是未管旗王、贝勒、贝子、公、台吉塔布囊,各罚俸一年。

2.革职

(1)佐领下有偷盗两次的人,佐领、骁骑校都革其职。

(2)若是死罪犯人脱逃的,看管的骁骑校革职。

(3)都统以下、骁骑校以上派遣家奴私自向禁地偷盗采摘人参的,都革职。领催、十家长、另户派遣家奴前往的,革去领催、十家长。

(4)因为挟带仇恨放火导致牲畜受伤的,如果是官吏则革职。

(5)外藩各旗的庶人冒称台吉进贡的骁骑校冒称佐领进贡的革其职,同样的如果台吉知情冒充领赏的革去台吉的职位。

(6)过失杀死妻子的,如果确实如此并有佐证,则由该盟长,扎萨克进行审实,属于过失的,台吉、塔布囊并属下官员将被革职。

(7)伤害孕妇导致堕胎的官员革职。

(8)不管已经还是没有受职的台吉,或是一二人,或是夥众强劫杀人的,无论分赃还是没有分赃,无论一同谋略但没有同行分赃及同行但没分赃的,又或是一同谋略但没有同行也没有分赃的,都革去台吉一职。

(9)不管是已经还没有受职的台吉,或是一二人,或是夥众强劫,伤人但没有死亡无论得到还是没有得到财,作为从犯动手的,同行没有动手但在劫后分赃的,无论分赃还是没有分赃,无论一同谋略但没有同行分赃及同行但没分赃的,又或是一同谋略但没有同行也没有分赃的,都革去台吉一职。

(10)不管是已经还没有受职的台吉,或是一二人,或是夥众强劫,伤人但没有死亡也没有得到财的,作为从犯动手的,同行没有动手的,造意未行的,一同谋略但没有同行的,都革去台吉一职。

(11)不管是已经还没有受职的台吉,或是一二人,或是夥众强劫,没有伤人得到财的,不分首犯还是从犯,一同谋略无论是否同行,没有得到财但造意的都革去台吉一职。

(12)把官牧牲畜私吃掉或是藏匿当作自己家牲畜生产的,一匹到九匹内,将牧官革职。

(13)凡是台吉等收留惊逸马匹没有上报的,照窃盗例革去台吉一职。

(五)流刑

(1)青海和各蒙古地方,凡是有抢夺没有伤人而得到财物的,数量在三人以下,主犯发往云贵两广烟瘴地方,从犯都发往湖广、福建、江西、浙江、江南。如果人数在四人以上到九人的,不分首从,都发往云贵两广极边烟瘴地方,交与驿站充当苦差。从犯在三人以下的,发往云贵两广烟瘴地方,是四人以上到九人的,发往云贵两广极边烟瘴地方,交与驿站充当苦差。

(2)不管是已经还没有受职的台吉,或是一二人,或是夥众强劫杀人的,无论分赃还是没有分赃都发往伊犁充当苦差,一同谋略但没有同行分赃及同行但没分赃的,又或是一同谋略但没有同行也没有分赃的,发往邻盟严加管束。

(3)不管是已经还没有受职的台吉,或是一二人,或是夥众强劫,伤人但没有死亡得到财的,作为从犯动手的发往乌鲁木齐充当苦差,同行没有动手但在劫后分赃的,无论分赃还是没有分赃,无论一同谋略但没有同行分赃及同行但没分赃的均发往邻盟严加管束。

(4)不管是已经还没有受职的台吉,或是一二人,或是夥众强劫,伤人但没有死亡也没有得到财的,作为从犯动手的,造意未行的,同行没有动手的,均发往邻盟严加管束。

(5)不管是已经还没有受职的台吉,或是一二人,或是夥众强劫,没有伤人得到财的,不分首犯还是从犯,均发往邻盟严加管束。

(6)蒙古地方强盗案件中,若为蒙古妇女且情有可原的,发往邻盟,给公事效力台吉为作奴人。

(7)在临幸围场偷窃营盘偷盗三匹马以上的,发往云南、贵州、广东、广西烟瘴地方,偷盗一二匹马的,发往湖广、福建、江西、浙江、江南等省,都交与驿站充当苦差。从犯减一等。

(8)把官牧牲畜私吃掉或是藏匿当作自己家牲畜生产的,一匹到九匹内,将牧官发往黑龙江当差。

(9)偷窃他人牲畜三匹到五匹,首犯发往河南、山东。偷窃他人牲畜六匹到九匹的,首犯发往湖广、福建、江西、浙江、江南,同行分赃的从犯,发往河南、山东。偷窃牲畜十匹以上,首犯发往云南、贵州、广东、广西烟瘴地方,同行分赃的从犯,发往湖广、福建等省,虽然一起同谋没有同行但在窃后分赃的,发往山东、河南。偷窃牲畜二十匹以上,首犯减等时,发往云南、贵州、广东、广西烟瘴地方;同行分赃的从犯,发往云南、贵州、广东、广西烟瘴地方;虽然是一同谋略没有同行但在窃后一起分赃的,发湖南、福建等省。偷窃牲畜三十匹以上,减等时,发云南、贵州、广东、广西烟瘴地方;虽然是一同谋略没有同行但在窃后一起分赃的,发云南、贵州、广东、广西烟瘴地。

(10)蒙古地方偷窃银两什物,偷窃四十两以上到七十两,主犯发遣山东、河南。偷窃七十两以上到一百两,主犯发遣湖广、福建、江西、浙江、江南,同行分赃的从犯发遣山东、河南。偷窃一百两以上到一百二十两,主犯发遣云南、贵州、广东、广西烟瘴地方,同行分赃的从犯发遣湖广、福建等省。偷窃一百二十两以上,同行分赃的从犯,发遣云南、贵州、广东、广西烟瘴地方,虽然是一同谋略没有同行但在窃后一起分赃的,发遣山东、河南。

(11)官员、庶人偷窃牲畜等物,拒捕杀死事主及事主之雇工、奴仆、邻佑的,从犯和妻子一起进发云贵两广烟瘴地方。官员庶人偷窃牲畜等物拒捕伤人未死的主犯妻子暂存该旗,俟秋审减等释放时,将主犯和其妻子一起发往湖广、福建、江西、浙江、江南等省,从犯和其产畜妻子一起都发往河南山东,均交驿站充当苦差。

(12)盗挖金银矿砂的,如果在山洞里提获,手握仗拒捕的,无论人数砂数多少以及初犯和再犯,都发边远地方充军。盗挖金银矿砂的如果不曾拒捕,若集聚到三十人以上的,不论砂数多少及初犯再犯,主犯发边远充军。若不曾拒捕,又人数不及三十名的,为首的再犯亦发近边充军。

（13）凡是庶人发掘庶人坟冢，没有看见棺材的，主犯发往山东、河南，交驿充当苦差。开棺见尸的，主犯发往极边烟瘴，从犯发山东、河南，都交与驿充当苦差。毁弃撒撒死尸的，从犯发往极边烟瘴，交驿充当苦差。开棺见尸一次的，主犯发山东、河南，交驿充当苦差。犯二次的，主犯发江南、浙江、江西、湖广、福建等省，从犯发往山东、河南；犯三次的，主犯发往云南、贵州、广东等省，从犯发往江南、浙江、江西、湖广、福建等省，都交与驿充当苦差；犯三次以上的，从犯发往云南、贵州、广东等省，交与驿充当苦差。

三、《理藩院则例》中司法审判的规定

《则例》中司法审判的内容在"入誓""首告""审断""罪罚"当中，比较松散，难成体系，可将其大体归纳为起诉、审判和罪罚三个部分。

（一）起诉

有关起诉《则例》涉及禁止代控和越诉诬告受罚等两方面内容。

1.越诉诬告治罪

这里有两层意思：一是不得越诉。旗札萨克、盟长、理藩院的三级审判体系是法定的更是不得违背。二是不得诬告。旗札萨克、盟长作为蒙古地方最重要的审判组织，不得诬称办案不公而径直赴中央一级的理藩院呈控。

按照《则例》规定，凡是争控案件需要先在该札萨克处呈控。倘若有冤屈不能秉公办案者，允许在该盟长处呈控。如为盟长等亦不秉公办理者，允许原告开列该扎萨克及盟长如何审断的事实与理由，赴理藩院呈控。理藩院详核案情后，或仍交盟长等办理，或请旨遣大臣办理。原告倘若既不在该扎萨克处呈控，又不在该盟长处具控，直赴院具控者，不论是非对错，台吉官员罚三九牲畜,属下家奴鞭一百。如果是寻常案件,仍然交予该扎萨克盟长等办理。如果是人命重案,由理藩院详细询问,请旨并派大臣办理之。若已在该扎萨克盟长处控告,其办理结果与其相关律例相符,则无须再议。若确有扎萨克等办理不公的,将扎萨克等议处,如盟长等办理不公、将盟长等议处。如所控不实,按事之轻重,将原告之人反坐其罪。①

《大清律例》对此也有相似规定:军民词讼皆须自下而上陈告,若越本管官司辄赴上司称诉者,即实亦笞五十。须本管官司不受理或受理而亏枉者方赴上司陈告。对比而要,《则例》对越诉诬告者的处罚更重些,一并处以罚畜刑和鞭刑。

2.禁止代控

《则例》禁止遣人代诉,须有原告亲自呈控。这是因为,原告既是起诉者更是本案不可或缺的证人,由他人代诉不能迅速查明本案事实和辨明证据真伪。因此,只准本人或遣报告呈控,若本人并不知情,由他人代控者,概不受理。

《大清律例》对此规定:军民人等干己词讼,若无故不行亲来,并隐下壮丁,故令老幼、残疾、妇女、家人抱来奏诉者,俱各立案不行,仍提本身或壮丁问罪。②这里主要是基于要防止无故不亲自呈控而借助老幼病弱者诬告行为。

3.禁止投匿名揭帖告人

《则例》对此规定,即将原帖销毁,不准查办,唯关系国家重大事务者,密行报院,奏闻请旨。就是说,若是寻常案件销毁原帖,诉讼终止。若是国之

---

① 《钦定理藩院则例》(道光二十三年刊印本)(卷42)"首告",包思勤点校,辽宁民族出版社,2019年,第454页。

② 《大清律例》(同治九年)(卷30),"刑律·诉讼",程颐点校,法律出版社,2022年,第385~401页。

大事者,可直接由理藩院处理。至于,投匿名揭帖者要承担何种责任,《则例》没有明确规定。《大清律例》对此给出了依据:"凡投[贴]隐匿[自己]姓名文书,告言人罪者,绞[监候],[虽实亦坐]。见者即便烧毁。若[不烧毁]将送入官司者,杖八十。官司受而为理者杖一百。被告言者[虽有指实]不坐。若[于方投时]能连[人与]文书捉获解官者,官给银一十两充赏。"①如此看来,对投匿名揭帖告人者处罚相当严酷,试图用严刑阻止匿名诬告人的行为。

(二)审判

有关审判,《则例》由专门的"审断"规定,进一步明确了死罪人犯会审、相验蒙古等命案、蒙古罪犯就近会审、军台蒙古案犯、承审不实追责等相关事宜,

1.死刑案的审理程序

鉴于死刑案件的复杂性和重要性,《则例》规定,由各该处审明报理藩院,由理藩院会同三法司定拟具奏。其应监候秋后处决者,归刑部秋审,会同九卿科道拟议。②凡应拟斩绞之蒙古人犯,由各扎萨克处审讯,声叙罪情呈报盟长,由盟长核转报院,会同三法司定拟,具奏请旨。

2.蒙古、民人犯罪就近分别会审

有关归化城所辖发生的蒙古与蒙古交涉命盗等案,由绥远城将军,就近与土默特之参领等官会审,由绥远城将军处报理藩院具奏完结。这里仅涉及蒙古人犯罪案件。蒙古与民人交涉命盗等案,由绥远城将军,就近与山西

---

① 《大清律例》(同治九年)(卷30),"刑律·诉讼",程颐点校,法律出版社,2022年,第385~401页。

② 《钦定理藩院则例》(道光二十三年刊印本)(卷43)"审断",包思勤点校,辽宁民族出版社,2019年,第457页。

巡抚会审,山西巡抚报理藩院具奏完结。[①]同样都是会审案件,选任主审法官时,以属地管辖为基本原则,就是说案件发生在哪里,就由当地的最高行政官员担任司法官职务,行政兼理司法事务的特点明显。

同样,陕甘两省交涉蒙古案件,会同保德州、河曲县等处地方者,仍呈报神木部员,会同雁平道员办理。阿勒台军站及地方命盗重案,如系蒙古、民人交涉案件,仍交该地方官办理;若止系蒙古,照察哈尔旗办理文例审明,咨报总理阿勒台军站、察哈尔都统覆核,咨院完结。

3.命盗案件分别会审相验

这是有关命案尸体检验的程序规定。图什业图王等旗命案,如果是蒙古、民人交涉的,由昌图通判会同该扎萨克验明尸体伤口,审理讯问明确,呈报奉天府府尹衙门再次核验,转报盛京刑部,由盛京刑部咨报刑部及理藩院办理。如果只是蒙古命盗案件,由该扎萨克会同该通判验明尸体伤口,该扎萨克自行审理拟明确后,呈报盟长再次核验报院。

4.官员承审不实治罪

此条应该是一种审判监督的规定,对反叛人犯、凌迟人犯、徒杖人犯,若官员未审出实情者,分别予以革职、罚俸一年、罚俸半年等处罚。[②]所谓"未审出实情者"是审判官员的一种违反秉公办案原则,造成冤假错案的情形。

另外,《则例》规定:凡内外各盟长、扎萨克,理应审理案件而不收审者,罚俸一年。若因此导致人命者,罚俸三年。无俸人员,照例罚九个牲畜。[③]

① 《钦定理藩院则例》(道光二十三年刊印本)(卷43)"审断",包思勤点校,辽宁民族出版社,2019年,第457页。

② 《钦定理藩院则例》(道光二十三年刊印本)(卷43)"审断",包思勤点校,辽宁民族出版社,2019年,第464页。

③ 《钦定理藩院则例》(道光二十三年刊印本)(卷43)"审断",包思勤点校,辽宁民族出版社,2019年,第465页。

这是一种官员消极或拒绝履行司法职责而应承担的司法处分规定。

（三）罪罚

《则例》给司法官员提供了明确的判决依据及执行标准。

1.蒙古例无专条则引用刑例

这个规定不难理解，本书前述很多罪名及量刑的规定，或是直接引用《大清律例》规定，或是稍作调整和变通规定。作为上位法的《大清律例》很好地弥补了《则例》当中出现的无法可依的不足。当然，作为特别法的《则例》在不违背根本原则和基本制度的前提下，也需要根据蒙古本地的实际情形作出必要的变通规定。

2.蒙古民人各按犯事地方治罪

这是一种属地管辖的规定，解决了跨地区流动作案时的犯罪管辖问题。①蒙古人等在内地触犯法律的，按照依据刑例定拟；民人在蒙古地方触犯法律的，按照依据蒙古例定拟。

3.蒙古犯军流徒罪折枷

凡是蒙古人犯罪，按照刑例判处笞杖的人，各照数鞭责，判处军、流、徒的，免其发遣，分别枷号。徒一年的人，枷号二十日，每等递加五日，总徒准徒也递加五日。流二千里的人，枷号五十日，每等也递加五日。附近充军的人，枷号七十日，近边的人，枷号七十五日，边远沿海边外的人，枷号八十日，极边烟瘴的人，枷号九十日。

4.罚九定额

《则例》对罚畜刑的具体数额统一了标准。罪罚九数：马二匹，犍牛二

---

① 《钦定理藩院则例》（道光二十三年刊印本）（卷43）"审断"，包思勤点校，辽宁民族出版社，2019年，第463页。

只,乳牛二只,三岁牛二只,两岁牛一只。七数:马一匹,犍牛一只,乳牛一只,三岁牛二只,两岁牛二只。五数:犍牛一只、乳牛一只、三岁牛一只、两岁牛二只。三数:乳牛一只,三岁牛一只,两岁牛一只。[①]《则例》基本没有涉及单个罚畜情况。

5.罚九定限

就是有关处罚执行的期限。凡犯案应罚牲畜,设限三十日完交,有五日的宽限期,扔不交者,罪止革去职务。平民短交者,牲畜一、二数者,鞭二十五。三、四数者,鞭五十。五、六数者,鞭七十五。七数至九数者,鞭一百。九数以上,加枷号一个月。[②]

————————

① 《钦定理藩院则例》(道光二十三年刊印本)(卷44)"罪罚",包思勤点校,辽宁民族出版社,2019年,第470页。

② 《钦定理藩院则例》(道光二十三年刊印本)(卷44)"罪罚",包思勤点校,辽宁民族出版社,2019年,第471页。

结　论

一、始终坚持了一个根本点

习近平总书记指出："我国古代法制蕴含着十分丰富的智慧和资源，中华法系在世界几大法系中独树一帜。要注意研究我国古代法制传统和成败得失，挖掘和传承中华法律文化精华，汲取营养、择善而用。"①这是本书研究的出发点和落脚点，是发掘和整理有关古代蒙古法制的根本目的和价值所在。在几千多年的历史发展进程中，中华民族创造了辉煌的古代文明，形成了包括预防和打击犯罪、治理和维护社会秩序的一系列法律制度在内的庞大社会治理体系。本书研究一直致力于挖掘和整理古代蒙古犯罪治理的法律制度、法治思想和罪罚体系。在研究中发现，古代蒙古社会在犯罪治理方面经历了由最初松散自然的习惯禁忌和对违法者简单粗暴的"杀之"，到元朝时期中原法制与蒙古法制的融合与互鉴，再到北元时期以"罚畜刑"为主

---

① 习近平：《加快建设社会主义法治国家》，《求是》，2015年第1期。

的犯罪治理,到最后大一统的清代蒙古法制,其犯罪治理呈现出了诸法合体、民刑不分、行政兼理司法的特点。

在古代部落时期,刑法的"自然根据"是复仇,刑罚是惩治及威慑那些严重破坏"规则"之人。蒙古与其他民族一样以"约孙"来维持着彼此的关系和基本的生产生活秩序。"约孙"融合和吸收了本民族和其他北方民族的有益生产生活经验和民族宗教习惯禁忌等,并被赋予了全体成员共同遵循的约束力。它作为蒙古社会自古以来的"规则"早已为蒙古民族所熟悉并世代沿用,具有普遍约束力,谁若违背"约孙"即违背大家共同遵循的意志和规则,则受到人们一致的谴责与讨伐,并受到舆论攻击与法律惩罚。如"约孙"禁止在草原上失火或放火,在野外狩猎用火或游牧迁徙时必须将火灭尽并用土掩埋。禁止将正在燃烧的火随意到处乱扔。禁止用刀剑等拱火。禁跨火与禁跨桌、跨碟等。这些习惯禁忌时至今日依然有一定的告诫及训导作用。大蒙古国时期的《大札撒》是古代蒙古第一成文法典,在吸收"约孙"等习惯禁忌的同时,对其赋予国家强制力,使其拥有更强有力的法律效力。这时期的犯罪治理的法律制度显现出以"约孙"作为指引,以重刑威吓阻止犯罪的双重特点。挖掘和发现隐含在其中的精华和智慧,弃其糟粕取其精华,正是本书研究目的所在。

二、重点研究了三个方面内容

第一,元朝时期是蒙古法制与中原法制的首次大融合时期,形成了你中有我、互为一体的犯罪治理法律制度,其刑法罪名繁多,刑罚严酷。随着元朝统一中国,各民族之间的经济文化社会活动更加频繁,流动人员犯罪案件时有发生,法制改革成为必然。元朝借鉴唐宋时期的法律制度,在体例上有五刑、五服、十恶、八议和赎刑等,在当时的历史条件下打击和预防犯罪,促进各民族交流交往,在维护民族统一格局中发挥了极为重要的作用。元朝吸收前朝刑制规定的基础上,也将杀人罪分为谋杀、故杀、劫杀、斗杀、误杀、戏杀、过失杀七种,即七杀。这种杀人罪的规定甚至被保留到了北元时期,并相应规定了向被害人家属赔偿的"烧埋银"制度。元朝法律对奸非的规定较为详尽,分亲属相奸、常人相奸、主婢相奸、奴婢相奸、职官犯奸等,并相应地作出了处罚。元代对偷窃牲畜的犯罪行为,在吸收了蒙古法"罚九"的基础上,增加了徒刑、刺字、出军等刑罚,可谓烦琐而严酷。对此,在总结历史经验和教训的基础上,要理性看待,择善而用。

第二,北元时期在不断战乱和政权割据的背景下,有关犯罪治理的法律制度始终缺乏统一性和稳定性,但对犯罪行为的处罚颇具民族性、地方性和严谨性。如,为了打击犯罪稳定社会秩序,《阿勒坦汗法典》对伤害人身不同部位等作出了明确规定,如伤害致盲、致断齿、致断手足、致失去性功能等。对有关伤人的犯罪工具也作出了明确规定,如拳、脚、土块、石块、木棍、鞭、箭、刀、火烫烧、土块或石块等,同时还特别强调了尖状、利刃等工具的不同区别。如,对偷猎野生动物种类的规定极为详尽,从野驴、野马到鱼、乌鸦、喜鹊等无所不包。有关犯罪行为的量刑处罚则更具特色。废除了许多酷刑,除了少量使用拘捕、赔人或以人顶替、杖刑外,更多使用的是罚畜刑,反映出轻缓中用的刑罚特色。罚畜刑,经蒙元到北元时期越来越得到广泛使用,几乎蒙古社会大小刑事案件的处罚均使用罚畜刑,并在处罚方式上也更加多样化,有马牛羊组合的"九畜"处罚、"五畜"处罚和单个畜种的处罚等多种形式。值得注意的一点就是从量刑轻重幅度上来看,各畜种相互间的价值体现各不相同,从高值往低值排列为骆驼、马、牛、绵羊和山羊,这种五畜价值不同则体现在罚畜刑的量刑处罚上。这种罚畜刑本身得到了社会认可,具有易执行性,有利于对有关犯罪行为的打击和社会秩序的维护。时至今日,在民族地区民事赔偿案件中,以牛羊马等折抵有关赔偿款的做法。

在北元一代,《卫拉特法典》具有代表性,也是研究和了解这个时代蒙古政权犯罪治理的重要载体。仅杀人罪就涉及故意杀人、奴仆杀人、丈夫杀妻及妻杀人、因报复纵火而致死等多种情况。这样可以精准定罪,减少冤假错案。有关过失致人死亡包括斗殴致死、失火致死、动物袭击致死、戏耍致死、用明弩或暗弩伤人致死等,这些都是生活中常见的伤害罪,根据经验和法律对其进行定罪量刑。值得一提的是,《卫拉特法典》中出现了"铠甲、牲畜、骆驼、马匹组合""铠甲、骆驼、马匹组合"等与以往罚畜刑不同的财产刑。

第三,清代犯罪治理的法律制度具有多元并存的大一统多民族国家民族法制的特点,其定罪量刑颇具兼容并蓄和游牧民族科刑特点。清代在中央设有理藩院统辖蒙古事务,再通过盟旗体制治理蒙古地方事务,形成了比较有效地从中央到地方的各种政治及法律制度。在立法层面从国初分散颁令到《蒙古律书》《蒙古律例》的陆续颁行,再到《理藩院则例》全面推行的渐进过程,在犯罪罪名、量刑处罚、司法审判等方面都形成了较为切实可行的法律制度。《蒙古律例》中的刑法罪名涉及抢劫杀人、抢夺、盗窃四项牲畜及家畜、故意杀人、过失杀人、诽谤、放(失)火、盗掘坟墓、奸淫等,对其予以绞、斩监候、鞭刑、抄没产畜、罚畜等轻重不同的刑罚。在司法审判制度方面规定了首告、捕亡等条款,规范了有关刑案的查明和审理。《理藩院则例》是清朝蒙古地区施行的体系最完整、内容最全面、罪名最翔实、处罚最多样的专门法律。按照《则例》的体例顺序,可将有关刑法罪名分为杀人罪、伤害罪、强劫罪、盗窃罪、盗掘坟墓罪、犯奸罪、买卖人口罪等。与前述《蒙古律例》相比,后三个罪是从杂犯分立成单独罪名,并规定了相应的处罚。《则例》"杂犯"中诽谤官长、挟仇放火、熏兽失火、病人传染等规定,延续了前述《蒙古律例》的相关规定。

三、挑战及收获

本书是一个浩瀚的工程，极其考验一个人的史学、法学、语言学等的理论功底，本人对此深有体会，有时也深感艰辛，好在坚持下来了，实属不易。有关本书遇到的挑战、收获和方法论简要概述如下：

第一，对《蒙古秘史》中有关犯罪治理内容的挖掘和整理。本书遇到的第一个挑战就是《蒙古秘史》中有关犯罪治理内容的挖掘和整理的问题。《蒙古秘史》，原名《忙豁伦·纽察·脱卜察安》（*Mongɣol-unniɣuča tobčiyan*），作者不详，原文早已失传。其内容可概括为三个部分，即蒙古人的起源、成吉思汗的生平事迹、窝阔台汗的历史活动。明洪武年间，将其音译成汉文，附以旁译和总译，并冠书名为《元朝秘史》。永乐初年，有十五卷抄本。之后，清代的有"钱氏本""顾校本"。1936年商务印书馆将上海涵芬楼收藏的顾校本编入《四部丛刊》中影印发行，一般认为这是最好的抄本。还有叶德辉的"叶氏本"（《蒙文元朝秘史》）。自20世纪后期以来，有额尔登泰和乌云达赉的《〈蒙古秘史〉校勘本》（1980年）、鲍思陶点校的《元朝秘史》（2005年）、乌兰的《〈元朝秘史〉校勘本》（2012年）相继问世，研究中对后者的参考比较多。在译注方面，目前引用比较多的有道润梯步的《新译简注〈蒙古秘史〉》（1978年）、阿尔达扎布的《新译集注〈蒙古秘史〉》（2005年）等。美国学者札奇斯钦、柯立夫、保罗·卡恩和日本学者小泽重男都有译本出版，利用价值高。本书以道润梯步和阿尔达扎布的译本及国外相关游记对相关犯罪治理内容进行了挖掘和整理，共分类出谋反罪、逃逆罪、抗命罪、违禁罪、懈怠罪、偷盗罪和诈骗罪等犯罪罪名和死刑、流刑、杖刑、鞭刑、拳耳、箭射以及财产刑等量刑处罚。

第二，对《元典章》中相关刑法罪名及刑罚种类的挖掘和整理，其难度远超前者，需要付出更多努力和劳动。《元典章》是两部法律文书的俗称：一为《大元圣政国朝典章》，称为"前集"；一为《大元圣政典章新集至治条例》，称为"新集"。其"前集"共60卷，"新集"不分卷，至英宗至治二年间的文书。全书包括新集在内，共有81门，467目，文书2637条。光绪三十四年(1908)，董康刊行了从日本得到的《元典章》稿本(称为"沈刻本")，但被指有诸多舛误。1934年，陈垣根据故宫新发现的元刻本编成了《元典章校补释例》，并刊行，这是一部划时代的成果。2011年，由陈高华、张帆、刘晓、党宝海点校的《元典章》问世，这又是一个标志性成果。此外，祖生利、李崇兴的《大元圣政国朝典章·刑部》(2004年)和张金铣的《元典章校注(诏令、圣政、朝纲、台纲、吏部)》(2012年)等研究成果出版，很有研究参考价值。本书以陈高华等点校的《元典章》(刑部)为主要参考，对十恶、七杀、犯奸、诈伪、偷盗等刑法罪名及量刑规定逐一进行查找和分类，对有关判例进行了研究和总结。研究中发现，《元典章》本身对有关《泰和律》《唐律疏议》等的借鉴和引用比较多，体现出法律本身的一脉相承。

第三，对《卫拉特法典》中相关刑法罪名及刑罚种类的挖掘和整理。1640年9月，喀尔喀、卫拉特各部封建主们为共同会商应对解决尖锐复杂的对内对外问题而在塔尔巴哈台举行会盟后颁行了《大法典》("亦克察济")，俗称《卫拉特法典》。作为《卫拉特法典》的必要补充和组成部分，还有《噶尔丹洪台吉敕令》和《顿罗布喇什补则》。1776年由德国约翰格奥尔格弗莱舍出版社出版的《蒙古民族历史资料集》(德文版第一卷，第194~218页)刊登了《卫拉特拉典》，为以后的研究者们提供了宝贵而真实的史料来源。1776年，《卫拉特法典》最早的俄译本以《蒙古和卡尔梅克族法规译文》的标题刊登在

《莫斯科大学俄罗斯自由协会试作丛刊》第三卷上。著名俄国专家梁赞诺夫斯基有《蒙古民族习惯法研究》《蒙古习惯法研究》《蒙古法基本原理》等著作,是深入研究《卫拉特法典》的重要文献。

　　在国内,曾在1956年内蒙古师范学院整理了《卫拉特史资料(托忒文)》,以油印本的形式发行,其中就有《蒙古-卫拉特法典》和敦杜克达什法规的残本。潘世宪于在1984年将田山茂的书译成中文,后附该法典译文。1985年,道润梯步对比现存文本,以《卫拉特法典》的名义校注出版。目前,研究所引用较多的就是这一本。2000年,宝音乌力吉、包格以道润梯步校注本和内蒙古社会科学院藏托忒文《卫拉特法典》为参考,再次校注并出版了《蒙古-卫拉特法典》。2010年,额尔德木图将《卫拉特法典》译成汉文,在李金山主编的《蒙古古代四部法典》中出版发行。2021年,达力扎布的《卫拉特法典》研究问世,这是目前的最新成果,后附了戈尔通斯基和迪雷科夫的两本托忒文影印件。本书参考的文本就是以上三个版本,各有互补,参酌使用。《卫拉特法典》延续了过去法律制度中的成功经验和有益做法,并作出了极为详尽而烦琐的刑法罪名及处罚规定。该法典与前述《阿勒坦汗法典》《白桦法典》等在定罪量刑方面既有一定的承继性,又有所补充和修改。

　　第四,对《蒙古律例》和《理藩院则例》中相关刑法罪名及刑罚种类的挖掘和整理。二者的定罪量刑具有继承性,是清一代蒙古法制的重要成果,在打击和预防犯罪,维护社会秩序方面起到了至关重要的作用。据《清圣祖实录》载,崇德八年(1643年),清朝对蒙古诸部颁布了一部法典,曰《蒙古律书》。但原文没有流传至今。康熙六年(1667年)增订蒙古律书刻本,今藏于中国第一历史档案馆内秘书院蒙古文档案中。其蒙古文题名汉译为《康熙六年增订旧札撒书》或《康熙六年增订旧律书》,共收入律例一百一十三条,全书四九页,九十八面,木刻本,该律书增入了顺治朝至康熙五年(1666年)

的有关蒙古地区的定例,所以内容比较丰富,但编辑无章法,仍保留蒙古固有法的基本体例。这是目前所能见到的最早比较完整的文本,弥足珍贵,史料价值高。乾隆五十四年(1789年)对蒙古律例进行系统的校订,并统一刊行了满、蒙、汉三种文字的版本。据史书记载,此次修订的蒙古律例共12卷,209条。其汉文本藏于日本东京大学东洋文化研究所和台北历史语言研究所傅斯年图书馆,其蒙古文抄本和满文稿抄本藏于法国巴黎图书馆。

嘉庆十六年(1811年)按照六部各衙门做法,正式开馆纂修《理藩院则例》。一方面,对旧例209条逐一审阅,经删减后成178条,修并2条。另一方面,利用理藩院所存档案资料"译妥汉文,逐件复核,增纂526条"。这样,新增纂的《理藩院则例》(以下简称"则例")"通共713条"。道光七年(1827)对《理藩院则例》有关语句含混、难以掌握条款边修边纂,修得条例1454条,并以以上三种文字刊行。光绪三十四年(1908年)六月,理藩院改理藩部,《理藩院则例》也改名为《理藩部则例》,这是清一代这一法律制度的最后时刻。这样,仅汉文本《理藩院则例》就有乾隆二十一年内府抄本、嘉庆二十二年本、道光七年本、道光十七年本、光绪十八年本以及光绪三十四本等多种。此后有杨选第、金峰校注《理藩院则例》(1998年)和赵云田点校《乾隆朝内附抄本〈理藩院则例〉》(2006年),可借鉴和参考。值得一提的是,2019年,包思勤点校道光二十三年《钦定理藩院则例》。2020年,那仁朝格图点校乾隆五十四年《蒙古律例》相继问世。这是最新成果,弥补了很多缺憾,弥足珍贵。本书就是参考了以上各种蒙汉文本,同时以《大清律例》作对比对清代蒙古法制中的定罪量刑进行了比较研究。

总之,本书认为,从目前发掘和整理出来的结论来看,古代蒙古部落时期的法制充斥着残酷的报应色彩,但也略显礼法结合的倾向。蒙元时期刑制则为重刑主义,试图用重刑威吓和阻止犯罪,保证社会安定。同时,刑制开始走向了内外多民族融合互鉴之路。北元时期，刑法则渗入了宗教因素，试图德主刑辅，德法互补，但无奈时局动乱，做法各异，为的也是图一方安定。到了清代，蒙古法制作为统一国家诸法合体的特别法存在，内容涵盖了民、刑、行、经济、诉讼、司法等，这也符合古代法的共性特点。

古代法律制度的研究弃其糟粕取其精华，批判其谬误的同时也要看到精华及营养成分，挖掘和整理民族地区犯罪治理的智慧经验，铸牢中华民族共同体意识，更好地为法治中国建设服务。要以习近平法治思想为指导，通过加强和完善农牧区法治乡村建设，将农村牧区的各项工作纳入法治化的轨道。推进民族地区构建和完善多元共治的社会治理体系，预防和阻止重特大恶性案件和群体性事件，促进民族地区和谐稳定发展，全力推进民族地区法治乡村建设。

参考文献

一、史料

1.(明)宋濂等编纂:《元史》,中华书局标点本,1974年。

2.《元典章》,陈高华等点校,天津古籍出版社,2011年。

3.《〈蒙古秘史〉校勘本》,额尔登泰、乌云达赉校勘,内蒙古人民出版社,1980年。

5.巴雅尔转写注音:《蒙古秘史》,谢再善汉译,中华书局,1956年,内蒙古人民出版社,1980年。

6.道润梯步校注:《新译简注〈蒙古秘史〉》,内蒙古人民出版社,1979年。

7.余大钧译注:《蒙古秘史》,谢再善汉译,中华书局,1956年,河北人民出版社,2001年。

8.阿尔达扎布译注:《新译集注〈蒙古秘史〉》,内蒙古大学出版社,2005年。

9.《通制条格》,黄时鉴点校,浙江古籍出版社,1986年。

10.方龄贵校注:《通制条格校注》,中华书局,2001年。

11.(宋)赵珙撰:《蒙鞑备录》,王国维笺证,《蒙古史料校注四种》,清华国学研究院印行,1926年。

12.(宋)彭大雅撰,叙廷疏证:《黑鞑事略》,王国维笺证,《蒙古史料校注四种》,清华国学研究院印行,1926年。

14.新译校注《蒙古源流》,道润梯步校注,内蒙古人民出版社,1981年。

15.《阿勒坛汗法典》,苏鲁格译注,《蒙古学信息》,1996年第1、2期。

16.《卫拉特法典》,道润梯步校注,内蒙古人民出版社,1985年。

17.《蒙古-卫拉特法典》,额·宝音乌力吉、包格校注,内蒙古人民出版社,2000年。

18.《康熙六年增订旧律书》《清朝内阁蒙古堂档》影印件。

19.李保文整理、编译:康熙三十五年(1696年)《理藩院律书》,《故宫学刊(总第一辑)》,2004年。

20.《蒙古律例》,乾隆朝刻本;中国社会科学院边疆史地研究中心编:《蒙古律例》,全国图书馆文献缩微复制中心出版,1988年。

21.(清)理藩院修:《钦定外藩蒙古理藩院则例》,嘉庆、道光、光绪朝汉文、蒙古文刻本。

22.《理藩院则例》,赵云田点校,中国社会科学院中国边疆史地研究中心编:《清代理藩院资料辑录》,全国图书馆缩微中心出版,1988年;中国藏学出版社,2006年。

23.《钦定理藩院则例》(蒙古文道光本),尼日拉图、金峰校注,内蒙古文化出版社,1989年。

24.《理藩院则例(光绪本)》,杨选第、金峰校注,内蒙古文化出版社,1998年。

25.《钦定理藩部则例》,张荣铮、金懋初、刘勇强、赵音点校,天津古籍出版社,1998年。

26.《钦定外藩蒙古理藩院则例》,包银海点校,民族出版社,2006年。

28.(清)刑部修:《大清律例》,田涛、郑秦点校,法律出版社,1999年。

29.《大清历朝实录》:(《满洲实录》《清太宗实录》《清世祖实录》《清圣祖实录》《清世宗实录》《清高宗实录》《清文宗实录》《清宣宗实录》《清德宗实录》),中华书局,1986年。

30.赵尔巽等纂修:《清史稿》,中华书局,1962年。

31.《清会典事例》,中华书局,1991年。

32.(清)祁韵士撰:《皇朝藩部要略》,道光十九年刊本,浙江书局刊本。

33.齐木德道尔吉、巴根那编:《清实录太祖太宗世祖朝实录蒙古史史料抄》,内蒙古大学出版社,2002年。

34.[波斯]拉施特主编,余大钧、周建奇译:《史集》,商务印书馆,198年。

38.[意]马可·波罗鲁思梯谦记录:《马可波罗行纪》,冯承钧译,中华书局,1954年重印。

40.[英]道森编:《出使蒙古记》,吕浦译,周良宵注,中国社会科学出版社,1983年。

41.[德]帕拉斯辑:《内陆亚洲厄鲁特历史资料》,邵建东、刘迎胜译,云南人民出版社,2002年。

42.李金山主编:《蒙古古代四部法典》,内蒙古教育出版社,2010年。

二、论著

1.奇格:《古代蒙古法制史》,辽宁民族出版社,2005年。

2.陈高华、陈智超等:《中国古代史史料学》,天津古籍出版社,2006年。

3.陈高华:《元史研究新论》,上海社会科学院出版社,2005年。

4.张晋藩主编:《清朝法制史》,法律出版社,1994年。

5.赵云田:《清代治理边陲的枢纽—理藩院》,新疆人民出版社,1995年。

6.赵云田:《清代蒙古政教制度》,中华书局,1989年。

7.郑秦:《清代司法审判制度研究》,湖南教育出版社,1988年。

8.吴海航:《元代法文化研究》,北京师范大学出版社,2000年。

9.吴海航:《中国传统法制的嬗递:元代条画与断例》,知识产权出版社,2008年。

10.马汝珩、马大正:《飘落异域的民族–17–18世纪土尔扈特蒙古》,中国社会科学出版社,1991年。

11. 马大正:《边疆与民族—历史断面研考》,黑龙江教育出版社,1993年。

12.格·那木吉勒编著:《成吉思汗札撒与必力格》,内蒙古文化出版社,1987年。

13.达力扎布编著:《蒙古史纲要》,中央民族大学出版社,2006年。

14.[日]田山茂:《清代蒙古社会制度》,潘世宪译,商务印书馆,1987年。

15.[日]二木博史,呼斯勒译:《蒙古的历史与文化》,

16.[美]埃德蒙斯·霍贝尔:《原始人的法》,严存生等译,贵州人民出版社,1992年。

17.[苏]帕里莫夫:《卡尔梅克族在俄国境内时期的历史概况》,许淑明译、徐滨校,新疆人民出版社,1986年。

18.[苏]符拉基米尔佐夫:《蒙古社会制度史》,刘荣焌译,中国社会科学出版社,1980年。

19.[日]冈洋澍:《清代蒙古盟旗制度研究》,东方书店,2007年。

20.达力扎布:《〈喀尔喀法规〉汉译及研究》,中央民族大学出版社,2015年。

21.王学辉:《从禁忌习惯到法起源运动》,法律出版社,1999年。

23.达力扎布:《〈卫拉特法典〉研究》,人民出版社,2021年。

24.金山、包斯琴:《清代蒙古地方法规研究》,辽宁民族出版社,2018年。

后　记

　　本书作为国家社科基金最终成果,从立项到结项再到出版专著,自然得到了资深专家学者的鼎力帮助和细心指导,在此深表感谢与崇敬。作为民族院校教研工作者,有幸以古代蒙古社会犯罪治理的法律制度作为研究课题,深感使命光荣、责任重大。本书的绪论、第二章、第四章由朝克图撰写完成,第一章、第三章由王孟合撰写完成。

　　18世纪以来,国内外学术界对蒙古族法律文献、法制文化、法律制度及相关法律问题进行了颇有成效的学术研究。研究成果主要聚焦在蒙古族历代法制文献的整理与校勘、刑法制度、民事制度、刑罚制度、蒙古族法律文化、法律术语的考释、比较法文化视域下的蒙古法、蒙古族法律与社会、蒙古族法律与宗教、蒙古族法律思想等研究领域。但鲜有蒙古族法律逻辑、蒙古法的法理和法社会学视域下的犯罪与社会治理方面的研究。该书从社会治理的角度,对蒙古传统社会的犯罪治理的法律制度进行学术研究,具有一定的研究视角的创新。书中广泛利用多语种法制资料,重点展示了古代蒙古社会在基层社会犯罪治理方面的鲜明特色与智慧成果。

　　法律制度的发展演变是一个动态的历史演变过程。古代蒙古社会犯罪治理的法律制度是一部法律制度史,更是一部蒙古族政治经济社会变迁史。因各种客观原因和主观能力所限,本书对新近问世史料的挖掘及研究成果的利用和理论研究深度方面存在许多欠缺和不足,恳请各位专家和读者批评指正。